U0413604

广东哲学社会科学成果文库

广东省哲学社会科学优秀成果精选集（第一辑）

Guangdong Sheng Zhexue Shehui Kexue Youxiu Chengguo Jingxuanji

张知干　主编

中山大學出版社
SUN YAT-SEN UNIVERSITY PRESS
·广州·

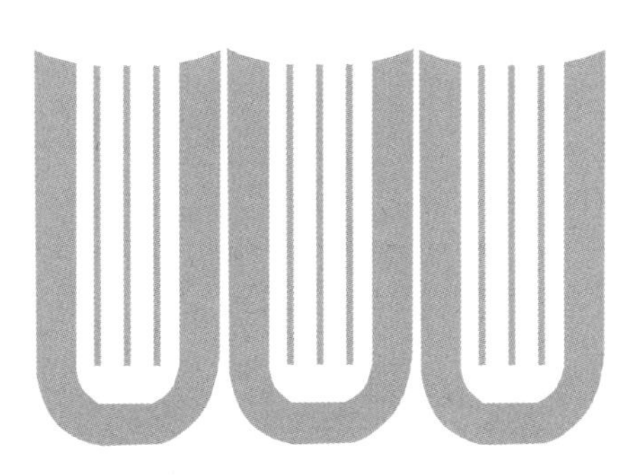

图书在版编目（CIP）数据

广东省哲学社会科学优秀成果精选集．一/张知干主编．—广州：中山大学出版社，2021.10

ISBN 978－7－306－07111－8

Ⅰ．①广…　Ⅱ．①张…　Ⅲ．①哲学社会科学—研究成果—汇编—广东
Ⅳ．①C126.5

中国版本图书馆 CIP 数据核字（2021）第 023559 号

出 版 人：王天琪
策划编辑：吕肖剑
责任编辑：靳晓虹
封面设计：林绵华
责任校对：井思源
责任技编：靳晓虹
出版发行：中山大学出版社
电　　话：编辑部 020－84110283，84111997，84110779，84113349
　　　　　发行部 020－84111998，84111981，84111160
地　　址：广州市新港西路 135 号
邮　　编：510275　　　　传　　真：020－84036565
网　　址：http://www.zsup.com.cn　　E-mail:zdcbs@mail.sysu.edu.cn
印 刷 者：恒美印务（广州）有限公司
规　　格：787mm×1092mm　1/16　　17.75 印张　　328 千字
版次印次：2021 年 10 月第 1 版　　2021 年 10 月第 1 次印刷
定　　价：68.00 元

编 委 会

序　言

哲学社会科学是人们认识世界、改造世界的重要工具，是推动历史发展和社会进步的重要力量。党的十八大以来，以习近平同志为核心的党中央高度重视哲学社会科学。2016 年 5 月 17 日，习近平总书记亲自主持召开哲学社会科学工作座谈会，强调“坚持和发展中国特色社会主义必须高度重视哲学社会科学”。党的十九大报告强调：“深化马克思主义理论研究和建设，加快构建中国特色哲学社会科学，加强中国特色新型智库建设。”2019 年 3 月 4 日，习近平总书记看望了参加全国政协十三届二次会议的文艺界、社科界委员并发表重要讲话，指出“一个国家、一个民族不能没有灵魂。文化文艺工作、哲学社会科学工作就属于培根铸魂的工作，在党和国家全局工作中居于十分重要的地位，在新时代坚持和发展中国特色社会主义中具有十分重要的作用”，要求社科界要坚定文化自信、把握时代脉搏、聆听时代声音，坚持与时代同步伐、以人民为中心、以精品奉献人民、用明德引领风尚。习近平总书记的重要讲话高瞻远瞩、统揽全局、意蕴深厚、内涵丰富，为新时代哲学社会科学事业创新发展谋篇布局、指明方向，为我们做好哲学社会科学工作提供了科学指南和根本遵循。为深入贯彻落实习近平新时代中国特色社会主义思想，全面贯彻党的十八大、十九大，以及十九届二中、三中、四中、五中全会精神，深入贯彻习近平总书记对广东重要指示批示精神，广东省哲学社会科学界肩负时代使命，把握历史机遇，勇于学术创新，紧紧围绕举旗帜、聚民心、育新人、兴文化、展形象的使命任务，牢记“培根铸魂”的职责，始终坚持以人民为中心，着力打造精品力作，积极发挥文化引领风尚、教育人民、服务社会、推动发展的作用，努力推动广东省哲学社会科学事业全面繁荣、走在前列。

改革开放以来，广东在党中央正确领导下，坚定不移走中国特色社会主义道路，解放思想，先行先试，改革开放，取得了举世瞩目的巨大成就，广大社会科学工作者付出了辛勤劳动，贡献了聪明才智。广东省委、省政府高度重视哲学社会科学工作，将打造“理论粤军”、建设学术强省纳入全省总体发展规划之中。为奖励广东省在哲学社会科学研究中做出贡献的集体和个人，充分调动广大哲学社会科学工作者开展学术研究的积极性、创造性，2004 年省政府设立了“广东省哲学社会科学优秀成果奖”，每两年评选一次，至今已成功开展了 8 届优秀成果评选工作，共评出获奖成果 1656 项，在团结带领广大社科工作者围绕中心、服务大局，研究重大现实问题，推动理论创新等方面充分发挥了激励引导作用，为推动广东省哲学社会科学事业繁荣发展，提升广东省哲学社会科学的研究水平和竞争力做出了积极贡献。

2020 年 1 月至今，广东省社会科学界联合会组织人力，从第一届至第八届广东省哲学社会科学优秀成果奖获奖成果中精心挑选，优中选优，集结成《广东省哲学社会科学优秀成果精选集》（以下简称《精选集》）（共五辑）。《精选集》第一辑收录第一届至第三届一等奖成果，第二辑收录第四届至第五届一等奖成果，第三辑至第五辑分别收录第六届至第八届一等奖成果，内容分为著作类（含科普读物）、论文类、调研报告类，对每项成果的主要内容、核心理论、创新观点和学界影响等都做了介绍。毫无疑问，这批入选的优秀成果都是广东省哲学社会科学研究成果的杰出代表。

我们相信，《精选集》将集中展示广东省新时代哲学社会科学研究取得的丰硕成果和学术成就，让读者领略到岭南学术博大精深的思想魅力，体会到南粤学人异彩纷呈的治学理路，感受到哲学社会科学累累硕果的理论荣光；将成为宣传广东省哲学社会科学、讲好岭南学术文化故事的一张名片，成为打造有特色、有气派、有影响的“粤字号”社科体系、学术体系和话语体系的一张名牌。

我们在编写《精选集》的过程中，得到了相关专家的大力支持。这些优秀专家学者，有的年事已高，有的工作繁忙，但对编写工作都积极响应配合，鼎力支持。此外，我们还得到了各高校、省委党校、省社科院、各地市社科联以及中山大学出版社等单位的大力支持，在此一并致以衷心的感谢。由于编者水平和时间有限，书中不足之处难免，敬请学界批评指正。

广东省哲学社会科学优秀成果奖编委会

2021 年 8 月

目 录

第一届广东省哲学社会科学优秀成果奖

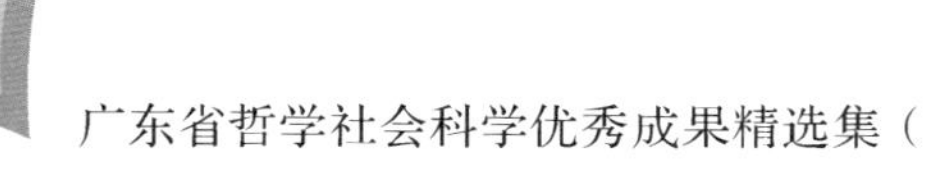

第二届广东省哲学社会科学优秀成果奖

第三届广东省哲学社会科学优秀成果奖

第 一 届

广东省哲学社会科学优秀成果奖

企业职工的权威意识及其对管理行为的影响
——不同所有制之间的比较

蔡　禾

蔡　禾

蔡　禾，中山大学社会学系教授，教育部跨世纪人才，中山大学城市社会研究中心主任，中山大学社会科学调查中心主任；兼任（中国）社会变迁研究会副会长、广东省残疾人事业研究会会长、广州市社会组织研究院院长。从事社会学教学和研究，研究领域为城市社会学理论、社会变迁与社区治理、企业组织与劳动研究、社会政策等。

《企业职工的权威意识及其对管理行为的影响——不同所有制之间的比较》发表于《中国社会科学》2001年第1期，获广东省首届哲学社会科学优秀成果奖论文类一等奖。

管理权威是保障企业管理效率的重要因素，它是以职工对管理行为的认同为“合法性”基础。作者通过对两家国有企业和两家外资控股企业的职工进行随机抽样问卷调查发现：企业职工对公有制企业管理权威的认同是以价值理性权威为主，对非公有制企业管理权威的认同则是以工具理性权威为主；国有企业职工与外资企业职工在权威意识上存在显著差别，国有企业职工对价值理性权威的认同高于外资企业职工，外资企业职工对工具理性权威的认同高于国有企业职工。职工权威意识的所有制差别受到职工权利意识的所有制差别的影响，与长期政企不分造成的企业管理行为高度政治化相关。

企业职工权威意识的双重价值标准造成了两种企业在企业管理上面临不同的管理情境。同样的管理行为，在非公有制企业能被接受，但在公有制企业则不可以，反之亦然。由此，在非公有制企业中，容易形成“以任务为动因”的领导方式；在公有制企业中，则更容易形成“以人为动因”的领导方式。

改革开放以来，我国在现代企业制度、市场秩序的法律法规等文本制度建设上花费了极大的力气，试图建立一个对不同所有制企业都是公平的市场竞争环境。但是，如果人们的价值观念与文本制度的内涵不相匹配，文本制度所能释放出来的效率空间就是有限的。在公有制企业，试图通过明晰产权、扩大权力和利益差距来促进效率增长的制度改革受到强大的价值理性权威的约束；在非公有制企业，试图通过建立法规和完善监督来规范企业经营活动，保障劳工权益的努力则因为工具理性权威主导而受到阻碍。

企业职工在管理权威上的认知差别与单一公有制体制下形成的劳企关系认知紧密相关。在单一公有制体制下，人们习惯从社会主义国家人民当家做主的“所有者”地位去解释劳动者在企业中的各种权利的合理性。然而，在一个多种所有制并存的社会里，这种认识看起来是从正面强调劳动者“当家做主”，但却从反面给予在非公有制企业中，职工“所有者”地位的丧失导致劳动者权利丧失其合理性，造成劳权意识的弱化。这种从所有权解释劳动者权利的认识既会扭曲人们在政治上“当家做主”的权利，也会扭曲人们在劳动力市场上的劳动者权利。

在市场经济条件下，无论是公有制企业还是非公有制企业，劳企关系的本质都是契约关系。企业职工作为社会主义国家的“主人”与国家的关系和企业职工作为劳动者及企业的关系是不同的，前者需要通过发展社会主义政治民主来实现，后者则需要通过维护市场经济秩序、提升劳动者的市场博弈能力和加强劳动者权益保障来实现。

乡村故事与社区历史的建构

——以东凤村陈氏为例兼论传统乡村社会的“历史记忆”

陈春声　陈树良

陈春声

陈春声，现任中山大学党委书记，历史学系教授、博士生导师，兼任国务院学位委员会学科评议组（中国史）召集人，中国史学会副会长。主要从事中国社会经济史、历史人类学和史学理论的教学与研究。

陈树良，时为中山大学历史学系副教授，党总支书记。

《乡村故事与社区历史的建构——以东凤村陈氏为例兼论传统乡村社会的“历史记忆”》发表于《历史研究》2003年第5期，获广东省首届哲学社会科学优秀成果奖论文类一等奖。

该文利用实地调查所得之口述传说和族谱、方志等文献，描述了广东潮州地区一个乡村宗族整合的历史过程和与之相关的庙宇活动方式，注重分析乡民们关于本地历史和地方社会关系的历史记忆，由此论及在乡村社会史研究中，理解口述传说和民间故事的若干方法论问题。

该文包括“开村故事与地域社会的历史”“秉彝公传说与系谱重构的意义”“庙宇故事所见之宗族与社区整合”和“余论：在地域社会的时空脉络中解析乡村故事”四个部分。

作者认为，如果可以将乡村故事视为乡民的历史记忆，那是因为它们对理解和解释现在所见的乡村生活，具有其独特的意义。而乡村社会的格局和乡民的生活方式，自然又是在漫长的历史发展中逐渐积淀的结果，因而，对乡村故事的解析，实际上也可视为重新建构乡村历史的过程。正是在这个意义上，“口述资料”和本地人的记述，有助于人们更深刻地理解乡村历史的事实或内在脉络。

该文试图通过具体的村落传说进行解析说明，如果能够将这些故事置于地域社会具体的时间序列之中，并更具“地点感”地理解这些故事的内容和表达方式，则乡村故事可能对乡村社会史的研究者具有更重要的价值。这些故事蕴含了有关地域社会历史背景、乡村内部关系和村际关系，以及乡民日常生活等多方面的信息，通过对这些故事和传说富于同情心的理解，研究者可更加深刻地重构乡村的历史。

该文提出了在一个有较长时期文献记录历史的社会里，研究乡村社会历史记忆的若干具有方法论意义的原则。作者指出，历史这只“无形之手”实际上对各种各样的传说进行了某种“选择”，使传说中与实际历史过程相契合的内容，在其流播过程中得以保留。而在其背后起作用的，实际上是人们对社区历史的集体记忆。

作者指出，以往传统乡村社会研究的若干认识方法存在偏差，提出在强调重视普通人日常生活经验的同时，研究者还必须保持一种自觉，即从“口述资料”或在本地人记述中发现的历史，不会比官修的史书更接近“事实真相”。百姓的历史记忆表达的常常是他们对现实生活的历史背景的解释，而非历史事实本身。

中国国有企业重组的企业家机制

李新春

李新春

李新春，德国洪堡大学经济学博士，中山大学二级教授、博士生导师，享受国务院政府特殊津贴专家，复旦管理学杰出贡献奖获得者，第三批国家“万人计划”哲学社会科学领军人才。2004 年 4 月至 2011 年 3 月任中山大学管理学院院长。国家自然科学基金委员会管理科学部第十二届、第十三届专家评议组成员，国家社科基金专家评议组成员，中国企业管理现代化研究会中小企业与创业专业委员会及公司治理专业委员会副主任委员。长期从事企业战略管理、家族企业管理和创业管理的研究与教学。目前担任中山大学管理学院学术委员会主任委员、中山大学社会科学学科发展委员会主任委员。《管理学季刊》联合创始人和联席主编。

《中国国有企业重组的企业家机制》发表于《中国社会科学》2001 年第 4 期，获广东省首届哲学社会科学优秀成果奖论文类一等奖。

在相当长时期内，中国的国有企业保持着公有的产权结构，没有如东欧诸国经济一样实行激进的私有化。一直保持占统治地位的国有经济直到 20 世纪 90 年代中期贡献了工业经济的“非同寻常的增长”（杰弗逊、辛格，1998）。同样也有许多实证的研究表明，国有企业的全要素生产率是上升的。如何解释中国国有企业在公有或模糊产权下创造的绩效，成为研究中国市场转型的一个核心问题。对此，一部分学者解释强调企业激励机制改革带来的生产率的上升以及制度创新和技术变革动力的加强，另一部分学者则认为市场竞争（打破国有垄断地位和新进入）的压力激发出企业的效率和创造性。但大部分解释都忽视了一个基本的因素：企业家精神。在 20 世纪 90 年代中期之后的发展中更凸显了这一因素的重要性。这一新阶段的发展特征是，国有企业出现大范围的亏损，企业在绩效与市场竞争能力上的分化明显（仿照股市的概念可以区分所谓的“绩优企业”与“垃圾/劣质企业”）。本文认为，国有企业的企业家机制可以很好地解释这一发展过程。由于大多数国有企业没有很好地界定产权并实行制度化管理，其结果是，企业家能力及其有效激发成为企业发展决定性的因素。而在产权改革受到很多限制的情况下，所谓国有企业的企业家精神主要是在企业重组的层面上发挥作用的。

国有企业战略重组被认为是市场化转型的核心任务之一。中国近 20 年的国有企业改革可以理解为企业在体制和企业能力两个层面重组改革的过程。但在不同的企业可以观察到产业在重组的方式、力度、范围等方面都存在很大差异，而这最终会影响企业的市场绩效。在发展过程中表现出来的现象是，劣质企业与绩优企业的差距愈来愈明显。而这一绩效分化的深刻原因在于国有企业的企业家能力及其发挥。本文的结论是，政府对国有企业领导班子的选拔制度决定了被选拔企业领导人企业家素质的高低，而对企业家的激励机制和企业的产权制度安排则进一步影响企业家能力的发挥。这又在很大程度上决定了企业的绩效，由此建立起国有企业的企业家结构—行为—绩效模型。而国有企业的企业家能力的发挥则受企业控制权和剩余索取权的约束。显然，本文是从政府与企业关系的角度来构筑国有企业重组的企业家机制模型的，隐含的假设：相比于成熟市场经济和私营企业，影响国有企业重组的企业家能力的发挥的关键在于政府，相比之下，市场竞争的作用处于较为次要的地位。但这并不能否认市场竞争对企业经理行为的影响。

广州市政府信息公开规定

刘　恒

刘　恒

刘　恒，经济学博士、法学博士后，中山大学法学院教授、博士生导师，中山大学公法研究中心主任、教育部教育立法研究基地（中山大学）主任。2005年入选教育部“新世纪优秀人才支持计划”，2018年入选广东省首届立法工作领军人才，兼任广东省法学会行政法研究会会长、广东省人大常委会立法咨询专家、广东省人民政府首届法律顾问等。

《广州市政府信息公开规定》获广东省首届哲学社会科学优秀成果奖调研报告类一等奖。

一、立法背景

中国加入世贸组织后，实行政府信息公开、增加政府行政透明度，是我国政府的一项基本义务。近年来，我国在实践中正在进行政务公开方面的有益探索，各地都在积极开展政务公开工作并积累了一定的经验。

这一领域的立法面临着许多困难：一是国家立法还没有出台，而公开领域的一些问题又受制于国家的立法规定；二是关于政府信息公开的立法路径，对政府信息公开立法应当先由国家立法还是先由地方立法有不同的认识。

为了推进这项立法工作，广州市政府法制办与中山大学行政法研究所联合成立《广州市政府信息公开规定》起草小组，先后在青岛、上海、南京等地进行立法调研，经过专家论证和广泛征求意见，于2002年9月底完成起草工作，2002年10月中旬提交广州市政府第十一届第108次常务会议讨论通过，同年11月6日，签署了广州市人民政府第8号令予以正式公布，自2003年1月1日起生效实施。

二、立法内容

《广州市政府信息公开规定》共有7章34条，对总则、公开内容、公开方式、公开程序、监督与救济、法律责任、附则等问题进行规定，内容如下。

一、总则

（一）立法目的

（二）规定了公开权利人和义务人

（三）明确了信息公开的主管机关

（四）确立了政府信息公开的原则

二、公开内容

（一）公开义务人应当主动公开的内容

（二）依申请应当公开的内容

（三）明确了不予公开的范围

三、公开方式

（一）明确了公开方式

（二）创立了预公开制度

四、公开程序

（一）法定公开的申请公开程序

（二）依申请公开的申请程序

（三）明确了公开处理的特殊情形

五、监督与救济

（一）监督检查

（二）评议考核

（三）法律救济

六、法律责任

三、立法影响

（1）2003 年 5 月，美国耶鲁大学中国法研究中心组织专题研讨。

（2）2003 年 9 月 24 日的《法制日报》以“一个美国学者眼中的中国地方政府信息公开立法”为题进行专门报道。

（3）推动和促使了全国性立法的出台。《中华人民共和国政府信息公开条例》（以下简称《公开条例》）自 2008 年 5 月 1 日起施行，共 5 章 38 条。

（4）2011 年 1 月 15 日，《广州市政府信息公开规定》荣获首届“中国法治政府奖”。

（5）2013 年 12 月，在《中国试验——从地方创新到全国改革》（国际知名智库“美国布鲁金斯学会”高级研究员安·弗洛里妮等著，“海外当代中国研究译丛”，中央编译出版社）的第五章“从地方试验到全国规则：阳光照进中国”中专门介绍广州立法。

（6）从 2003 年的“非典”，到 2008 年的汶川地震，再到近期新型冠状病毒肺炎的肆虐，人们深切地感受到信息公开的重要性和迫切性。近年来，公众要求信息公开的呼声日益强烈，信息公开诉讼也呈现出“井喷”的态势，因此也促使了 2019 年对《公开条例》的修订。这表明政府信息公开制度已经并正在对我国国家治理法治化的进程产生积极和深远的影响。

走进现实的法律生活

——评《送法下乡》

刘　星

刘　星

刘　星，1958年生，北京人。1985年毕业于中山大学法律学系，1988年毕业于中国政法大学研究生院。现为中国政法大学法学院教授。已出版《法律是什么》《一种历史实践：近现代中西法概念理论比较研究》《法律与文学：在中国基层司法中展开》等专著。在《中国社会科学》《法学研究》《中国法学》等重要学术刊物发表论文数十篇。

《走进现实的法律生活——评〈送法下乡〉》发表于《中国社会科学》2002年第3期，获广东省首届哲学社会科学优秀成果奖论文类一等奖。该文被引证61次。

《走进现实的法律生活——评〈送法下乡〉》主要在当代中国法学知识系谱中分析了苏力《送法下乡》的位置、贡献和不足。作者认为，《送法下乡》细致地运用学术策略，将被忽略的依存于中国基层司法运作中的另类法学知识予以凸显。这种知识不仅是新型的，而且是中国化的，因为它是在中国的基层具体事物关系以及具体生活需要中生发的。该文指出，依据历史唯物主义的观点，将具体事物关系和需要中的法学知识加以提升，不仅是法学知识的重新解放，而且有益增进法学学术。作者探讨了《送法下乡》的叙事方式、叙事角色定位以及其中的学术意义。此外，作者还分析了《送法下乡》可能存在的问题，指出，针对中国基层司法制度而言，它也许不能成功地解释其中的某些问题。

该文分为四个部分：第一部分分析了《送法下乡》如何在学术话语上激活“中国基层司法制度”的研究范式，其激活动机、方式、策略是什么，以及是否成功，成功的理由何在。第二部分探讨了《送法下乡》的“设想、验证、证伪、推翻”的实证方法的法学贡献，指出，越是从实证的经验材料上批判《送法下乡》，越是证明《送法下乡》是重要的，从而论证了这一专著如何可以成为中国法律制度实证研究的先导文献。第三部分分析了《送法下乡》的修辞策略，通过修辞的具体分析进而提出《送法下乡》的重要理念是“法学家与法律家的融合”“理论中法学知识与实践中法律知识的融合”，是“走进现实的法律生活”。第四部分分析了《送法下乡》的“微观制约”理论逻辑，并提出了“微观斗争”这一重要概念，从而揭示“微观制约”理论逻辑存在的问题，进而论证了法学实证研究还需要新的方向和目标。

该文的主要观点是，法学的实证研究非常可贵，也是重要的，《送法下乡》是旗帜性文献，而“微观斗争”的概念可以使人反思《送法下乡》之不足进而推进新的思考。该文的理论创新之处是，提出了学界没有讨论甚至没有觉察的“微观斗争”的概念和理论框架。

企业集团
——扩展动因、模式与案例

毛蕴诗　李新家　彭清华

毛蕴诗

毛蕴诗，男，1945 年生，经济学博士，中山大学教授、博士生导师，享受国务院政府特殊津贴专家，兼任多本学术期刊编委和学术顾问。曾任国务院学位委员会工商管理学科评审组成员、广东省学位委员会委员、武汉大学管理学院副院长、中山大学管理学院院长、全国政协委员、广东省政府参事。致力于企业转型升级、绿色发展等方面的研究，出版著作、教材二十余部，发表学术文章两百余篇。

李新家，男，1952 年生，广东省社会科学院教授，副院长。

彭清华，男，1957 年生，中共中央组织部研究员。

《企业集团——扩展动因、模式与案例》，毛蕴诗等著，由广东人民出版社于2000年5月出版。该书获广东省首届哲学社会科学优秀成果奖著作类一等奖。

一、主要内容

该书介绍了企业集团的概念、产生、演变和发展及其主要特征，并对企业集团发展的理论研究做了详尽的梳理和评价，在此基础上提出了三个层次的理论分析框架。该书以广阔的视野研究企业集团的发展问题，特别是对我国企业之间为什么组合、联合、兼并而发展为企业集团进行了较深入的理论分析，并对我国企业集团的成长案例进行了实证调研与具体剖析。

第一篇是总论。介绍了企业集团的概念、产生、演变和发展及其主要特征，对企业集团发展的理论研究做了详尽的梳理和评价，并在此基础上提出了该书三个层次的理论分析框架：第一层次是从内外部环境、要素分析了企业集团扩展的动因；第二层次着重分析了企业集团发展的特殊问题，包括企业集团与市场的关系、发展模式问题；第三层次进一步分析了企业集团内组织之间的关系、企业集团扩展途径与组织管理体制的配适。

第二篇是企业集团发展的理论分析。从外部环境来讲，企业集团是市场经济发展的产物，现代公司制度是企业集团体制的基础，企业兼并和股份公司制是市场经济条件下企业集团生长的主要方式；经济转型与高速成长为企业集团的迅速发展奠定了基础，产业结构调整、产业结构高度化和需求结构的变动与企业集团形成了良性的互动关系；而经济全球化则进一步推动了企业集团跨国界、跨地域的高速成长。政府与企业集团的关系是企业集团扩展的另一个重要的外部环境。政府通过产业政策、法律法规、经济手段、行政干预等措施为企业集团的发展创造环境，起着扶助、引导和规范的作用。从企业内部环境来看，企业集团扩展的动因包括以下几个方面：获取规模经济性、范围经济性、速度经济性、网络经济性四大经济效率和竞争能力，获取协同作用、实现优势互补与聚合效应，实现资源的有效配置和生产要素的内部转移，技术创新、技术积累与企业集团的良性互动，追求利润和扩展，战略竞争和对环境变动的战略反应，等等。

在此基础上，该书的第四章提出了企业集团扩展的四维模型，从资本运作、组建方式、业务活动和扩展空间四种方式来分析企业集团的成长。这也是该书的一个创新点。从业务活动维度来看，企业集团的扩展包括原有业务的扩展与横向一体化，产品升级导向的业务扩展、纵向一体化，相关多元化和无关多元化；从资本运作维度看，包括内部积累、直接筹资、银行贷款和资产运作；从组建方式来看，包括创建子公司或业务部门、收购子公司、合并成立新的公司、合资控股或参股公司、合作形成协作企业；从扩展的空间维度看，包括当地经营、外地经营和跨国经营。本章进一步通过日本石川播磨株式会社的案例，详细说明了四维模型在分析企业集团扩展时的具体应用。

第六章探讨了企业集团与市场之间的关系。市场存在不完全性，企业通过内部化来克服市场失效；但内部化也会带来其他一些问题，诸如管理成本的增加，又必须通过外部化或企业内部市场机制来使企业变得更有效率；而企业集团是一种中间组织，它是克服市场失效与组织失效的一种有效的制度安排。

第七章阐述了企业集团内部企业的主要联结方式，包括股份持有、高级管理者的派遣与兼任、内部交易和准市场关系、内部金融、资源和网络共享、技术援助和指导、长期合作等；由此将企业集团分为松散型和紧密型两大类，在此基础上分析了具有核心企业的企业集团的内部关系特征。

第八章分析了企业集团的扩展与组织管理体制的配适问题。企业集团有两项基本组织制度：控股公司制与事业部制，这两种制度在经营管理自主权、扩展成本、管理成本、经营风险、资金管理、经营方式和总体功能上存在着区别。企业集团经营战略的不同选择将决定组织制度的选择，企业必须调整自己的组织结构和管理体制来适应集团的扩展路径。

第三篇通过点与面的结合，着重研究我国企业集团的发展问题。第九章简述了我国经济转型时期企业集团的发展和我国企业集团在发展中存在的一些问题。第十章针对广东企业集团做了具体调研，获取了大量的一手资料和数据，在此基础上深入分析了广东企业集团的发展历程，并对广东重点大型企业集团的现状和存在的主要问题做了归纳和总结。第十一章选取了三个企业集团的典型案例进行研究，具体分析了三九集团管理机制创新及其三次扩展历程、丽珠医药集团的成长路径与战略重组，以及广东汕头超声电子集团的成长路径。第十二章是第三篇也是本书的一个总结，基于前文理论分析和案例研究的基础，本章具体分析了经济体制改革中我国政府与企业集团的关系，并对我国企业集团的进一步发展提出了政策建议。

二、篇章结构

第一篇　总论

前言

第一章　企业集团的概念、特征与研究进展

第二篇　企业集团发展的理论分析

第二章　企业集团发展的外部环境之一

第三章　企业集团发展的外部环境之二

第四章　企业集团成长的四种分析方式

第五章　企业集团发展的动因

第六章　企业集团与市场之间的关系

第七章　企业集团内企业之间的联系

第八章　企业集团的扩展与组织管理体制的配适

第三篇　成长中的中国企业集团

第九章　成长中的中国企业集团简述

第十章　广东企业集团的发展、现状和问题分析

第十一章　中国企业集团成长的案例研究

第十二章　促进我国企业集团健康发展的对策思考

三、核心思想和观点

《企业集团——扩展动因、模式与案例》把我国企业集团的发展放在市场经济环境的框架下进行研究，探讨了企业集团成长过程中的若干理论与实践问题，还探讨了市场经济环境与现代企业制度的互动，以及经济全球化促进我国企业集团的发展。作者从企业与市场之间的关系和市场的不完全性出发，解释企业集团通过内部化来克服市场失效，实现扩展，同时也起到了资源配置的作用。但内部化也会带来其他一些问题，诸如管理成本的增加，又必须通过外部化或企业内部市场机制来使企业变得更有效率；而企业集团是一种中间组织，

它是克服市场失效与组织失效的一种有效的制度安排。

该书结合经济理论与管理理论，系统地剖析了企业集团扩展的六个方面的动因：获取四大经济效率和竞争能力；获取协同作用，实现优势互补与聚合效应；实现资源的有效配置；技术创新、技术积累；追求利润；战略竞争和对环境变动的战略反应。从而为企业集团的扩展提供了系统和深入的理论解释。

该书创造性地提出了企业集团扩展的四维模型，从资本运作、组建方式、业务活动和扩展空间四种方式来分析企业集团的成长。这四个维度的组合形成了企业扩展路径，从而为研究企业扩展提供了一个系统的分析框架。该书还进一步通过对日本石川播磨株式会社的现场调研，验明了四维模型在分析企业集团扩展时的具体应用。

该书一个鲜明的观点是，我国许多企业集团由于过度扩展和过度多元化而导致不同程度的大企业病，必须进行业务剥离和组织重构。这个发现是符合我国当前企业生存的现实状况的，为我国一些大型企业在成长中出现的问题提供了很好的诊断思路。

作者还针对广东企业集团做了现场调研，获取了大量的一手资料和数据，在此基础上深入分析了广东企业集团的发展历程，并对广东重点大型企业集团的现状和存在的主要问题做了归纳和总结，对我国企业集团的进一步发展提出了可行的政策建议。

四、学术价值和学界影响

我国企业集团的发展涉及当前的制度变迁、资产重组和产业结构调整以及来自国际的全球竞争压力。这既与过去的理论有密切联系，同时也远非过去的理论所能解释。该书从理论上对这些问题进行了深入、系统的研究。而在实践上，该书的研究对企业集团的成长策略、结构调整及通过战略管理提升企业的国际竞争力有实用价值；对于政府与企业集团的关系、政府与市场之间关系的定位，以及政府的产业政策制定和实施，具有重要的政策意义。

《企业集团——扩展动因、模式与案例》于 2000 年出版后受到市场的欢迎，很快又于 2001 年推出修订版。书中的许多观点形成了文章发表。该书作者还围绕本书的主题，先后主持召开全国性学术会议“面向 21 世纪的企业与市场”（2000 年 6 月，做主题发言）、“成长中的中国企业”（2002 年 3 月，做主题发言）。

同时，作者还在本书的基础上，进行了拓展和深化研究。例如，主持教育部人文社会科学研究“十五”规划项目——“中国企业扩展路径与扩展案例研究”（2002—2004）；主持国家软科学研究计划项目——“经济全球化环境下中国企业集团的重组动因、模式研究”（2008—2009）；出版了《广东企业50强——成长与重构》《成长中的中国企业》等著作；发表了《中国大型酒店集团成长战略的影响因素研究》《广东大企业集团的若干特征与公司重构》《大企业集团扩展路径的实证研究——对广东40家大型重点企业的问卷调查》《硅谷机制与企业高速成长——再论企业与市场之间的关系》《世界五百强的特征及其对中国企业的启示》等论文，在学界产生了重大的影响。

企业经理角色转换中的激励制度研究

——对转轨时期国有企业经理激励不足的一种新解释

王 珺

王 珺

王 珺，河北省唐山市人，现任广东省政协经济委员会主任、《南方经济》杂志主编。1993 年成为享受国务院政府特殊津贴专家。学术研究集中于转型经济、制度经济学、企业理论、企业集群理论等。曾三次获得广东省哲学社会科学优秀成果奖一等奖，并获广东省第二届“青年科学家奖”、广东省第二届优秀社会科学家奖、教育部第二届“高校青年教师奖”、全国“宝钢优秀教师奖”等荣誉。

《企业经理角色转换中的激励制度研究——对转轨时期国有企业经理激励不足的一种新解释》，王珺著，由广东人民出版社于 2002 年 7 月出版。该书获广东省首届哲学社会科学优秀成果奖著作类一等奖。

一、问题的提出

当前，人们对激励不足影响着国有企业经理作用发挥的看法已成为一种共识。那么，是什么原因导致了对国企经理的激励不足？无疑，国企经理收入偏低，没有建立年薪制、股权、期权等市场化的长期激励制度等是直接的原因。然而，仅从经理收益角度来回答激励不足问题是不够的，还需要从经理产生与激励相互联系的制度基础上寻找原因。改革开放以来，我国通过放权让利，使收入分配向经理倾斜，但激励效果依然不甚理想的实践，证明了这种深层次探讨的重要性。该书在评论现有的理论看法基础上，从博弈角度对国有企业经理激励的制度安排提出一种新的解释。

从现有的理论文献来看，除了经济学家们强调市场机制不充分，如产品市场、经理市场和资本市场等对经理人激励与约束有限的外部因素以外，关于企业内部的激励与约束的研究主要集中在委托代理关系上。在委托人与代理人的目标函数不一致的条件下，由于存在着信息不对称、合约不完整，为降低代理人的道德风险和逆向选择，给予代理人一部分剩余索取权（Grossman and Hart，1983；Alchian and Demsetz，1972）。作者认为，这种激励机制的设计隐含着一个前提，即他们所分析的委托代理关系是一次性博弈。之所以作出这样的判断，是因为在一次性博弈中，双方没有时间检验和甄别对方披露的信息，即使察觉了对方的背叛行为，也难以采取惩罚策略。在这种条件下，代理人产生机会主义行为的可能性才会大量增加。这就是霍尔姆斯特姆（Holmstrom，1982）所建立的在一次性关系中，无论采用什么规则都难以克服“搭便车”行为的模型。

虽然任何一种委托代理关系都存在着信息不对称，但是随着委托代理关系期限的延长，委托人观察和甄别代理人行为的机会会不断增加，使代理人隐匿信息的成本相应提高，委托人识别信息的成本则相应降低，进而会降低信息不对称程度。而且，通过这种关系期限的延长，委托人在识别经理人背叛行为后，有时间实施惩罚策略。在经理人退出成本很高的条件下，为避免对方的惩罚，必然会减少隐匿信息和采取机会主义行为的可能性。麦克洛伊德（Macleod，1988）的长期合作博弈模型表明，只要生产关系是无限重复的，即使外在的监督不存在，也会形成一个有效率的均衡。鲁宾斯坦和雅里（Rubinstein and Yaari，

1983）等人也证明，各种无限次重复的委托代理博弈，是能够解决静态博弈中由于道德风险问题而造成的非效率的。青木昌彦、奥野正宽（1999）等日本学者用这种重复博弈理论解释了日本企业内部对经理激励的有效性。他们认为，日本企业经理的年薪水平不仅大大低于美国企业经理的年薪水平，经理与一般员工的酬薪差距也比美国等西方国家低得多，对经理也几乎没有股权、期权等激励机制。但是，终身雇佣制、年序列工资等制度使经理脱离这种关系的成本很高，在这种条件下，经理并没有出现明显的机会主义行为。可见，经理与组织的博弈次数不同，组织所设计的激励机制方案也是不同的。

国企经理通常是在由上级组织对每个员工、干部进行长期的业绩考核与评价基础上选拔出来的，这表明，经理与委派、任命和聘任他的组织之间是一种长期关系。一项调查显示，目前的国有企业经理在组织中的工作年限为 24.3 年，与各种非国有经济成分相比，是各种企业组织中工作年限最长的。[①] 因而用以一次性博弈为前提的委托代理理论加以分析是不完全适合的。然而，如果按照艾克斯罗德（Axelrod，1996）的合作进化理论来解释国企经理行为，这会与我们观察到的实际情况不相符。因为建立在重复博弈基础上的长期关系本来是有利于抑制经理的机会主义行为的，然而转轨时期的国企经理却存在着各种各样的机会主义行为。比如，经理注重企业的短期收益，而非长期发展；注重企业资产的账面值，而非真实价值；注重个人的在职业绩，而非企业实力；等等。这就提出了一个问题，为什么国企经理在长期关系中却出现了大量的短期行为？该书提出国有企业经理的双重博弈假说，即经理与行政组织是一种重复博弈，与企业组织是一次性博弈。旨在解释国企经理在这种长期关系中出现的短期行为的制度性根源，并提出相应的调整取向。

二、双重博弈的理论含义

随着体制改革的推进，国有企业自主权和预算约束力都有所加强，主管部门对国企经理任命和解职的体制在过去 20 年中几乎没有发生变化。20 世纪 90 年代以后，现代企业制度的推行使董事会选聘经理的方式有所增加，然而在国有独资、控股公司的董事会聘任经理中，主管部门的推荐起着实质性的作用。

---

① 中国企业家调查系统：《中国企业家成长与发展：专题调查报告》，1997 年。

中国企业家调查系统自20世纪90年代中期以来连续几年的调查结果表明了这一点。① 这意味着经理授命于行政组织，而工作在企业组织。在传统的计划体制下，企业组织是行政组织中的附属单位，因而国企经理、厂长就成为行政官员的一部分。在市场经济中，经理只与企业组织形成一种契约关系，使经理与律师、医生一样具有职业性质（钱德勒，1996）。然而，在经济转轨时期，作为两个不同性质的组织同时与经理发生着关系，这决定着经济转轨时期国企经理行为的特殊性。根据这两个组织各自对经理现期和预期收益的不同影响，本文将转轨时期国企经理与行政组织关系看成重复博弈，与企业组织看成一次性博弈。

（一）经理与行政组织的重复博弈

把行政组织与经理之间的关系作为重复博弈是由双方的博弈次数无限地持续下去所决定的。麦克洛伊德（Macleod，1983，1988）认为，在双方有自主权选择进入或退出的条件下，博弈次数能否持续下去的一个基本约束条件是双方的退出成本。因此，行政组织与经理之间实现重复博弈的关键在于是否存在这个约束条件。

行政组织与经理之间的博弈是机构与个人之间的一种博弈关系，这不同于博弈双方都是参与者个人的一般博弈分析。其差别在于，机构的退出成本往往会高于个人的退出成本，因此，当参与者个人发生背叛行为时，参与机构不可能简单地采用退出策略，只能选择报复性策略来惩罚对方，更换经理就是行政组织采用的一个成本较低但十分严厉的报复性策略。这种博弈就像机构投资者与经理之间的关系一样，机构投资者对一个经营不善的公司经理不可能像大量的分散小股东那样以“用脚投票”的方式加以解决，“不换思路就更换人”往往成为机构投资者的报复性策略（迈克尔·尤辛，2000）。因此，对于行政组织来说，在与经理博弈时，它也不需要退出，只要掌握着更换经理的权力，就使其具有支配性地位。

相对来说，现阶段国企经理退出行政组织的成本依然较高。这种退出成本

---

① 历年的中国企业家调查系统显示，1993年，国有企业经理的92.12%由主管部门任命，到1997年为90.19%，1998年为89%。参见《管理世界》1995年第3期、1998年第4期、1999年第4期。

主要由三个方面构成，即行政组织满足经理各种现期及预期的需要程度、沉淀成本和外部机会的收益。满足经理的各种需要是指在职消费、各项福利待遇、控制权回报、社会地位以及未来的晋升机会等。沉淀成本是经理在任命前沿着普通工人、班组长、车间副主任、车间主任、企业副经理，最后登上经理职位的十几年甚至几十年的努力与投入。外部机会的收益反映了在行政组织以外获得受雇的机会来补偿沉淀成本和经理各种需要的可能性。这不仅指就业机会，还包括了享有一定级别的退休金、住房、医疗保险等满足非工资以外的其他需求机会。当一个国企经理跳槽到非国有企业，这意味着他要放弃行政组织提供的各项收益、长期发展机会和沉淀性投入的预期回报。① 在体制转轨时期，外部机会形成的现期与预期收益还是远远不能补偿经理较高的沉淀成本和行政组织给经理提供各种需要的满足程度，其结果是，国企经理向非国企的流动十分有限。1997 年的一项调查显示，国企经理在不同所有制企业之间的流动次数是所有企业类型的经理流动次数中最低的。② 在经理退出成本较高条件下，只能无条件地服从行政组织的安排，并获得韦伯所说的“服从带来的利益”（华尔德，1996）。

（二）经理与企业组织的一次性博弈

虽然经理与企业组织之间也是个人与机构之间的博弈，但是，与前者相比，却有着明显的区别。这体现在三个方面，即企业组织权力与约束力的变化、经理退出成本的变化和经理在企业组织中的收益与机会预期等。

首先，与行政组织不同的是，企业组织不具有更换经理的权力。这样，在企业组织与经理博弈中，企业组织就不能像行政组织一样通过“换人”来采取报复性策略，这就削弱了企业组织对经理的制约能力。在这种情况下，如果经理的权力受到企业职工的约束，那么这在一定程度上也会抑制经理的机会主义行为。问题在于，转轨时期的企业职工对经理权力的约束力也是下降的。许多学者的实证研究表明，经济转轨中的企业决策权向经理倾斜，使职工在决策

---

① 当一个国企经理跳槽到非国企单位，其原有的级别与待遇就不再予以承认，而按照非国有企业规定的标准重新计算。

② 中国企业家调查系统：《1997 年中国企业家成长与发展：专题调查报告》，载《经济管理》1998 年第 2 期。

上只有很少的发言权并被置于管理部门更直接的控制之下，存在有利于权力制衡的职工参与被弱化的情况，还有进一步发展的趋势（Lipset，1981；唐文方，1996）。青木等人所说的“内部人控制”就是这种体制下的产物（青木昌彦等，1995）。在职工不能通过决策参与方式进行积极制约的情况下，职工就会选择自愿性退出。个别职工的退出不一定会引起行政组织对经理的更换。只有在大部分职工自愿退出时，才有可能使行政组织更换经理。而这种情况由于职工合谋的成本过高而在现实中几乎不可能发生，因此，这种机制并不奏效。

其次，与退出行政组织的成本相比，经理退出企业组织的成本明显地降低了。当一个员工被提拔为经理后，他就有了一定的行政级别，并获得了相应的货币收入与非货币收入等各种福利待遇。在行政组织内部，不管经理被调离到什么样的企业组织或部门，其行政级别与待遇都是跟着走的。这种行政级别与福利待遇就像刚性的工资一样一般也是只升不降的。经理往往不会因经营不善而被降低行政级别和待遇，相反会因改善经营而得到升迁。对于经理来说，退出行政组织，则会失去行政级别与待遇，而退出行政组织内的任何一个企业组织则不会失去这种行政级别与待遇，这就是经理退出行政组织与退出行政组织内的企业组织的成本差异。麦克洛伊德（Macleod，1988）认为，一个组织内的成员退出成本的降低会削弱而不是保证努力的激励。因此，这种退出成本的差异会弱化企业组织的激励性，而强化行政组织的激励性。

最后，经理与企业组织签订的任期合约缺乏约束力。在合同期限内，如果行政组织要求一个企业经理调离到另一个企业，那么国企经理只能违背任期合同，无条件地服从于行政组织的调动指令。行政组织不可能事先与经理签订一个什么时候被调离或提拔、被调离或提拔到什么职位以及提拔后被分配到什么企业工作的合约。在这种条件下，经理就无法预测自己在一个企业组织内干多长时间、在什么条件下得到晋升，因此也就难以对自己在企业组织任职内的投入与回报进行预测，从而对企业组织就缺乏一个长期的打算。一项研究表明，年轻的国企经理往往把企业组织作为仕途攀升的跳板，一旦干出成绩，就可能被调往上级部门担任更高的职务。岁数大的经理面对即将来临的退休，虽然放弃了晋升的动机，但是也失去了对企业组织长期发展的打算。① 其结果，无论

① 游正林：《内部分化与流动——一家国有企业的 20 年》，社会科学文献出版社 2000 年版，第 239 页。

是年轻的经理还是岁数较大的经理对企业组织都容易产生一次性博弈的动机。

三、双重博弈下的激励制度特征与经理行为取向

双重博弈之间存在着内在联系。行政组织往往根据经理的努力与能力对其作出提拔或调离的安排，而经理能力与努力是通过企业业绩显示出来的，这使经理不得不考虑企业绩效。这就形成了双重博弈下对经理激励制度的三个特征。

（一）激励制度的三大特征

首先，行政组织是对经理实行强激励的主体，而企业组织是弱激励的主体。行政组织控制着国企经理的任命、调离、解职与晋升的权力，经理只有服从行政组织的安排，才可能得到更多的利益。这使经理无论从晋升还是保住现有职位角度考虑，都更加注重行政组织对个人能力与努力程度的评价。然而，行政组织没有能力按照每个企业的绩效变动设计具体的激励方案，这只能由企业组织加以考虑。企业组织的激励规则主要由董事会或经理层制定。在有效的公司治理结构尚未建立的情况下，这些由行政组织任命的董事长或总经理不可能忽视行政组织的评价，而把自己的年薪标准定得较高，或把自己与企业绩效挂钩的提成比例定得过大。这就形成了转轨时期国企经理激励的“制度困境”，即国企经理们无法制定一个激励自己的高薪计划。一项研究显示，在我国许多的国有上市公司中，一半以上的国有公司经理是不从公司中获取报酬的。① 其结果，不仅对经理的激励有限，也使广大投资者不大放心。这种激励的“制度性困境”可以看成行政组织作为强激励主体、企业组织作为弱激励主体的必然结果。

其次，以行政组织为主体设计的激励规则内容必然是以晋升激励为主的。作者曾经把现阶段激励经理的资源分为两类，即晋升激励与收益激励（王珺，1998）。企业组织不掌握晋升资源，也缺乏使用这种资源的权力，这样，企业组织只能从收益角度来考虑对经理的激励设计。同时，企业组织比行政组织也更加了解企业业绩与经理努力的实际情况，这使其有可能从收益激励上订立一个有效的规则。行政组织没有能力面对自己管辖的众多企业，按照商业标准对

① 魏刚：《高级管理层激励与上市公司经营绩效》，载《经济研究》2000 年第 3 期。

每个企业经理作出切合实际的收益激励决策，只能围绕人事任命和解职权力制定激励规则。因此，以行政组织为主设计经理的激励规则，在内容安排上必然会向晋升激励倾斜。长期以来，国企经理追求级别晋升的行为取向就是对行政组织作为强激励主体制定的激励规则的一种反应。在经济转轨时期，这种状况并没有得到根本改变。

最后，国企组织设计的激励规则是要服从行政组织安排的。行政组织对经理的任命和解职因受到许多复杂因素的影响而带有相当的不确定性。在这种条件下，企业组织设计股权、期权等长期激励机制，就容易与不可预见的行政任命制发生冲突。一旦出现了冲突，经理只能无条件地服从行政组织的调动安排，其结果是，这种长期激励规则就难以实施下去。当前，在深圳、武汉、北京和上海等地的一些国有企业对经理持有股权的试点中已经出现了任命制与合约期限发生冲突的问题。尽管被调离的经理仍然持有本企业的股权，但是，经理的努力与本企业业绩已经分离了。因此，企业组织设计的激励制度实质上是在行政组织掌握着经理任命权的前提下发生作用的，这就限制了企业组织激励制度的作用空间。

（二）经理行为取向

在双重博弈形成的激励制度下，经理的行为取向既不完全遵循麦克洛伊德（Macleod，1988）所分析的，在一次性博弈中，成员按照“偷懒然后退出”的逻辑采取行动，也不完全按照艾克斯罗德（Axelrod，1996）所解释的，在重复博弈中，成员以“一报还一报”方式寻求合作，而是会把“努力实现晋升，然后退出企业”作为最优选择。因为在行政组织作为强激励主体条件下，晋升是对经理的最有效激励。为实现晋升，经理会不懈地努力。这种努力包括生产性、非生产性，甚至破坏性行为。比如，为增大业绩，不顾企业偿还能力而拼命贷款；千方百计地增大资产账面值而非真实值；用新债代旧债以掩盖坏账；等等。许多国有企业在经理任职期间内的经营业绩看起来很好，一旦该经理离任，债务危机就暴露出来了。即使生产性努力也往往不会考虑企业的长期发展，因为一旦经理得到了晋升，就会离开这个企业。所以，“真正愿意长期在国有企业工作下去的经理是很少的。越来越多的人是把企业当作跳板，一个任期干下

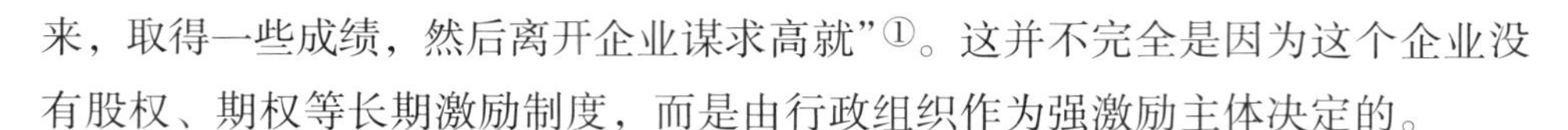

来，取得一些成绩，然后离开企业谋求高就”①。这并不完全是因为这个企业没有股权、期权等长期激励制度，而是由行政组织作为强激励主体决定的。

无疑，并不是所有的经理在努力后都能够得到及时的晋升。如果经理的努力没有得到晋升性回报，他就会依据个人的投入与预期回报采取次优选择。这里所说的次优选择就是降低预期回报率，进而降低投入程度，以争取个人福利最大化。降低预期回报率表现为经理对激励目标的调整，从追求晋升调整为以稳定经理职位为主。有了经理职位，就有了控制权，从而可以得到与职位相应的各种货币收入与非货币收入。失去了这个职位，就失去了与此相关联的几乎所有的福利待遇和控制权力。因此，保住这个职位是经理调整预期回报目标的底线。随着预期回报率的调整，经理努力投入的动机也会相应地降低。“不求有功，但求无过”“平平稳稳，少出风头”等都是这种次优选择的典型。当经理没有付出超常的努力时，企业业绩也就变得平平淡淡。对于经理来说，努力后得不到晋升的可能性越大，做出次优选择就越明显，从而追求企业控制权以获得任职期间的货币收入和非货币收入的动机就越强。

当然，经理不会无限地降低努力性投入，保住经理职位的底线在于企业业绩不能降低至平均水平以下。在假定企业业绩是经理努力函数下，经理无限制地降低个人努力，就会导致企业业绩下滑。当业绩下滑到国企同类企业业绩的平均水平以下时，经理职位就会受到威胁，行政组织更换经理就可能发生。

四、数据验证

该书根据企业业绩与经理任职期限之间的实证联系来验证行政组织强激励的运作规则。企业业绩越好，经理晋升的机会越高，这类经理在企业内的任职期限可能越短。然而，企业业绩越差，经理被调离的可能性越大，这类经理的任职期限也会越短。只有在企业业绩比较正常的情况下，经理既不会较快地被提拔，也不会迅速地被调离，从而可能形成较长的任职期限。如果企业业绩与经理任职期之间存在着这种联系，那就说明，行政组织强激励是双重博弈下的一个主要激励制度。

2001 年初，我们对列入广东省经济贸易委员会的 83 家重点大企业集团进

① 陈惠湘：《中国企业批判》，北京大学出版社 1997 年版，第 12 页。

行了问卷调查。根据每个企业在经理任期变动与企业业绩等数据方面的完整性，该书选用了36家大企业集团。在这36家大企业集团中，国有独资企业为17家，国有控股公司为9家，乡镇政府控股的有6家，其余4家为外资控股的企业。在32家国有独资、控股和公有控股的企业集团中，经理由政府直接任命的有13家，由政府部门提出人选，由董事会任命的有19家。由于资料所限，该书选用了1995—1999年间36家企业的销售收入额增长率作为企业业绩的指标。根据业绩变动情况，将36家大企业集团分为三类：一是这五年的销售收入增长率在100%以上，这一类业绩优异的企业集团有11家，即表1中从第26位至第36位的企业集团。二是这五年间销售收入增长率从正增长率到100%之间的业绩正常的企业集团，这一类有16家，即表1中从第10位至第25位的企业集团。三是在这五年间的销售收入增长率为负的企业集团，即表1中从第1位至第9位的9家企业集团。

表1也列出了三种不同业绩的企业在1995—1999年间的经理任期的变动频率及其理由。在11家业绩优异的企业中，有8家企业进行了换届，占72.7%。在退休、晋升、自动辞职和调离等四种经理任期变动理由中，调离的有2家，自动辞职的有1家，退休的有2家，晋升的有3家。这表明，在这类企业的经理任职变动中，大约37.5%的经理是因晋升而变动的。在16家业绩正常的企业中，有10家企业进行了换届，占62.5%，其中，调离的有4家，晋升的有2家，退休的有4家。这表明，30%的经理任职是因晋升而变动的。在业绩较差的9家企业中，有7家企业进行了换届，占77.7%。其中，调离的有3家，自动辞职的有1家，退休的有1家，而没有一个企业经理得到了晋升。

表1　广东省大型企业集团的经营业绩与经理任职变动

序号	企业名称	股权结构	任命方式	业绩变动率（%）	经理任职届数	退休	晋升	辞职	调离
1	广东新会美达锦纶公司	3	3	-42.03	E>1	0	0	0	1
2	佛山塑料集团公司	3	3	-33.75	E>1	0	0	0	1
3	深圳市莱英达集团	2	2	-25.54	E>1	0	0	0	0
4	广东南方钢铁集团	1	2	-16.78	E>1	0	0	0	0

（续上表）

序号	企业名称	股权结构	任命方式	业绩变动率（%）	经理任职届数	退休	晋升	辞职	调离
5	广东蓝带集团	2	2	-11.85	E=1	—	—	—	—
6	广东美雅集团	3	2	-11.27	E>1	0	0	1	0
7	广东南海三纶纺织集团	2	2	-9.63	E=1	—	—	—	—
8	广东佛陶集团	2	1	-5.7	E>1	1	0	0	0
9	广东金泰企业集团	1	1	-2.78	E>1	0	0	0	1
10	深圳华强集团	1	1	15.13	E=1	—	—	—	—
11	广东省茂名市华粤集团	1	1	19.28	E=1	0	0	0	0
12	广州造纸集团公司	3	3	22.65	E>1	0	1	0	0
13	广州医药集团	1	1	27.85	E>1	0	1	0	0
14	丽珠医药集团	3	3	34.85	E=1	—	—	—	—
15	广东德庆林化工公司	2	2	39.96	E>1	0	0	0	1
16	广州摩托集团	1	1	43.31	E>1	0	0	0	1
17	惠州德赛集团	1	2	46.55	E>1	0	0	0	1
18	广州发展实业控股集团	2	2	50.1	E=1	—	—	—	—
19	江门金羚集团	2	1	50.48	E=1	—	—	—	—
20	广东南方通信集团	1	2	55.23	E>1	1	0	0	0
21	广东韶关钢铁集团	1	1	55.87	E>1	0	1	0	0
22	广东福地公司	2	2	60.85	E=1	—	—	—	—
23	深圳赛格集团	1	2	67.34	E>1	1	0	0	0
24	广东开平春晖股份公司	3	2	69.12	E>1	0	1	0	0
25	深圳经济特区发展集团	1	2	81.28	E>1	0	0	0	1
26	广州珠江钢琴集团	1	1	105.66	E>1	1	0	0	0
27	中山火炬公司	3	2	110.66	E>1	0	0	0	1
28	佛山电建集团	1	1	126.00	E>1	0	0	0	1

（续上表）

序号	企业名称	股权结构	任命方式	业绩变动率（%）	经理任职届数	退休	晋升	辞职	调离
29	珠海格力集团	1	1	131.39	E＞1	0	1	0	0
30	广东科龙电器股份公司	3	2	131.47	E＞1	0	0	1	0
31	深圳石化集团	1	2	159.10	E＞1	0	1	0	0
32	广东格兰仕集团	3	2	166.11	E＝1	—	—	—	—
33	广州珠啤集团	1	1	168.39	E＞1	1	0	0	0
34	广东美的集团	3	2	199.64	E＝1	—	—	—	—
35	麦科特集团	2	2	251.76	E＞1	0	1	0	0
36	广东风华集团	1	1	525.48	E＝1	—	—	—	—

注：在股权结构中，1 代表国有独资企业，2 代表国有控股企业，3 代表非国有企业。在经理任命方式中，1 代表政府直接任命；2 代表政府推荐、董事会任命，这种推荐具有实质性作用；3 代表董事会任命。业绩变动率是指每家企业在 1995—1999 年间销售收入额的增长率。经理任职届数反映在 1995—1999 年间企业经理更换的情况：E＝1，表示任职为 1 届，E＞1 表示经理任职届数超过了 1 届。退休、晋升、调动和辞职四个方面是经理变更的理由。

把经理任职变动频率与企业业绩结合起来，从中会发现：第一，经理任命期限普遍较短。在这 36 家企业中，只有 11 家企业在这 5 年内没有更换经理，其余的企业都对经理更换了一次以上。也就是说，5 年以上没有更换经理的企业只占总量的 30.6%。与 1998 年中国企业家调查系统的调查结果相比，广东省大型企业经理任职期限还要更短一些。[①] 第二，就经理任职期限而言，业绩正常的企业相对长于业绩优异或业绩较差的企业。如表 1 所示，有 72.7% 的业绩优异的企业更换了经理，有 77.7% 的业绩较差的企业更换了经理，而 62.5% 的业绩正常的企业更换了经理。第三，在三类业绩不同的企业中，经理

① 1998 年中国企业家调查系统对经理任职年限进行了调查，结果显示，在企业组织中连续担任 6 年以上经理的比例，外商投资公司是最高的，达到了 83.3%；私有企业次之，为 82.1%；国有企业最低，为 56.6%。参见《我国经理、厂长素质调查报告》，载《中外管理》1998 年第 7 期、第 8 期。

离开企业组织的理由分布也是不同的。在业绩优异的企业中，晋升是排在经理离开理由的第一位，接下来是调离和退休，最后是自动辞职。在业绩正常的企业中，调离为第一位，退休和晋升并列第二位。在业绩较差的企业中，调离和自动辞职并列第一，退休第二，没有一位经理得到晋升。

五、结论与建议

通过上述分析，该书得出两点结论。

第一，经济转轨时期的国企经理与行政组织之间存在着重复博弈，这使行政组织成为强激励主体。这种强激励主体设计的强激励不是一项正式的制度安排，而是通过企业业绩与经理职位变动联系围绕着晋升、提拔等人事安排而形成的一项非正式的激励规则。国企经理与企业组织之间是一次性博弈，这使企业组织变为一种弱激励主体。这种弱激励的制度特征不仅仅表现为现阶段企业缺乏股权、期权等长期激励的制度安排，更重要的是，企业组织设计和制定激励规则的权力是不完整的。不仅经理选择权没有掌握在企业组织手里，而且企业所设计的各项激励规则也是在经理无条件地服从行政组织的人事安排前提下发生作用的，行政组织任命和更换国企经理的不确定性，使企业难以按照合约期限实施股权、期权等长期激励计划就是这种前提限制的结果。运用广东省36家国有控股、独资企业集团在经营绩效与经理任职期限变动的数据，分析了行政组织使用经理任命权的激励规则，研究结果支持了这种看法。

第二，两个组织的不同激励规则对经理行为产生着十分明显的影响。经理首先用主要精力与投入对行政组织制定的各项激励规则做出反应，然后再考虑如何应对企业制定的激励规则。行政组织的激励规则是，经理一旦通过不懈努力使企业绩效明显改善，经理就可能因提拔而很快地被调离企业，那么，经理对这种激励制度的反应就是把“努力实现晋升，然后退出企业”作为最优选择。如果没有很快地得到晋升，那么，经理就会寻求企业组织所带来的各种利益。因此，行政组织作为强激励主体，必然会弱化企业组织对经理的激励性，这就是国企经理在长期关系中出现短期行为的原因所在。

根据上述结论，该书认为，在重新设计国企经理的激励规则中，不能简单地通过企业实施股权、期权等长期激励计划，就可以使国企组织的激励强度超过行政组织的激励强度，关键在于对两个组织的激励权力与资源进行重新安排。经理的选择机制不仅决定着经理的其他激励制度，而且它本身也是一种强有力的激励制度。由行政组织设计经理的选择机制，由企业组织设计经理的其他收益激励，这种分离导致了行政组织与企业组织的激励资源不完整。在行政组织既没有能力也没有激励按照商业标准对经理作出正确的选择决策条件下，只有把经理选择权转移给企业组织，使企业能够对经理选择和收益激励进行完整的设计和实施，才能从根本上改变企业组织处于弱激励主体的地位。

中国古代文体形态研究

吴承学

吴承学

吴承学，1977 年考入中山大学，先后获得文学学士和文学硕士学位，毕业后留校工作。1987 年进入复旦大学攻读中国古代文学史，获得文学博士学位，被分配到中山大学中文系工作。先后晋升为讲师（1990）、副教授（1992）、教授（1994）。2019 年被授予“广东省优秀社会科学家”称号。

《中国古代文体形态研究》，吴承学著，该书已出版了 3 个版次，中山大学出版社 2000 年初版、2002 年增订本，北京大学出版社 2013 年第三版。《中国古代文体形态研究》（2002 年增订本）获广东省首届哲学社会科学优秀成果奖著作类一等奖（2005 年），获第四届中国高校人文社会科学研究优秀成果奖二等奖（2006 年）。据中国知网“中国引文数据库”统计，该书 3 个版次共被引用 927 次。

该书（2000 年初版）共分为十七章。“绪论”论述中国古代文体学研究的基本理念。第一章至第十二章对古代重要文体形态进行个案研究，分别为：先秦的盟誓、谣谶与诗谶、策问与对策、诗题与诗序、留别诗与赠别诗、题壁诗、唐代判文、集句、宋代檃括词、明代八股文、晚明小品、晚明清言；第十三章至第十七章研究文体学理论：文字游戏与汉字诗学、文体学源流、辨体与破体、破体之通例、评点形态源流。

一、基本观点

（1）强调古代文体学的重要性与独特性，认为中国古代自觉的文学批评滥觞于文体批评，“文章以体制为先”是中国文学批评的传统与基本原则。中国古代文学创作与文学批评，是在中国古代文体学的基本语境之中进行的，中国古代许多文学现象只有放到这个语境中才可得到解释。

（2）强调应该以我国传统文章文体实际为研究基点，努力从传统文体的原生态去考察文学史的发展。如该书所研究的盟誓、谣谶、策论、判文等文体就是一些在古代相当重要，而未能进入现代形态文学史的“非文学”文体。另外对一些属于“纯文学”的诗文文体研究，如挽歌、唱和诗、宴饮诗、集句、檃栝词等文体，也展开了别开生面的研究。

（3）倡导对文体学的“深度研究”。文体是“有意义的形式”，文体研究不应该是仅对纯文体的孤立研究，而应该是以历史的和逻辑的方法，研究古代文体的语言形式、内部结构、审美特征、文体之间的互相影响、互相融合，以及文体发展的规律等，并在此基础上，研究文体所反映出来的人类感受方式和审美心理以及文化心态，研究重点是文体所具有的深广的语言学、美学与文化学内涵及其所指向的文学史意义。

二、主要创新与学术价值

（1）文体学研究是中国传统文学批评的重要组成部分，但 20 世纪以来，由于受到西学的影响，学者多以西方的文体学来套用中国古代文学，一定程度上扭曲了中国古代文学的原貌。研究注重回归到中国古代文学的文体语境，对于建构有中国特色的文体学和研究中国古代文学都有一定的借鉴意义。

（2）通过一系列富有创造性的个案研究，力图从文体史研究的角度切入

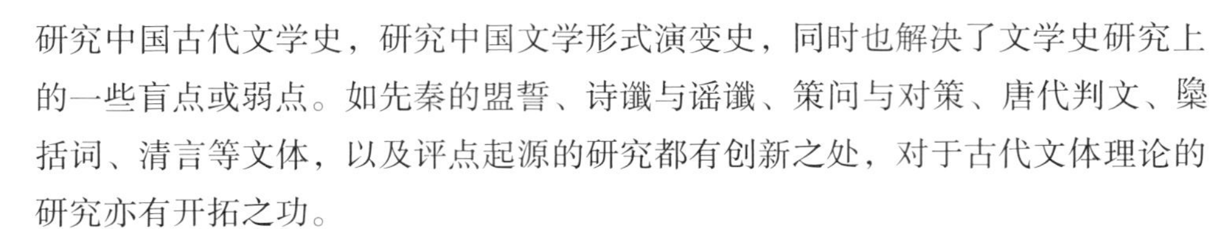

研究中国古代文学史，研究中国文学形式演变史，同时也解决了文学史研究上的一些盲点或弱点。如先秦的盟誓、诗谶与谣谶、策问与对策、唐代判文、隳括词、清言等文体，以及评点起源的研究都有创新之处，对于古代文体理论的研究亦有开拓之功。

（3）该书对每一问题皆辨章学术，考镜源流，打通文体之间、时代之间的分界，视野比较开阔而见解多有独到之处。在文体形成与发展的内部诸因素中，特别注意文体间的相互影响：如论“谣谶与诗谶”“唐代判文”这些文体对于中国古代的叙事文学产生的潜在影响，论明代八股文对明代古文、诗歌、戏曲产生的影响。

（4）把古代文体的发生、发展与中国古代文学史和审美历史的研究结合起来。通过文体形态不断地创造和融合、更新与超越，来把握中国古代文学史演变的线索。比如“诗题与诗序”勾勒出中国古代诗歌制题制序史，并且认为，诗歌制题制序之发展演变反映出古代诗人创作观念的进化，说明文体形态是“有意味的形式”。在研究文体体制的基础上进一步阐释文体所反映出来的人类的感受方式、审美心理以及文化心态。如“先秦的盟誓”指出盟誓文体反映出先秦时代神权与强权、蒙昧与理智、诚信与猜疑的文化现象和文化心理。

（5）从文体形态发展现象中提炼出古代文学观念。“破体之通例”篇归纳出古代文学中一种潜在的破体通例：在创作近体时可参借古体，而古体却不宜借用近体；骈体可兼散体，散体不宜带骈气。故以文为诗胜于以诗为文，以诗为词胜于以词为诗，以古入律胜于以律入古，以古文为时文胜于以时文为古文。这一通例缘于古人的文体正变高下的观念与崇尚古朴、自然、自由的审美价值取向。该书反映出一种当时诗坛上重要的审美趣味：诗歌创作上注重集体性与功利性交际功能的倾向。这种研究揭开了长期以来诗歌创作的个性化与唯美主义所掩盖的另一种为人所忽略的历史真实。

三、学术影响

（1）该书出版后受到学术界的高度评价，认为该书有鲜明的学科建设意识，“代表目前古代文体学研究水平”。该书部分章节作为论文发表后亦受到学术界重视：第九章曾获《文学遗产》“优秀论文奖”（2000 年 9 月）、“《文学评论》学术论文提名”（2001 年 1 月）；第四章与第五章亦都获“《文学评论》学术论文提名”（2003 年 1 月、2002 年 1 月）。

（2）该书集 10 多年研究之功，为潜心研究、精心结撰之作，多数章节发表在我国权威学术期刊上，其中《中国社会科学》1 篇、《文学评论》6 篇、《文学遗产》6 篇，全书有 12 章被《中国人民大学报刊复印资料》全文转载，本书与相关章节内容被引用或作为参考文献达百次以上。《文学评论》《学术研究》《中山大学学报》《博览群书》《中国图书评论》等杂志发表相关书评多篇。

以下为该书出版后数年间，学术界对该书的评论摘要。

（1）“二十年来，经过许多学者的共同努力。古代文体学从冷门逐渐成为热点，产生了许多优秀的学人和研究成果。在这些学者中，吴承学先生颇具有代表性。他的著作《中国古代文体形态研究》则是一部在研究方法和理念上具有鲜明学术个性、代表目前古代文体学研究水平的专著。……《中国古代文体形态研究》一书以其鲜明的学科意识、独特的学术个性、开阔的学术视野和深入的个案研究，独树高标，以其实绩拓展了文学史研究的疆域。《中国古代文体形态研究》一书必然会对目前方兴未艾的古代文体学研究起到积极的推动作用。”①

（2）“本书的价值和意义并不仅仅在于填补学术研究中的一些空白点，更为重要的是，它与此前此后其他研究者所进行的文体研究及其他领域的富有成效的中国文学研究一起，将会构建一个新的学术平台，逐渐改变和更新中国文学史的整体景观。不同领域、方向的学术研究终将形成一股合力，促成中国文学史撰写的新变，使其最终建立在民族本位的基础之上。”②

（3）“我觉得承学先生有一种坚实而敏感的学科建设意识，而学科建设也确是当前古典文学研究界面向新世纪所必须正视和承担的理论课题和实践项目。承学先生提出中国古代文学文体学，我认为，这不只是针对目前学术界对文体形态研究的薄弱情况，更重要的是有鉴于文体学研究对于整个古代文学研

---

① 党圣元等：《读吴承学〈中国古代文体形态研究〉》，载《文学评论》2004 年第 5 期。

② 淮茗：《文学史的尴尬与重写——从〈中国古代文体形态研究〉一书谈起》，载《博览群书》2005 年 第 2 期。

究有不可忽视的完整学术结构的意义。”①

（4）“对古、近、现、当任何一个历史时段中的问题和现象进行具有历史眼光、历史深度的研究，其性质都属文学史研究，故像吴承学《中国古代文体形态研究》、张伯伟《中国古代文学批评方法研究》、贾晋华《唐代集会总集与诗人群研究》和日本学者川合康三《中国的自传文学》等著作，虽无文学史之名，实际上也是文学史的一种。”②

① 傅璇琮：《开拓文学史研究之新境》，载《学术研究》2000 年第 7 期。

② 董乃斌：《文学史无限论》，载《文学遗产》2003 年第 6 期。

知识产权的正当性
——论知识产权法中的对价与衡平

徐 瑄

徐 瑄

徐 瑄，暨南大学教授。创建了“知识产权‘对价理论’”，揭示了知识产权的对价机制和立法原理；提出的“均衡对价的法治思维”是一个法律分析方法和制度认知模式。“从法经济（哲学）的视角，揭示了马克思主义是一个‘以创造性产权辩证机制为动力源，以永恒创新为目的的创新国家原理、方法和实践’”。

广东省十大中青年法学家、全国知识产权领军人才。担任中国知识产权法研究会副会长等学术职务。历任广州市第十三届、十四届人大代表等。

《知识产权的正当性——论知识产权法中的对价与衡平》发表于《中国社会科学》2003 年第 4 期，获广东省首届哲学社会科学优秀成果奖论文类一等奖。该文是首次在中国学术界用宪政视角探讨知识产权正当性的学术成果。该文被下载频次4407次，被引用202次。

一、核心思想和观点

该文阐释了知识产权法是人类共同知识活动的规律在法律上的再现，诠释了知识产权法中的对价与衡平机制。首次论证了“对价”机制根源于宪政机制的责任分配，宪政机制的衡平设计是知识产权正当性的逻辑前提，揭示了对价机制的“法经济哲学视角”，探讨了知识产权法作为人类共同知识活动的激励机制提供的激励条件，指出发达国家知识产权扩张导致现代知识产权法失去了传统意义上的衡平性，出现了在全球范围内发达国家侵害发展中国家和落后国家基本人权的事实。重塑知识产权法的衡平是现代国家的立法责任。知识产权在全球范围内对价，才能衡平并促进人类共同知识活动的发展。

该文首次提出知识产权法调整的对象是“智慧信息”，提出了知识产权的“智慧信息说”。知识产权法通过规制知识形态促进智慧信息的表达、生产和传播、使用，以实现知识的效用最大化。特别权利的知识产权属于法律“设立权利”或创设的知识产权，其正当性的前提是符合“对价”——公共利益和私人利益之间的衡平条件；两种基本保护模式之间的关系是不同规则体系的“对价”，需满足对价机制的衡平条件，才能使“制定法”上的知识产权发生具有正当性。不同知识活动领域的知识产权保护应该设立不同的保护条件。知识产权法应该根据不同知识活动领域的规律来立法。知识产权应该在全球范围内对价与衡平，促进人类知识活动的共同发展。信息时代网络知识产权制度设计应该在全球范围内重新设立规则，促进人类共同发展。

二、理论创新点及学术界影响

在中国学术界，首次将“对价”及“对价机理”“对价机制”引入知识产权法的研究中，使知识产权与传统民法之间的关系具有了统一的理论基础。该文揭示了该原理是“对价与衡平”而形成的激励机制，具有较强的说服力。该文的学术视角和学术观点在知识产权理论界产生了广泛而深远的影响。为知识产权法律的制定提供了理论依据。在社会效应层面，对知识产权理论界和实务界提高代理和实务能力提供了一般方法论。对知识产权管理机关应对知识产权竞争，制定知识产权战略和策略提供了理论依据。

在知识产权国际诉讼愈演愈烈、知识产权已经成为发达国家对发展中国家施压工具的政治环境下，该文的刊出，为中国与美国等发达国家进行知识产权谈判提供了理论工具；为中国政府用低成本引进高技术、制定知识产权政策激励技术产业提供了法律根据。同时，该文为企业制定知识产权战略和策略，提供了知识产权的管理技术和方法。

唯物史观的发展趋势

叶汝贤

叶汝贤

叶汝贤，我国马克思主义哲学史学科的重要开创者。叶汝贤教授在全国高校中率先开设马克思主义哲学史课程。1981年，叶汝贤教授参与撰写了我国第一部马克思主义哲学史统编教材《马克思主义哲学史稿》，并参与统稿和定稿。1985年，叶汝贤教授出版了我国第一部马克思主义哲学专门史著作《唯物史观发展史》，贡献了马克思主义哲学史领域专门史研究的一个典范。叶汝贤教授在马克思主义唯物史观基本问题研究、人道主义历史观研究、马克思主义哲学与中国现代化研究等方面深有建树。1999年，叶汝贤教授任中山大学马克思主义哲学与中国现代化研究所首任所长，该所在叶汝贤教授主持下于2000年被批准为“教育部人文社会科学重点研究基地”。2007年，叶汝贤教授被聘为中央“马克思主义理论研究和建设工程”马哲史课题组首席专家。

《唯物史观的发展趋势》发表于《马克思主义研究》2001 年第 3 期，获广东省首届哲学社会科学优秀成果奖论文类一等奖。

唯物史观是马克思主义哲学的精华，研究 21 世纪马克思主义哲学的走向，重要的是弄清唯物史观的发展趋势。20 世纪是唯物史观在全世界，特别是在中国传播并在实践中获得伟大成功的世纪。然而，这种成功并不是一帆风顺的。曾有学者认为，马克思主义现在陷入“困境”和“危机”，因为它“过时”了。这与其说是思想理论问题，不如说是实践问题。至于说到马克思主义哲学，特别是唯物史观，经过总结经验教训，它非但没有陷入困境、出现危机，而且是走向新的起点，在某些方面产生突破性进展。可以说，现在是中华人民共和国成立以来哲学研究的最好时期。

唯物史观并不是一种封闭的、主观思辨的逻辑体系，它并没有穷尽真理，而是开辟了通向真理的宽广的道路。创新是相对于传统而言，是既继承传统又突破传统的。有不同种类的文化传统，也就有不同性质的继承和突破。由马克思和恩格斯所创立的唯物史观的传统，是一种真理相传、真理积累的传统。唯物史观同样是一种时代的、历史的产物。它在不同的时代同样具有不同的形式和不同的内容。人们追求创新，但哲学的创新谈何容易。特别是唯物史观，创新之路在何方？在 21 世纪到来之时，这成为哲学界最热门的话题。一种颇为流行的意见是，同现代西方哲学“接轨”“接着讲”。有的学者提出要“重构唯物史观的理论体系”。还有一种意见是“重读马克思”。

上述讨论的三种见解，都有一定道理，三种方式对于唯物史观的创新都是必要的，但它们都不是创新的根本之路。其实，这一创新的根本之路，马克思早已指出了，这就是面向社会、立足实践，在批判旧世界中发现新世界。这是马克思所开创的崭新的现代哲学思维方式和研究范式。马克思本人创立唯物史观走的是这条路；往后唯物史观的发展，同样必须走这一条路。历史证明这是一条正确之路。

马克思说，哲学家们只是用不同的方式解释世界，问题在于改变世界。人们经常引用马克思这句话，但大家的理解不见得完全一致。作者认为，这句话表明了唯物史观的本质、功能及其生存发展之路。唯物史观这种本质特征，决定了唯物史观的基础理论研究同应用研究是不可分离的。两者的关系，本质上

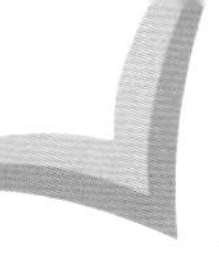

是理论与实践的关系。

21 世纪，随着唯物史观的发展更加面向实践、贴近生活，唯物史观必然会愈来愈强化其本来就具有的实践性、群众性特质。使哲学从哲学家的圈子和哲学家的课堂中解放出来，变为人民群众改造世界的武器，这是马克思主义哲学同一切旧哲学的根本区别之一，是马克思主义哲学创始人从一开始便追求的哲学理想。

广东粤方言概要

詹伯慧 主编

詹伯慧

詹伯慧，暨南大学汉语方言研究中心名誉主任，广东省首届优秀社会科学家，主持国家社科重大项目“汉语方言学大型辞书编纂的理论研究与数字化建设”，主编的《广东粤方言概要》获广东省首届哲学社会科学优秀成果奖著作类一等奖，主编的《汉语方言学大词典》获第八届高等学校科学研究优秀成果奖一等奖和广东省第八届哲学社会科学优秀成果奖著作类一等奖。

《广东粤方言概要》（以下简称《概要》），詹伯慧主编，暨南大学出版社2002年7月出版。该书获广东省首届哲学社会科学优秀成果奖著作类一等奖。这是继《珠江三角洲方言调查报告》（三卷）、《粤北十县市粤方言调查报告》和《粤西十县市粤方言调查报告》之后，对广东粤方言进行大规模调查的又一重大成果。

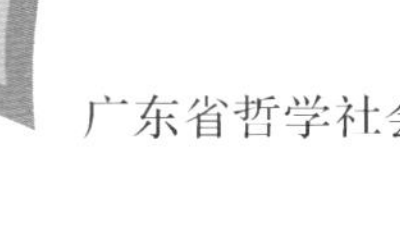

一、写作背景

粤方言在汉语的诸多方言中地位突出，在海内外有很大的影响。从广东方言研究的萌芽算起，有文献记载的至少在200年以上。粤语研究的全面深入开展则是20世纪70年代以后。张洪年的《香港粤语语法研究》（1972）和余霭芹的《粤语研究》（第一卷，英文版，1972）是备受关注的两部粤语专著，这两部著作在研究的深度上是前所未有的。20世纪80年代有几部粤语研究的力作问世，如高华年的《广州方言研究》（1981），饶秉才、欧阳觉亚、周无忌的《广州话方言词典》等；而20世纪90年代最引人注目的是李新魁等的《广州方言研究》（1995）和李新魁的《广东的方言》。

对粤语的大面积调查研究始于20世纪80年代中期，在暨南大学詹伯慧教授和香港理工大学张日昇教授的主持下，粤港两地一批年轻的粤语研究者共同进行了连续十年的几次大规模田野调查，涉及广东省珠江三角洲、北江流域和西江流域约50个县市的粤语。在此基础上先后出版了《珠江三角洲方言调查报告》（三卷本）及《粤北十县市粤方言调查报告》《粤西十县市粤方言调查报告》。詹伯慧主编的这部《概要》，就是在此前10多年研究成果的基础上，对广东省粤语进行综合性描写和研究的集大成著作，全书语料充分，内容丰富，体例、方法也比较完善，标志着粤方言研究又上了一个新的台阶。

二、主要内容

《概要》是第一部全面反映广东粤方言面貌的专著，全书分为七章，另有4个附录。

第一章“导论”，对粤方言的地理分布、粤方言的分片以及粤方言的形成和发展作了论述。第二章从语音、词汇、语法等方面全面介绍了粤方言的代表广州方言，还附有广州话的语料。第三章介绍了粤方言的特点。通过这些分析和描写，读者可以清楚地了解粤方言的整体面貌。第四章是粤方言特点示意图，用66幅地图全面而直观地反映了粤方言的分布和特征。第五章和第六章是粤方言各代表点的字音、词汇对照表，这些材料有助于读者进一步了解和认识粤方言的特点和面貌。第七章“广东粤方言的研究”，介绍了此前粤方言研究情况，并对今后粤方言的研究方向，都提出了颇有见地的看法。

书末有4个附录：附录1是粤方言研究的文献索引，收录了1445种粤方言研究的文章和著作篇目，为粤方言研究者提供了极大的便利。附录2、附录3分别是《概要》的字音对照和词汇对照的索引，方便读者利用语料。附录4是粤语拼音方案对照。

从全书的安排来看，《概要》理论和事实并重，宏观和微观相结合，是广东粤方言研究的大作和力作。

在《概要》的最后，该书主编还将一份收录至21世纪初（发稿前）为止，包括1445篇（部）方言著述的《广东粤方言研究文献选录》附在书后，这样就给读者和粤语研究者们提供了重要的资料线索，使读者对粤方言的研究有一个概貌性的了解，也使全书的内容更加全面完整。此外，还有《广东粤方言概要字音对照表索引》和《广东粤方言概要词汇对照表索引》，主要是对《概要》的第五章“广东粤方言代表点字音对照表”、第六章“广东粤方言代表点词汇对照表”的补充，以方便读者查阅。这两个索引，不仅含有音序索引，还附了笔画索引，这些看似无关紧要的工作，对于方言学著作的阅读，提供了极大的便利。

三、全面反映了粤方言的总体特征

《概要》以大量广东粤方言调查材料为基础，全面反映了广东粤方言的总体面貌和特征。以下我们从粤方言的一致性和差异性两个方面来讨论。

（一）关于广东粤方言的一致性

语音方面，《概要》列出了九条语音特点，其中集中反映粤方言特点的有三条：①各地粤方言的语音系统是比较复杂的，韵母和调类都比较多；②粤方言大部分地区在复合韵母、鼻音韵尾和塞音尾韵中元音a有长短之别；③粤方言的声调是汉语各大方言中最复杂的，其中以九个声调的地点为最多，九调的地区占整个粤方言区四分之三以上，因此，一般都把“九声”作为粤方言的一大特色。这些特征，简明而准确，使读者对粤方言的音系特征有一个宏观的、系统的认识。

词汇方面，《概要》列出了6条共同特征，其中粤方言特点的有3条：①广东各地粤方言一致性较强，约占总数的1/3，广东粤方言特有语词在广东粤方言的大部分地区都是相同的；②粤方言中有一大批本方言自行创新的方言词，这些语词在民族共同语其他方言中都是没有的，在各地粤方言中基本上都能通用；③广东粤方言在近代吸收了较多的外来词。

语法方面，《概要》列出了9项共同特征，其中粤方言特色的有4项：①粤方言构词法中的前缀、后缀；②几种特殊的重叠方式；③粤方言动词的“体”较多，分工十分细致；④粤方言数词在用法上有些特别。《概要》从词法、句法、语用等方面将粤方言在语法方面主要的共同点揭示了出来，并对一些语法现象进行了深入的分析。

与其他方言比较而言，方言用字入文是粤语的一个十分重要的特点，《概要》给“方言字”下了定义：“古汉语少见或未见、现代共同语或其他方言不用或少用而某一方言常用的是方言字，如粤方言的‘嘢’字；古汉语文献常见、现代共同语不用或少用而某一方言或少数其他方言却常用的字也可算是方言字，如粤方言的‘睇’字；某一方言常用的某一个字的字形与共同语或其他方言相同，但所表示的意义却完全不同的也可算是方言字，如粤方言的‘甩’字。”《概要》将粤方言字按不同情况作了分类归纳，主要讨论了6种粤方言用字的情况：①本字，粤方言中音义皆合且与目前流行的俗字字形也相同的“本字”；②本、俗并行字；③训读字，《概要》指出“借义不借音、本字另有其字的是训读字”；④会意字，《概要》对“字形则进行了偏旁易位”的粤方言特有会意字作了分析；⑤同（近）音假借字；⑥形声字，《概要》指出，粤方言形声字的声符一般以粤音为据（同音或音近），义符起“按意义归类”的作用。

《概要》还指出了一些值得进一步研究的方言字，如：乜、冧（花蕾）、冧（倒塌）、冧（温情的、哄）、凹、凸、劫（累，似为“疮”的本字）、甲由、靓、悭等。

（二）关于粤方言的差异性

《概要》第三章从第二节到第十节将广东粤方言各次方言（方言片）与广

州话做了比较分析，以广州话为参照点，全面分析了广东粤方言各片的主要差异。选取的方言点为粤海片（广府片）：广州、韶关；四邑片：台山；香山片：中山；莞宝片：东莞；高雷片：廉江、信宜。

例如，语音方面：①古日母、影母、云母、以母、疑母细音字的读音，这几个声母粤海片（广府片）以及高雷片的廉江与其地方的不同；②古次浊微、明母声母的读音，主要是四邑片和其他各片的差别较大；③精组与知、章、庄组分合及其读音，四邑片和高雷片比较有特色；④来母及端、透、定母字的读音，来母字的读音宝莞片读为 O，与其他地方不同；其他地方的 th 与四邑片的 h 相对，其他地方的 t 与四邑片的零声母相对；⑤韵母 e、a 等为主要元音的韵母，粤海片与其他地方不同；⑥声调的数量各地也有差别，粤海片有 9 个，香山片有 6 个，四邑片、莞宝片、高雷片大都是 8 个，声调复杂是粤语的一个特色，粤方言各片的调类、调值都有区别，这一点在《概要》中都有充分的反映。

词汇、语法方面，《概要》也做了论述，如以下 3 条：①一些常用词各片之间也有一些差异，如：“那里、哪儿、下雨、咬人（蚊子）、内脏”等词语在各地的说法与广州话有不同程度的差别；②“子”尾作为词尾来表示小称的意义时，高雷片的范围与粤海片不同；③从表示动物性别的词语来看，四邑片、香山片、高雷片与粤海片之间也有不同，比如“种猪”，各片的说法都有区别。

四、研究方法：科学、务实

（一）从语言事实出发，注重第一手材料的梳理

《概要》的编纂始终保持着科学、务实的态度。问题的分析，材料的梳理，都是实事求是的。从语言事实出发的研究原则，贯穿全书。《概要》如实地反映了 10 多年实际调查的成果，并以这一系列前期成果为依托，因此，从策划、设计到最终编纂成书的整个过程，才有可能始终沿着科学、务实的方向，实现广东粤方言研究的重大突破。

《概要》在论及粤方言的一些重大问题时，如粤方言的来源和发展，粤方

言的“人文”现象以及粤方言的应用等，从不发无验之语。例如，《概要》所举粤方言中有许多以“口”为偏旁的字，时下颇有将其当作形声字看待的趋势，本书主编对此却持比较慎重的态度，通过论证，认为这些字似乎不能算作严格意义上的形声字，其造字方法似可另列于“六书”之外。此外，对目前学术界还没有完全取得共识，尚需进一步研究的问题，《概要》也都是实事求是地摆出来讨论。

《概要》论及所有问题时，都是“本证”和“旁证”相结合来进行讨论。比如“粤方言的形成和发展”一节，《概要》参考时贤众说，斟酌取舍，将人文历史的材料（旁证）与语言材料（本证）结合起来做全面的考虑，得出了“尽管粤方言的产生最早可以追溯到秦汉以前，但作为现代粤方言基础的确立，却是唐宋之际的事”的结论。

（二）现代语言学方法的综合运用

1. 细致的静态描写

《概要》在描写分析时，使用的方法主要是静态描写、比较研究、地理图示等。首先是扎实的静态描写。《概要》所依据的材料是历时十载的调查研究成果，其中调查点有45个：珠江三角洲25个，粤北、粤西各10个。在编写《概要》时，本书主编又补充调查了几个点。调查的词汇珠三角为1401个，粤西、粤北都是1248个，《概要》在分析整理后选取了1145个词汇条目，这些条目揭示了广东粤语词汇的基本面貌。字音的描写和记录更是细致，珠三角、粤西、粤北40多个点中每个点都有3810个完备的单字读音材料。《概要》在此基础上精选了1690个单字音进行对照，可见编撰者下了不少功夫。

2. 多角度的比较研究

比较研究主要是纵向和横向两个方面。纵向比较是指方音与古音的比较。通过古今比较找出语言演变规律。《概要》在分析粤方言总体和各片语音特点时，就是以中古音作为参照点，揭示粤方言的特点和演变脉络。关于横向比较，《概要》在论述粤语的各种特点时，一方面以广州话为参照，同时也注意与普通话相关特点的联系。比如，第三章第四节讨论北江流域粤语语法特点时，将构词特点、虚词特点、句式特点等与普通话做了比较，然后概括出它们的特点。《概要》还注意粤语与周边方言、少数民族语言的关系，以及外来因素影响的问题。通过一系列的比较，将历时与共时、动态与静态研究方法有效地结合起来。

3. 地理图示法

自从德国语言学家温克（Georg Wenker）、法国方言学家纪耶伦（J. Gilliéron）等人创造了用地图来表示语言成分的地理分布的地理图示法以来，这种方法已成为方言学家广泛使用的一种方法。《概要》也使用了地理图示法，将粤语的分布和特征直观地反映出来。《概要》兼具以存古为目的的方言地图、以分布为主的方言地图、以说明特征为主要目的的方言地图的优点，做到既反映了粤语的分布状况，也反映了粤语的主要特征。《概要》的地图制作有一些别出心裁的特点。首先是选点更加合理，语言成分的展示也更加均衡。请看下表：

名称	幅数	点数	语音	词汇	语法
珠江三角洲方言综述	42	25	20	—	21
粤北十县市粤方言调查报告	45	10	21	—	24
粤西十县市粤方言调查报告	68	10	22	—	46
广东粤方言概要	66	47	23	24	17

由上表可知，从《珠江三角洲方言综述》到《概要》，地图的制作更加成熟。其次是这些地图较为充分地反映粤语的特征，如从图中可以清晰地看出古全浊声母的今读，泥来母的分混，流、深、臻等摄见群母开口细音的读音，咸深等摄的韵尾、调类、入声的分类，一些特色词（明日、找、害怕等），特殊语法现象。可以说，《概要》方言地图所涵盖的方言点、方言的整体特征、方言的区域性特征等都是此前任何粤方言地图无法比拟的。

五、影响

《概要》是一部粤语研究的总结性著作，在粤语研究和汉语方言学的建设中，发挥了重要的作用。《概要》为今后粤方言的研究指出了方向。

就目前而言，由于调查工作的不平衡，粤方言各调查点的分布不太均衡，研究情况不一，因此，需要在《概要》基础上，推进今后的研究工作。

首先，进一步研究某些粤语方言点的特点，比如粤西、广西的粤方言点的特点。其次，进一步完善地图制作和解释，主要为：①补充一些颇具粤语特色的条目，比如“怎样”这个词；②地图体例、内容的优化；③地图制作工艺的数字化。最后，发扬团队合作的精神，尽可能更为全面地发掘和分析粤方言的共时特点和历时演变。

学术研究是一个不断积累的过程，这里当然包括学术队伍建设，研究方法和研究手段的不断更新和改进，研究思路不断拓宽等问题。这些问题如果能解决好，方言研究就会在原有的基础上迈上新的台阶，开创新的局面。《广东粤方言概要》在这方面是一个可供学习借鉴的样板，它必将对汉语方言学的研究产生深远的影响。

现代思想道德教育理论与方法

郑永廷

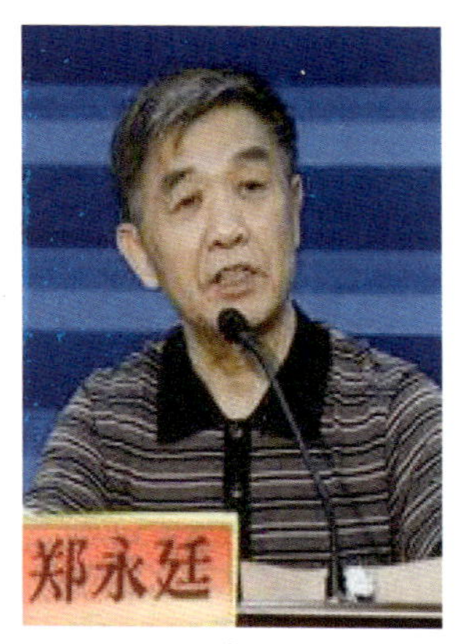

郑永廷

郑永廷，中山大学马克思主义学院教授、博士生导师。全国著名思想政治教育专家、原二级学科马克思主义理论与思想政治教育学科（今升级为马克思主义理论一级学科）创始人之一。曾经担任武汉大学党委副书记、中山大学党委常务副书记等职。兼任全国高等学校思想政治教育研究会副会长及思想政治教育学术委员会主任，教育部高校思想品德课教学指导委员会副主任，全国教育科学规划领导小组学科组成员、思想政治教育专业学科建设组组长等职。

《现代思想道德教育理论与方法》，郑永廷著，由广东高等教育出版社于2000年3月出版。该书获广东省首届哲学社会科学优秀成果奖著作类一等奖。

现代科学技术的迅猛发展，知识经济的逐步到来，世界经济一体化发展，各国文化的相互渗透，全球信息的交互作用，使人类社会发生着世界性结构变化。社会现代化的发展，必然带来思想道德领域的深刻变化，并且既为思想道德教育的发展提供了条件，又向思想道德教育提出了新的要求。思想道德教育作为现代化建设中的一个组成部分，如何适应现代化、实现现代化、推进现代化，这是思想道德教育所面临的历史性课题。思想道德教育自改革开放以来，也经历了曲折的改革发展过程，进行着由传统向现代的转变，其体系和面貌发生着深刻的变化。系统地研究思想道德教育的改革发展，研究传统思想道德教育向现代思想道德教育的转变，掌握现代思想道德教育的规律和本质特征，既是推进社会主义现代化建设事业发展的迫切需要，也是发展思想道德教育和思想政治教育学科的要求。

一

现代思想道德教育，是相对传统思想道德教育而言的。所谓现代化，是指社会和人的现代特性发生、发展过程的现实活动。现代化是一个发展过程，是一种现实的创造性活动。它一方面指由传统向现代转变的过程，另一方面指现代社会发展的过程。传统作为一种生活模式、思维方式和行为方式，它表现在每一代人身上，展示在每一代人面前，它不可能被简单和彻底地清除掉。当人们按照传统的思维方式和行为方式思考和处理现代问题时，就会发生困难，遇到障碍，思想上会遇到困惑和迷惘，从而引发对这些思维方式和行为方式的重新审视和检查，进而认识到它们与现实的矛盾与对立，于是就要施以改造和转化，这一认识的过程和改造的活动就是现代化。现代化就是对传统的改造，在思想道德层面上，就是完成人们的思想观念、道德观念、思维方式、心理意识的全面转变和更新，从而推动整个社会的改革。现代思想道德教育，是现代教育的组成部分。现代思想道德教育同传统思想政治教育，是两种状态、特征不同的教育，是分属于两个不同时代的教育。但是，我们肯定现代思想道德教育，并不是否定传统思想政治教育。除了要历史地、客观地肯定传统思想政治教育在历史上的重要作用，我们还要继承传统教育的教育传统。现代思想道德教育的理论基础是马克思主义。马克思主义理论不仅为现代思想道德教育提供世界观和方法论的正确指导，而且是现代思想道德教育的主要内容。现代思想道德教育的根本目的，是要培养社会主义“四有”新人，而“四有”新人的根本特征就是具有现代社会所需要的、促进现代社会发展的思想道德，即现代思想道德。现代思想道德就是指人的思想道德观念的现代化，因此，也可以说，现代思想道德教育的任务就是促进人的思想道德观念现代化。所谓社会现代化，是指社会的现代特性发生、发展的现实社会活动，它包括社会的经济、政治、文化等各个方面和社会的各个领域。社会现代化就是社会各个领域用现代性代替传统性，从传统社会走向现代社会的过程。我国社会的现代化，就是我国工业、农业、国防、科学、教育等各个领域现代化建设的过程，它是通过符合时代特性的改革、建设、发展来实现的。所谓人的现代化，是指人的现代特性发生、发展的现实活动，它包括人的观念、道德、智能、生活方式由传统向现代的转变，由传统人向现代人的转变。思想道德教育观念现代化是思想道德教育现代化的前提条件，是影响其他环节现代化的决定性因素。思想道德教育作为一种有目的、有指向的、社会的、文化的活动，更加突出地受思想观念的支配。过时的、保守的教育体制和教育方式，往往凭借过时的、保守的思想观念的维系而习惯性地持续下去，对反映时代特征的教育内容和现代化手段，也会按过时的、保守的思维方式给以裁定与阐释，使之蒙上保守色彩。因此，思想道德教育现代化，首先必须更新教育观念，实现教育者教育观念的现代化。

现代思想，主要是马克思列宁主义、毛泽东思想，特别是反映时代特点的邓小平理论，是现代思想道德教育的指导思想、中心思想。邓小平理论明确提出了思想道德教育的目标、基本任务、主要内容和科学方法。现代道德，是以为人民服务为核心，以集体主义为原则，以爱祖国、爱人民、爱劳动、爱科学、爱社会主义为基本要求，开展社会公德、职业道德、家庭道德教育的社会主义道德体系。现代思想道德内容，是在继承和发展党的思想政治教育内容的基础上形成的。社会主义思想道德集中体现着精神文明建设的性质和方向，是社会主义精神文明的核心构成部分，是社会主义精神文明建设的重要任务。现代思想道德的价值，既有同传统思想道德相同的地方，也有同传统思想道德不同的地方。现代思想道德教育的发展，既为现代社会的发展和人的发展的客观要求提出了必要性，又为现代社会的发展和人的发展所创造的条件提供了可能性。现代思想道德教育的发展，是现代社会发展的一个组成部分，它应当与现代社会的发展协调一致。现代思想道德教育的发展，包括内涵发展和外延拓展，是内涵和外延既分化又综合的统一过程。现代思想道德教育的发展，是一个由旧质到新质的渐进与突变相结合的过程，既包括传统思想政治教育向现代思想道德教育的转变，又包括现代思想道德教育的超越与深化。

所谓发展，是指事物由小到大、由简到繁、由低级到高级、由旧质到新质的运动变化过程，事物的发展是事物内部矛盾运动的结果，是量变与质变的统一。现代思想道德，是现代社会的价值体系，它与现代社会的经济、政治、文化密切相关，它既是现代社会发展的价值取向，又是现代社会发展的动力。因而，现代思想道德教育与现代社会的发展理论和人的发展理论直接相关。现代思想道德教育的领域发展，主要是指思想道德教育作用的时间范围与空间范围的扩大，是思想道德教育发展的一个重要方面。现代思想道德教育的领域发展，必然带来现代思想道德教育的功能发展，这是一个逻辑发展过程。领域发展是外延性发展，是功能发展的条件，功能发展是内涵性发展，为领域发展开辟道路。研究现代化思想道德教育的领域发展、功能发展还不够，还要探讨在新的领域，运用新的功能的新的综合运作方式，没有新的运作方式，思想道德教育的新功能也很难发挥作用。我们可以把传统教育模式同现代教育模式做一个比较来看现代教育模式的发展：传统教育模式是通过组织、领导权威，进行动员、灌输，组织自我教育；而现代教育模式是通过制度权威，开展竞争、评估，发展自我教育。现代思想道德教育模式是一个思想道德教育与工作学习的结合模式，是一个民主法制模式，是一个群众参与模式。因而，这一模式具有现代性特点。

现代社会条件下，社会生活各个领域、各个层面的多样化已经成为发展、繁荣的表征，不可能被限制、忽视，这就要求我们研究思想道德教育主导性与多样性的关系，研究在多样性的社会条件下，如何坚持主导性的问题。所谓现代思想道德教育主导论，就是研究现代社会条件下，思想道德教育的导向、内容、要求等方面如何起主导作用的理论。思想道德教育的统一性，是指思想道德教育的内容、形式、要求应遵循的共同规定性，是思想道德教育发展中的前后一贯性和质的稳定性。思想道德教育的多样性，是指思想道德内容、形式和要求各自有其特殊性而相互区别，以及在其发展过程中显示的层次性、阶段性和差异性。统一性保证思想道德教育有共同的准则、一致的方向、基本的趋势，统一性以多样性为基础和存在的条件；多样性能使思想道德教育丰富多彩，生动活泼，富有生机与活力，多样性以统一性为前提和发展的条件。思想道德教育的统一性与多样性相互融合、相互补充、辩证统一、不可分割，统一性蕴含在具体多样的发展形式之中，多样性则服从于统一的发展方向之中。思想道德教育不讲统一性，只讲多样性，必定造成放任主义、自由主义；相反，如果只讲统一性，不讲多样性，也必定陷于教条主义、形式主义。现代社会，是一个信息社会。信息对人们思想道德的影响既大量又快速，而且这种影响是多渠道、多途径立体网络式的。这种情况与过去完全不同，过去影响人们思想道德的渠道，主要是纵向组织渠道，这种纵向组织渠道的信息，由于具有一定权威性、规定性，因此无须人们进行比较选择，容易形成思想道德的一致性。与现在也不同，人们不仅受纵向组织渠道信息的影响，更多的是受横向社会渠道信息的影响，这与大众传播媒介的发展，与人们横向交流空间的扩大，与开放程度和竞争范围扩大是直接相关的。面对大量的、经常的信息冲击和影响，人们一方面会根据自己的兴趣、期望来选择信息；另一方面，也会受一定信息影响来调整甚至改变自己的价值取向。因而，信息的多样性、多变性必定影响人们信息选择的多样性和价值取向性。思想道德教育内容决定思想道德教育的方向，体现思想道德教育的性质。如何确定内容、选择内容，当然是思想道德教育重要的事情。过去，对思想道德教育内容的确定基本上是计划性的、指令性的，教育者根据上级提供的内容进行教育即可，无须进行更多的选择。因而，过去的教育内容，虽然强调了主导性，但忽视了多样性，教育内容显得单一，说服力和感染力受到制约。而现在的情况与过去不同，不仅教育内容的主导性有发展，多样性也有发展，教育内容的确定与选择定要有新的思路和方式。

二

现代社会的理想教育。理想是建设中国特色社会主义事业的思想保证，是我们事业与生活的精神支柱。理想的重要性，决定了理想教育在整个思想道德教育中必定居于核心地位，并且起着极其重要的作用。研究现代社会条件下，理想的形成、发展、特征、功能，以及探索理想教育的新途径与方式，是现代思想道德教育的重要任务。所谓理想，是与人们的向往目标相联系并为之奋斗的信念和追求，是人们的世界观、价值观、人生观在奋斗目标上的集中体现。理想是一种精神现象，是一种社会意识，它反映了人们的愿望与要求，是人们对社会生活发展前景的设想和憧憬。理想与信念、目标是既相联系，又有区别的概念。理想、信念、目标所表述的都是人们深层次、高层次的思想观念。所谓信念，是在人们精神世界起支撑作用的观念，是人们的精神支柱。所谓目标，是人们依据一定的主客观条件所确立的对未来的一种期望。理想、信念、目标的形成要以人们的感性认识为基础，一旦形成，又对人们的感性认识起指导、支配作用，成为人们行动方向和精神动力的决定因素，并集中反映人们的主体性特征。因此，理想、信念、目标是比较稳定的观念，是思想道德素质中最重要的内容。它们在表达人们的向往、追求和愿望时，可以通用，如树立共产主义理想，要有共产主义信念，为实现共产主义远大目标而努力，意思都是一致的。但是，理想同信念、目标也是有区别的。理想是以信念为前提和基础的，形成理想，首先是人们对所向往、追求的东西要相信，没有人们对某种观点、主张的相信、信仰，理想是无法形成的。理想不仅只是一种对某种观点、主张的相信、信仰，它还应当是可能实现的奋斗目标。理想确定的奋斗目标，一般不是很具体、现实的目的，而是比较高远的、通过奋斗才能实现的。理想作为信念时，它是人们确信地一种观点的主张；信念作为理想时，它是与奋斗目标相联系的有可能实现的一种憧憬和追求。理想既体现了信念的基础，又反映了目标的要求，是集信念与目标于一体的概念。一个人一般只有一个或几个远大理想，但在现实生活中却可以有许多各方面的具体目标。从这个意义上说，理想又高于信念和目标，或者说，它不是一般的信念或目标，而是系统的信念和远大的目标。

现代思想道德教育主导论，实际上是一种引导，即主要是在内容、要求、评价上的主导性引导。疏导是思想道德教育的主要方法，是解决人民内部矛盾的主要方式，过去，用这个方法开展思想道德教育，成效是明显的。但过去我们对疏导方式的理解和运用，一般局限于解决人们思想认识上的问题，处理人们相互之间的一些矛盾，比较微观。现在，人们思想认识问题涉及范围更加广泛，思想视野更加开放，人们之间的相互关系更加复杂，在思想道德教育上还局限于过去那种讨论、说理的疏导方式已显得单薄无力，因而需要在新形势下发展疏导方法，探索疏导的新途径和新方式。人们生活在现实社会之中，总是要受到来自社会经济的、政治的、文化的各方面影响；同时，人们的思想道德及其行为也影响着社会。社会对人们的影响和人们对社会影响的内容、范围、程度、方式是随着社会的发展而不断变化的。社会对人们的影响因素是广泛而复杂的，在这些广泛而复杂的因素中，总是会有一种或几种经常的、持久的因素，对人们的思想道德和行为的影响起着主要的作用。为了把这种主要因素同其他众多因素区别开来，将其称为“社会动员”。所谓社会动员，就是广义的社会影响，也可以称之为“社会发动”。它是指人们在某些经常、持久的社会因素影响下，其态度、价值观与期望值变化发展的过程。过去，在革命战争时期，在政治运动中，社会动员就是政治动员，政治动员是发动群众投身于革命，英勇奋斗的重要方式。正是这种经常的政治动员，帮助人们明确了革命的方向，激发了革命积极性，提高了思想政治觉悟，增强了胜利的信心。现在，社会发生了变化，社会动员的内容和方式都发生了变化。思想道德的自教自律，是古今中外各个社会的普遍现象，只是不同社会、不同时代、不同国家自教自律的内容和方式不同而已。自教自律同社会发展相配合，也经历了一个历史发展过程。研究自教自律的发展，特别是研究现代社会条件下如何重视和发挥思想道德自教自律的作用，对于加强和改进思想道德教育，维护和发展社会稳定，推动社会主义现代化建设和人的全面发展，都有十分重要的意义。

自教自律是所有社会的普遍现象，它同社会的教育、管理相对应，在人类社会中起着重要作用。人之所以为人，是人区别于动物的“主观能动性”。这种意识性、观念性、目的性，就是人的价值取向。而人的意识性、目的性、价值取向，集中表现为人的思想道德。人们正是通过这种思想道德来认识和处理生产劳动与社会生活中的各种关系及矛盾的。这样，人类便面临着一个如何认识和处理主观与客观的关系问题，即认识和处理人的主观的、内在的因素与客观的、外在的因素的关系问题。这个关系包括：目的的合理性、正确性与实现目的的可能性、现实性的关系；主观认识与客观规律的关系；主观努力与客观条件的关系；道德素质与社会要求的关系；等等。当人们的目的、认识、道德与自然界、社会的客观发展相一致的时候，人们的活动、劳动才能够取得成果，获得成功，达到预定的目的，实现价值取向。否则，人们就会超出客观条件允许的范围，甚至违背客观规律而遭到失败，受到惩罚。

人类社会，是一个既连续发展又分阶段发展的社会。人类为了继承前人的

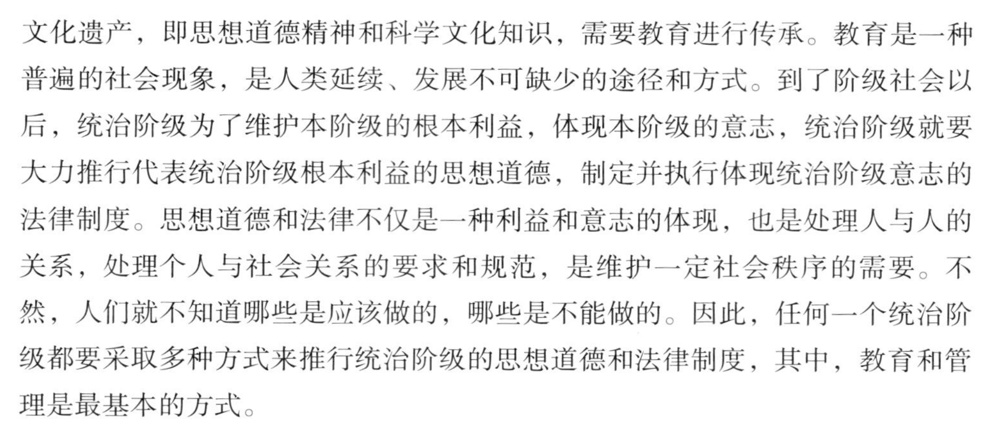

文化遗产，即思想道德精神和科学文化知识，需要教育进行传承。教育是一种普遍的社会现象，是人类延续、发展不可缺少的途径和方式。到了阶级社会以后，统治阶级为了维护本阶级的根本利益，体现本阶级的意志，统治阶级就要大力推行代表统治阶级根本利益的思想道德，制定并执行体现统治阶级意志的法律制度。思想道德和法律不仅是一种利益和意志的体现，也是处理人与人的关系，处理个人与社会关系的要求和规范，是维护一定社会秩序的需要。不然，人们就不知道哪些是应该做的，哪些是不能做的。因此，任何一个统治阶级都要采取多种方式来推行统治阶级的思想道德和法律制度，其中，教育和管理是最基本的方式。

现代思想道德教育的环境优化问题。所谓环境，《辞海》上定义为周围的境况，这是一个十分抽象的概括。广义的环境，是指人们周围所接触到的一切事物，包括地理条件和整个社会生活。狭义的环境，是指人和事物所处的客观条件。任何人或事物的生存与发展，都需要一定的客观条件，需要不断地适应环境、改造环境，为此，环境成为人们和每个学科研究的重要内容。经济学研究经济环境，政治学研究政治环境，新闻学研究舆论环境，系统科学研究内部系统之外的环境系统，等等。思想道德教育总是在一定的环境中进行的，既受环境的影响，也对环境产生一定作用。在现代社会条件下，环境因素在思想道德教育过程中的作用越来越突出，影响方式也越来越复杂，研究现代社会环境对思想道德教育影响的特点与方式，优化思想道德教育环境，开发环境的教育功能，是现代思想道德教育的重要任务。

人们生存、发展的环境包括自然环境、社会环境和精神环境。自然环境包括地理位置、自然景观、人口因素等（它对人们的思想道德有影响，但不是主要的，不是起决定作用的）因素。社会环境、精神环境对人们的思想道德作用大，对思想道德教育的影响也大，思想道德教育环境，主要讲的是社会环境。社会环境和精神环境是相互重叠的，精神环境也是一种社会环境。影响思想道德教育的社会环境，既指社会经济、政治、文化条件，也含社区、家庭和人们学习、工作的单位，以人们学习、工作的单位更为直接和专门。

社会经济条件包括生产力和生产关系。一定的社会生产力，创造一定的物质生活条件，为思想道德教育提供一定的物质基础，同时也制约着思想道德教育发展的水平。同生产力相联系的生产关系，则决定着思想道德教育的性质与发展方向。政治条件，主要是政治制度，特别是国家制度，对思想道德教育的作用更为明显。在剥削阶级社会里，剥削阶级总是要通过制度、法令、政策强化思想道德教育，培养本阶级的接班人，力图维护剥削阶级的统治。社会主义社会强调思想道德建设是要培养大批社会主义的“四有”新人，保证我国沿着有中国特色的社会主义方向发展下去。文化条件则包括文化传统、社会思潮、科学文化水平等内容，涉及范围很广，它对思想道德教育的影响是直接而重要的。积极的文化条件能够促进思想道德教育顺利进行，消极的文化条件则阻碍思想道德教育的发展。除了上面所说的大的环境条件外，思想道德教育也要研究直接影响人们思想和行为的客观条件，即研究人们所处的小环境。只有把人们的思想和行为同人们所处的环境结合起来进行分析，并依据社会发展的客观要求进行教育和引导，思想道德教育才能适应大的社会环境，并且能够能动地改造社会环境。因此，所谓思想道德教育环境，包括思想道德教育对象所处环境，思想道德教育活动的外部条件这两个方面，是指影响思想道德教育活动和教育对象思想与行为因素的总称。

思想道德教育环境有小环境与大环境之分。所谓小环境，一般指本社区、本单位的环境。所谓大环境，主要指本社区和本单位以外的社会环境或国际环境。小环境和大环境的区分是相对的，并没有严格的划定界限。环境又可以分为微观系统、中观系统和宏观系统。微观系统指人同他们的直接背景之间的关系，如家庭、邻舍、单位；中观系统是个人在一生的特殊阶段与其重要背景之间的相互关系，如学校、同辈团体、企业等；宏观系统指占统治地位的法律、政治体系以及教育等。这一划分虽揭示了个体与不同环境层次之间的相互作用，但“直接背景”和“重要背景”之间外延重叠，界限难以分清。如果借鉴以上划分，以影响空间大小将思想道德教育环境亦可划分为宏观环境：社会经济、政治、文化条件；中观环境：社区；微观环境：家庭、单位。

思想道德教育环境按性质划分，则有阶级性质不同的环境，如社会主义国家的环境具有无产阶级的性质，资本主义国家的环境具有资产阶级的性质。有良好环境与恶劣环境，积极环境与消极环境，顺境与逆境之分。对思想道德教育和教育对象有积极的促进作用、鼓舞作用的环境叫良好环境或顺境，平常所说的“大学校”“大熔炉”“大家庭”以及“园地”“摇篮”等概念，都是积极的、良好的环境称谓。相反，对思想道德教育和教育对象有消极影响和阻碍

作用的环境叫不良环境或逆境。

思想道德教育环境按状态划分，有开放环境和封闭环境。所谓开放环境，是指思想道德教育活动能够同外界进行思想信息交流和行为交换的环境。开放环境有对外开放、区域开放、单位开放、心理开放的不同范围，也有完全开放、部分开放的不同程度。所谓封闭环境，是指教育活动不与外界进行思想信息交流和行为交换的环境。封闭环境与开放环境的区别，也是相对的，并没有十分严格的界限。就其本质来说，思想道德教育环境是一个开放的环境，要把它完全封闭起来，即完全禁绝思想信息的交流和行为的交换，在过去难以办到，在现代社会更不可能。

论20世纪90年代中国散文的文体变革

陈剑晖

陈剑晖

陈剑晖，现为广州大学文学思想研究中心资深特聘教授，曾任华南师范大学文学院教授、博士生导师。享受国务院政府特殊津贴专家，全国鲁迅文学奖散文奖终评评委，《中国当代文学研究》编委。出版有《散文文体论》《现代散文文体观念与文体形态》《诗性散文》等8部散文专著。在《中国社会科学》《文学评论》等刊发表论文200多篇。

《论20世纪90年代中国散文的文体变革》发表于《中国社会科学》2001年第5期，获广东省首届哲学社会科学优秀成果奖论文类一等奖。

一、主要内容

该论文从文体的角度，较客观、系统地探讨了20世纪90年代中国散文的

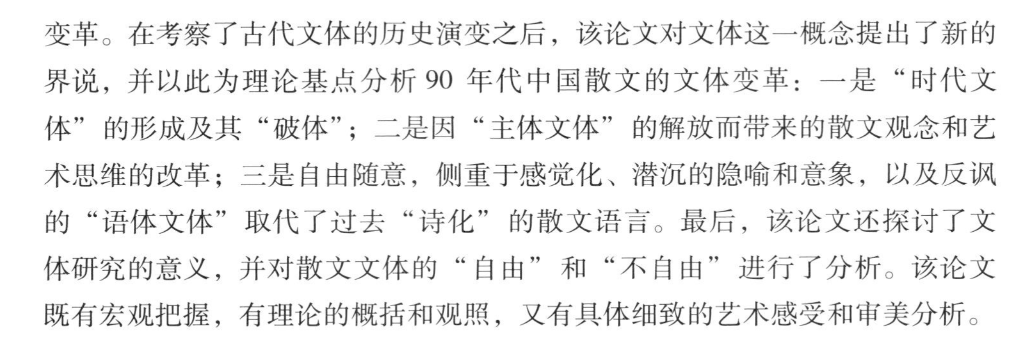

变革。在考察了古代文体的历史演变之后，该论文对文体这一概念提出了新的界说，并以此为理论基点分析 90 年代中国散文的文体变革：一是“时代文体”的形成及其“破体”；二是因“主体文体”的解放而带来的散文观念和艺术思维的改革；三是自由随意，侧重于感觉化、潜沉的隐喻和意象，以及反讽的“语体文体”取代了过去“诗化”的散文语言。最后，该论文还探讨了文体研究的意义，并对散文文体的“自由”和“不自由”进行了分析。该论文既有宏观把握，有理论的概括和观照，又有具体细致的艺术感受和审美分析。

二、理论创新点

在传统的散文理论中，文体一般被理解为文学体裁，这无疑限制了文体的理论发展空间。该论文通过对我国古代文体理论的考察，并结合 20 世纪 90 年代我国散文创作的实际，对文体这一理论范畴进行了新的界说，即将文体划分为“文类文体”“语体文体”“主体文体”和“时代文体”四个层次，并以这四个层次的文体为理论框架来涵盖 90 年代的散文创作，并做出不同于别人的分析和得出独到的结论，这对传统的散文理论是一种突破和创新。此外，该论文还提出了诸如“散文破体”“潜沉意象”“双重结构”等概念，这些都体现了作者的理论创新意识，也使这篇论文既有开拓性、新锐性，又有较为扎实、严谨的学理性。

三、被转载情况

（1）《新华文摘》2002 年第 1 期，转载 8000 字。

（2）中国人民大学复印资料《中国现当代文学研究》2001 年第 12 期，全文转载。

（3）收入《两岸现代文学发展与思潮论文集》一书（2004 年 10 月）。

（4）收入《广东优秀文学评论选》一书（2005 年）。

四、被引用情况

（1）王庆生主编《中国当代文学史》（2002 年修订本）引用文中对 20 世纪 90 年代散文评价观点。

（2）刘俐俐《建立当代视野的散文批评》（《甘肃社会科学》2002 年第 3

期）引用本文1000多字，并给予高度评价。

（3）周维强《2001年浙江散文评论》（《浙江日报》2001年6月17日）引用“文类文体”“语体文体”观点。

（4）王晖《晚近学者散文的解读》（《文艺评论》2002年2期）引用关于学者散文评论。

（5）王聚敏《论抒情散文》（《文艺评论》2004年第5期）引用了“散文破体”观点。

此外，我国台湾地区的《论文期刊》、马来西亚的《星洲日报》等报刊有关文章也多有引用该论文观点，不一一列举。

独白：中国诗歌的一种表现形态

戴伟华

戴伟华

戴伟华，广州大学人文学院教授，省社科研究基地“粤港澳大湾区语言服务与文化传承研究中心”学术委员会主任。广东省政府文史馆馆员，省优秀社会科学家、省社科联顾问，享受国务院政府特殊津贴专家。兼任中国唐代文学学会副会长、中国刘禹锡研究会会长。1982 年 1 月始在高校从事中国文学研究与教学，曾任扬州大学、华南师范大学教授及博士生导师。

《独白：中国诗歌的一种表现形态》发表于《中国社会科学》2003 年第 3 期，获广东省首届哲学社会科学优秀成果奖论文类一等奖。

“独白”，就是指那些在创作当下并不用于传播而主要用于自我心灵对话的作品，一般是依据诗歌创作的当下情形来区分的，辅以传播与非传播来鉴别。

独白诗的产生与诗人的性格和际遇有相当大的联系。独白诗常常产生于诗人情绪震荡、心灵躁动不安之时，他们以诗为手段，抒写内心的痛楚，坚定自我人格的信心，表达对时局的担忧和对政治的评价。但从诗歌发展史来看，独白诗传统的形成，可以在中国文化积淀、文人的思想及其生存状态、价值取向中找到原因。

（1）“诗言志”的诗学传统。早期的诗学理论就存在两种倾向：第一，把写诗当成抒发自我情感的工具，可以不与他人发生关系，这是“诗言志”的传统。“诗言志”的传统，使人们淡化了诗的交流要求。第二，诗的写作在社会关系中发生效用。作为文学的品种，诗和赋的产生在用途上似乎有了不同的分工。

（2）知识层的孤独感受。知识分子的孤独感是他们自身都难以承受的，他们需要别人的理解和支撑，但他们总是担心别人不能理解，感叹生活中缺少知音。知识层由无助转向内省，他们重视对自我意识经验和举止行为的体察和反思，体现出明显的私人化倾向和个性特征。

（3）忧时畏谗的自我体验。“忧时”是知识分子忧患意识的具体体现。他们把“真我”写入诗中，写诗成了抒写情感、评论时事、臧否人物的排泄孔道。

（4）情绪世界的自我描述。独白诗不需要把信息传递给读者，也不需要读者的介入，是一种自言自语，其创作是个性化、私人化的行为。正因为是自我的展示，又是自我的欣赏，故在写作中多心灵对话，当然他会设置不同角色作为潜在对话的对象。

独白诗和非独白诗在体式结构上区别不大。正因为独白是个体情感的自我交流，有很大的自由度，所以在体制上，可以是单篇，更多的是组诗；在写作时间上，组诗可以是写在某一具体时间，但更多的是不同时间；在写作地点上，可以是同一地点，但更多的是不同的地点；内容上因为是写给自己看的，不必十分明白清楚，可以含蓄隐晦；在空间上不受限制，纵谈古今，神话现实杂糅。这里对独白诗的体式结构做一些具体分析：第一，常以组诗出现。第二，常用古体写作。独白的体裁主要根据当时流行诗体和个人的诗体偏好，多数情况有复古的倾向，唐人爱用古体，包括使用乐府诗式。第三，诗歌规模长短不一，这是由于非一时一地之作的原因。作为独白诗，可能十句最适宜表达内心辗转反侧和错综复杂的情绪，篇幅又比较适中。

独白除了体式上具有自己的特点，在表现手法上也有特色，历来诗评失之笼统：①随心顺意的跳跃结构；②隐晦的话语体系；③或隐或显的潜在对话；④朦胧暧昧的意象组合。

中国劳动关系制度分析与制度创新

(Institutional Analysis and Innovation of Labor Relations in China)

李永杰

李永杰

李永杰，华南师范大学经济学二级教授，享受国务院政府特殊津贴专家，博士生导师。曾任经济与管理学院院长、副校长。兼任中国劳动学会劳动科学教育分会副会长，曾任广东经济学会副会长、广东劳动学会副会长。主持各级科研项目10多项，公开发表论文50多篇，出版著作、教材6部，获各级优秀社科成果和教学成果10多项。

一

中国的劳动关系正经历着从计划经济体制向市场经济体制转化的过程。亦即中国的劳动关系正处在制度变迁之中。劳动关系在本质上是构成劳动关系的不同利益主体之间的利益关系。劳动关系的运行除受到经济体制的制约外，还受到政治体制和社会文化背景的制约。

劳动关系中的经济制度是指在形成和调整劳动关系过程中，一系列涉及劳动关系双方经济利益关系的规则。劳动关系中的非经济制度是指在形成和调整劳动关系的过程中，一系列对劳动关系双方的经济行为产生直接或间接作用及非经济性的规则、规范或因素。

二

在计划经济体制下，中国劳动关系的经济制度存在以下主要缺陷：首先，绝对否定和舍弃市场机制对劳动关系运行的调节作用。诸如“统包统配”和“铁饭碗”式的计划就业制度，取代了市场就业制度，否定和舍弃了失业制度，没有劳动合同制度，社会保险制度异化，等等。其次，劳动关系的非经济制度未能充分发挥对劳动关系双方经济行为的引导和规范作用。在劳动关系的运行中，普遍以高度集中的行政决策权、激励权和约束权去代替经济的利益选择权、利益激励权。

三

在市场经济体制下，中国劳动关系的各种制度发生了显著变化。在经济制度方面，市场就业制度和失业制度的建立，促进了劳动力市场主体双向选择，也促使劳动者不断提高自身文化技术素质，有利于提高劳动生产率。市场工资率作为基本参照系数，有利于协调劳动关系双方的基本经济利益关系。在非经济制度方面，诸如《中华人民共和国劳动法》《中华人民共和国劳动合同法》、劳动争议仲裁制度等，规范了劳动关系的运行。但劳动关系的制度创新任重道远。

四

中国劳动关系的制度创新，应坚持以下的方向：第一，劳动关系运行的制度安排应贯彻经济化原则。①保证资源配置的优化和高效率；②成本节约原则；③保障产权主体双方的经济权益。第二，劳动关系经济运行机制应遵循市场化原则。第三，在劳动关系运行规范方面，应贯彻法律原则。第四，劳动关系的经济制度与非经济制度应协调化。

原文章荣获广东省哲学社会科学优秀成果奖一等奖，外文题目为“Institutional Analysis and Innovation of Labor Relations in China”，经压缩并译为中文后编入精选集。

中国职工组织承诺研究

凌文辁　张治灿　方俐洛

凌文辁

凌文辁，1963 年毕业于北京大学，1967 年中国科学院研究生毕业。1981—1983 年赴日留学。历任中国科学院心理研究所研究员、博士生导师、副所长、学位委员会主任等职。现任暨南大学管理学院教授。曾任中国社会心理学会副会长，广东省社会心理学会会长。主持国家自然科学基金和社科基金 10 项及多项省部级和国际合作研究项目。获中科院二等奖 2 项，教育部二等奖 3 项，广东省哲学社会科学优秀成果奖一等奖 1 项。发表论文 400 余篇，出版著作 18 本。

《中国职工组织承诺研究》发表于《中国社会科学》2001 年第 2 期，获广东省首届哲学社会科学优秀成果奖论文类一等奖。根据 2020 年 7 月 6 日中国知网数据，该论文被引 1219 次，下载 7890 次。

组织承诺是员工对组织的一种态度，它可以解释员工为什么要留在某企业，因而也是检验职工对企业忠诚程度的一种指标。由于影响组织承诺的因素具有多样性，组织承诺的心理结构也是多维的。不同国家因国情、制度和文化的不同，其职工的组织承诺行为既有共性成分，也存在着差异性或特殊性。该研究基于中国国情，旨在揭示中国职工的组织承诺行为究竟由哪些因素构成，以建立一个中国职工组织承诺行为的理论模型；揭示不同承诺类型员工的工作行为表现和影响因素，并在此基础上研制一套适用于中国企业的组织承诺行为的测量工具，用于对组织中员工行为的预测，以便制定有针对性的政策，采取有效的管理措施，为中国的人力资源管理提供科学的理论和方法。

首先，该研究在访谈、项目收集、多次预试和科学检验的基础上，研制出一套“中国职工组织承诺问卷”，信度、效度良好。在问卷调查的基础上，采用因素分析方法探讨了中国企业职工组织承诺的心理结构，提出五因素模型，这五种基本的承诺类型：感情承诺、理想承诺、规范承诺、经济承诺和机会承诺。个体的承诺类型由多个基本承诺因素组合而成，采用 Pearson 积差相关分析技术，发现五种承诺间有新组合：感情—规范承诺、感情—理想承诺、感情—经济承诺、规范—理想承诺，以及经济—机会承诺。

其次，该研究采用相关分析、交叉分析等方法，探讨了中国不同组织承诺类型职工的工作行为表现。具体来看，感情承诺型职工对单位感情深厚，离职意向低，积极参与各种活动；规范承诺型职工以社会规范和职业道德为行为准则，工作努力尽责，照章办事；理想承诺型职工成就动机强烈，工作压力感较强，但能从工作中获得满足和乐趣；经济承诺型职工看重经济利益，患得患失，内心充满矛盾和焦虑；机会承诺型职工离职意向最为强烈，各方面表现欠佳。

最后，该研究采用单因素方差分析、多重比较检验、交叉分析及结构方程模型中的路径分析方法，探讨了影响中国职工组织承诺的因素模型。从人口特征看，性别、年龄、工龄、学历和职位会对组织承诺产生影响；从组织因素看，对领导的信任度、对报酬的满意度、领导的团体维系能力、组织支持、组织的可依赖性、员工的社会公平交换水平等因素会对职工的组织承诺产生影响。

中小学教育与教师

张人杰　周　燕 主编

张人杰

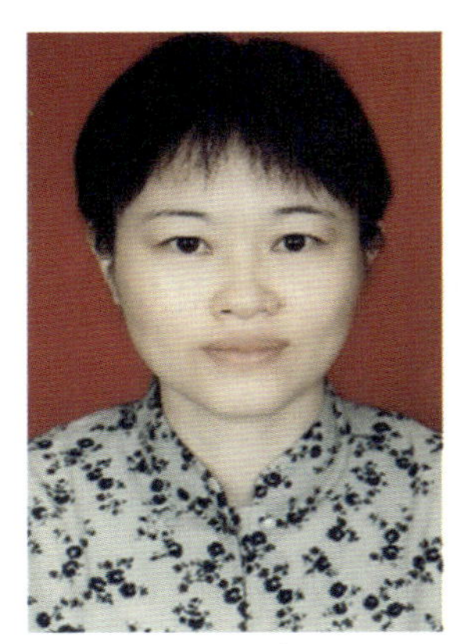
周　燕

张人杰，教授、博士生导师，研究领域为教育社会学、比较教育学。曾在联合国教科文组织国际教育规划研究所工作。曾任华东师大教育学系主任、教科院副院长，广州大学教科所所长，国务院学位委员会学科评议组成员，全国教育科学领导小组学科规划组成员，中国教育学会教育社会学专委会主任委员，广东省教育学研究会理事长，广州市教育学会副会长。

周　燕，博士、教授，博士生导师。教育部国培项目专家库成员，中国学前教育研究会理事，学前教育管理研究专业委员会委员，广东教育学会学前教育专业委员会副理事长兼学术委员会主任，广州教育学会幼儿教育专业委员会副理事长，广东省幼儿教育专家指导委员会委员，广东省一级幼儿园评估专家。

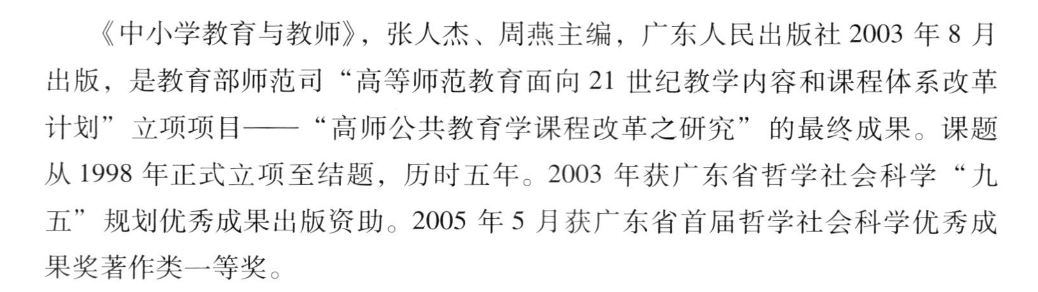

《中小学教育与教师》，张人杰、周燕主编，广东人民出版社 2003 年 8 月出版，是教育部师范司“高等师范教育面向 21 世纪教学内容和课程体系改革计划”立项项目——“高师公共教育学课程改革之研究”的最终成果。课题从 1998 年正式立项至结题，历时五年。2003 年获广东省哲学社会科学“九五”规划优秀成果出版资助。2005 年 5 月获广东省首届哲学社会科学优秀成果奖著作类一等奖。

一、主要内容、篇章结构

《中小学教育与教师》共包括十个单元：当代社会中的教师、素质教育的理论与实践、学校德育的问题与对策、问题行为的甄别与教育、课程改革与课堂教学的优化、教育信息化中的教师、教育活动中的师生沟通、教师与班级教育管理、学校管理中的教师、教师与教育科研。

单元一，首先，分析了教师在社会发展和教育革新中的作用以及应担负的角色；其次，以国内外相关研究为依据阐述了高质量教师队伍的群体特征以及优秀教师的必备素质；最后，论述了教师专业发展的历程与途径。单元二，阐述了素质教育在我国产生的缘由及其实质，提出了素质教育的实施策略，最后以成功教育、愉快教育、创业教育和主体性教育为案例，介绍了国内中小学实施素质教育的成功经验。单元三，首先，分析了当前学校面临的新情况、新问题；其次，反思了学校德育目标的定位问题；最后，用案例介绍了培养学生良好行为习惯以及评价学生品德的有效方法。单元四，首先，界定了学生问题行为的内涵及其性质；其次，在全面分析问题行为产生的原因的基础上，提出家校合作是问题行为学生教育的重要策略。单元五，首先，介绍了我国基础教育课程改革的背景、所倡导的理念及主要内容；其次，阐述了现代课堂教学的理念、优化课堂教学的策略。单元六，首先，界定了教育信息化的内涵；其次，分析了在教育信息化过程中教师应当担负的角色和发挥的作用，以及教师使用教育新技术的要领。单元七，阐述了师生沟通在教育活动中的地位和作用，介绍了师生沟通的特点、行事、基本模式及其效果，分析了新型师生关系及其沟通模式对教师的素质要求，运用案例介绍了提高教师沟通能力的技巧。单元八，首先，论述了教师在班级教育管理中的角色、职责和任务；其次，介绍了班级教育管理的理论、设计、操作三维运作过程，以及班级教育管理的基本策略。单元九，分析了教师在学校管理科层中的地位、特征，以及现代学校管理系统中教师角色的双重性。阐述了教师作为被管理者的权利与义务，教师作为管理者的基本职能，以及教师职务违法行为的特征、种类和根源，并根据学校管理改革的新趋势提出了对教师角色的新要求。单元十，首先，指出了研究对象是当前社会与教育发展对教师角色的新要求；其次，分析了教师教育科研的定位、主要形式和重心。最后用案例介绍了教育研究报告的类型及撰写要求。

二、核心思想和观点

该书通过对高师公共教育学课程的定位、教育理论对中小学教师的价值、高师公共教育学的“实用性”、高师公共教育学课程如何解决理论与实践的关系，以及高师课程设置中的学术性和师范性的关系等问题的深入讨论，从而明确了高师公共教育学课程与教学改革的思路。

（一）高师公共教育学课程的定位问题

首先，教材的适应性问题是公共教育学教材改革的核心问题之一。我们认为，高师公共教育学教材首先应该区别于教育学系的教育学教材。长期以来，我国高师公共教育学教材与师范院校教育系教育专业的教育学教材，在教材体系上、内容上大同小异，区别只是字数多少或篇幅长短。这种不分程度、不分专业、不看对象的教材很难适应公共教育学课程的教学和非教育专业师范生的水平和需求。因此，公共教育学教材不应强求教材体系的完备和逻辑结构的严谨，而应根据教学目的、教学时数和教学对象的特点，选择中小学教育实践和教育改革中的重要问题，并对其进行理论分析。例如，就目前而言，公共教育学教材的编写不应该漠视中小学教育实践中的一些重要问题，包括教育现代化、素质教育、教育信息化，社会转型时期的学校德育、校本课程、行动研究、校本管理等。

其次，高师公共教育学课程应区别于师范生的教育技能训练课。中小学教师和师范生常常对公共教育学课程产生一种不合理的期望，期望它能为自己提供实际的行动策略，告诉他们“下星期一早上他们应该干什么”。高师公共教育学课程应区别于师范生的教育技能训练课，不能期望公共教育学课程解决师范生教师职业素养培养中的所有问题。为此，应构建一个包括教育理论、教育技能和教育实践等在内的教育类课程群，各司其职。

长期以来，在高师课程与教学改革研究中，对公共教育学课程“实用性差”“轻视教育技能训练”的指责不绝于耳，并且似乎成了占压倒多数的一派意见。对此，我们不敢苟同。高师公共教育学这门课究竟应该解决什么问题？它能解决什么问题？这涉及教育学的研究对象与学科性质等基本问题。公共教育学应该是以中小学教育中的本体问题为重心、以情境中的教育实践为直接研究对象的理论性综合学科。由于对公共教育学这门课程的定位不准、期望不当，直接导致了这门课的功能和价值难以实现。目前的公共教育学，一方面被人们期望成为“万能”的教育学，因而“不得不背上了过于沉重的翅膀”。另一方面，它自身（更确切地说，是从事公共教育学教材编写与课程教学的人）也不愿意放弃它在学科分化以前的地盘，既想解决各种教育基本理论问题，又想解决各种教育实际问题，因而“心甘情愿地继续背着沉重的翅膀”。总之，无论是被迫还是自愿，公共教育学都承担了许多其本不应该承担的任务，致使其本身的任务未能很好地完成，并有被逐渐销蚀的危险。因而额外的任务当然更难以胜任。我们认为公共教育学课程不可能、也不应该解决实际操作问题。公共教育学作为一门理论性学科，它担负的主要任务是形成师范生正确的教育观念，以及运用教育理论观察、分析和评价教育现象、教育问题的能力。

（二）教育理论对中小学教师的价值问题

教育理论是教育实践的高度概括和科学的抽象，是千百万人教育实践的历史总结，它所揭示的规律总是远远超过个别人所能达到的认识水平。任何有经验的教育工作者，如果没有系统的理论学习，其终身的经验也不能达到教育理论所已经达到的高度。而随着社会的发展和教育自身的发展，对教师职业的专业化要求不断提高，教育理论对中小学教师的价值也日益凸显。重视与加强教育理论的学习和研究，是当代教育发展的必然趋势。

在我国，现有的教育理论至今仍被批评为脱离实践，不能有效地指导实践。理论家的教育理论常常被中小学教师认为是不切实际的，不少教师认为这些理论家对课堂教学的现实一无所知，不能帮助教师解决教学问题。第一线的中小学教师脱离理论、拒绝理论的倾向十分严重。由于教育工作是一项经验性很强的工作，不少在教育工作中做出成绩的人，也的确是主要靠经验的摸索和积累而获得成功的，因而实践工作者很容易出现经验主义倾向。现实情况表明，不少实践工作者过分崇尚经验，严重脱离理论。

如何认识教育理论的价值问题，直接影响着中小学教师对待教育理论的态度。对此，一些学者有过精辟的论述。

斯蒂芬·D. 布鲁克菲尔德（Stephen D. Brookfield）认为，对实践者而言，理论具有如下价值：①理论帮助教师识别自己的实践。②理论可以冲破熟悉的束缚。自己的实践就是一个封闭圈，通过对这个圈子之外的观点、活动和理论的学习，我们开始理解自己工作的哪些特征是与特定情境相关的，哪些特征具有一般性。③理论可以代替我们的同事。④理论可以避免形成“集体共识”和理智上的停滞。⑤理论把我们的实践定位在社会情境中。如果不认真学习理论文献，我们会很容易沉浸在一种实践的实际困惑之中，会让我们在问题中苦苦挣扎，被一些具体问题所折磨。

R. F. 迪尔登认为，教育理论可以帮助教师：①对学习本质及不同教学策略有更深刻的认识；②通过对课程及其方法论意义的鉴别，形成一套更为合适、考虑周全的教育价值观；③更深刻地理解教育实践的背景；④通过对实际上遥远的、只被揭示了一种可能性的事物进行考察，获得一定自由想象的能力；⑤以批判的方式对理论观点的真理性和适当性进行反思，通过这种方式，在某种程度上重构理论，并由此而更理智地控制实践。

也就是说，教育理论对教育实践或中小学教师的价值不在于提供直接的实践工具，而在于增进教师对教育实践的理性判断和反思批判能力。这一点对于当今的中小学教师来说显得尤其重要。

为什么会出现中小学教师脱离理论、拒绝理论的倾向呢？这与我国乃至世界师范教育的培养模式有很大关系。

迄今为止，世界上大多数地方对师范教育的普遍理解还是技术的观点，师范教育中技能的训练还占着统治地位，在我国的师范教育课程改革中也是占压倒性的呼声。我们并不否认，对师范生应该进行教育的职业技能培训，而且这类技能的训练也最容易在短时间内看到实效。但是，当这种技术观点成为师范教育领域的主导思想甚至成为唯一指导思想的时候，这种纯技术的师范教育将使得教师们的视野日渐狭窄，思维能力日渐迟钝，理解能力日渐衰退。于是，教育机构成了工厂车间的流水线，教师成了流水线上的技术操作员，学生则成了等待加工成标准件的物料。作为“人类灵魂工程师”的教师，自己却缺少了一个“灵魂”。美国学者 A. W. 库姆斯（Arthur W. Combs）在《师范教育的新设想》一文中提出：“师范教育不该被看成一件‘学会如何教’的事情，而应该被看成造就一个教师的过程。”

我国的教育实践、我们的中小学教师、我们的师范生真的不需要教育理论的武装吗？我们不这样认为。诚然，我们注意到了师范毕业生的教育教学技能不足，但是我们也不能忽视，现在阻碍中小学教育改革深入进行的一个重要因素就是教师的教育理论素养低，教师的教育观、学生观落后，对国内外一些成功的课程模式、教学模式只知道依样画葫芦，知其然而不知其所以然。结果，克隆的只是其外壳，而不知其精髓所在。教师要切实提高自己的教育教学能力绝不是仅仅靠模仿一些技能技巧就能达到的，必须加强教育理论修养。因为当代的教师们面对比历史上任何时期都更为复杂的社会和更加复杂的教育情境，需要为他们的教育实践活动寻求一种理性的基础，依赖常识和狭隘的经验就能搞好教育的时代已不复存在。

（三）高师公共教育学的“实用性”问题

公共教育学的“实用性”应该怎样理解？在教材中如何体现？是否增加教材中有关教育活动的操作性、技能技巧性和事务性等内容才叫作具有“实用性”，才体现了“实用性”？我们以为，公共教育学的“实用性”并不等于在教材中增加一些具体实用的基本技能和方法。目前，所说的公共教育学教材理论脱离实际，我们的理解：公共教育学教材体系封闭僵化、缺乏创新；教材内容空洞、抽象，脱离我国中小学教育实际；未能充分地吸取新的教育思想和理论、教育技术和新兴的边缘学科的新成果，缺乏针对性和时代感，缺乏对当代基础教育改革和发展中的重大理论问题与实践的关注。一方面，日益频繁而且日见深刻的教育改革实践呼唤着教育理论的指导，师范生也期望通过公共教育学的学习，提高自己对教育改革实践中诸多问题的理性思考能力；另一方面，则是公共教育学教材对上述要求的漠视，几十年不变地自顾自地空谈什么目的、意义、地位、作用、任务、内容、原则、方法。“这种陈述方式，同教育思想家和教育实践者对于教育实践的理性思考，存在相当大的距离。”如此一来，公共教育学被指责为理论脱离实际，不能有效地指导教育实践，也应该是理所当然的事情。

中小学教师和师范生需要什么样的教育理论？他们需要的不是空对空地谈什么目的、意义、地位、作用、任务、内容、原则、方法，而是能够用来分析中小学教育实际问题，解释自己教育行为的教育理论。只有这样，公共教育学才真正贴近了教育实践。因为任何教育问题背后都隐藏着理论，任何教育行为背后都有理论的支撑，区别只在于教育者是自觉的还是不自觉的。教育理论的价值或说“实用性”在于帮助教师对身边的教育问题做出理性的分析，对自己的所作所为进行深刻的反思与批判，从而更深刻地理解教育工作，改善自己的教育教学工作。因而，公共教育学教材的编写宜以中小学教育中的本体问题为重心，通过多种学科视角（同时又不失教育学的学科特色）反映中国的教育实际。

加强公共教育学教材的“实用性”，或者理论联系实际，并非指单纯地大量引用教育实例，而是指要注重对教育实践中碰到的实际问题做理论的分析，提高学生运用理论分析问题和解决问题的能力。教育学内容“如果缺乏理论分析，越是实例化，它在学生将来的教育实际工作中运用的价值就越小，学生将来在教育实际工作中的从事创造性劳动的能力也不可能因此而得益”。

（四）高师公共教育学课程如何有效解决理论与实践的关系问题

教育学是兼具基础性和应用性的综合理论，其功能在于解释与解决教育问题。教育理论与教育实践的关系一直是人们关注的问题。对此，有学者指出，造成中国现有的教育理论脱离实践，不能有效地指导实践的原因是教育理论与实践的“双向脱节”：一方面，教育理论研究长期以来存在着明显的脱离实践的倾向；另一方面，教育实践也有严重脱离教育理论的倾向。由于教育理论与实践发展具有不平衡性（落后或超前），理论（包括教育理论）总是抽象的，其本身并不具有直接的应用性和可操作性。理论揭示的是实践的普遍规律，它只能对实践起原则性的指导作用，而不能代替实践工作者自己的思考、选择、运用和创造。因此，教育理论与实践之间的距离现象具有合理性。

理论与实践的关系也即理论如何指导实践和转化为实践，实践如何验证理论和升华为理论的问题，在教育领域始终没有得到很好的解决。许多在教育第一线辛勤耕耘几十年的中小学教师，他们丰富的实践经验并没有给教育理论的

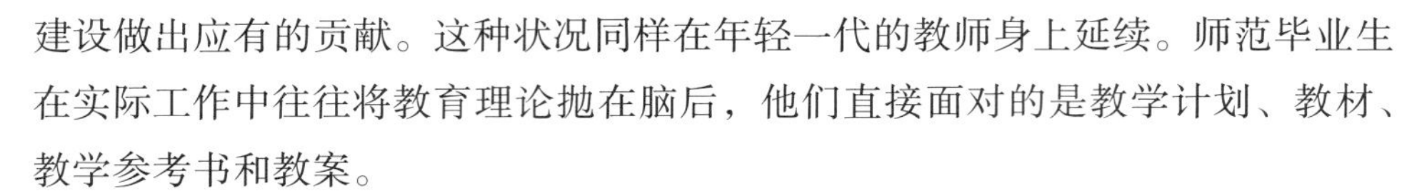

建设做出应有的贡献。这种状况同样在年轻一代的教师身上延续。师范毕业生在实际工作中往往将教育理论抛在脑后，他们直接面对的是教学计划、教材、教学参考书和教案。

教育理论源于教育实践，并为教育实践服务。但教育理论对实践的指导不可能由教育理论直接作用于实践而实现，实践活动离不开主体的计划与再创造，否则就不能使理论适应千变万化的具体条件和具体情况。理论能否最终付诸实践，其决定作用在于实践主体对理论的选择及实践客体与实践过程的具体性。当从实践工作者的角度来看教育理论与实践关系这一问题时，理论只能给某一具体问题的理解和解答提供启示性的帮助，实践者只有运用自己的头脑，思考、选择、检验给予他的理论，从中寻找启示，在实践中不断发展和创造指导自己实践的个人理解或个人行动理论，才可能使理论具有真正的现实力量。

因此，我们认为要有效解决教育理论与教育实践脱节的问题，除了前面所述的教材内容关注中小学教育中的本体问题，还需在公共教育学课程的教学中引入案例教学，通过提供个案分析来表明在实际的教育实践情境中如何加强理论与实践的联系。案例教学这种培训教师的新模式正日益受到人们的重视。近20年来的许多研究发现，案例教学在师范教育理论性课程的教学中发挥着重要的作用。而公共教育学正是一门理论性较强的课程，而且其授课对象大多是缺乏教育实践经验的师范生。

现有的公共教育学教学以课堂讲授为主，强调教师书本知识的单向传授，以及师范生对知识的简单吸收与机械记忆。理论和知识的掌握（实际上是对大量定义、经验或事实的机械记忆）被当作教学的最终目标。这种教学既缺乏师范生的积极参与，也缺乏与教育实践的联系。公共教育学课程最常见的情境就是教师凭借一支粉笔、一块黑板，一讲到底，学生的学习过程也简化成了记笔记、背笔记和考笔记。这种教学模式最终导致学生虽然记住了书本上的教条，但是，在面对教育中的实际问题时却缺乏必要的思考问题和解决问题的能力。

师范教育中的案例，或直接取之于实际的生活情境，或以教育教学中的真实事件为基础根据教学需要加工而成。它为师范生提供一个个具有丰富性和复杂性的真实情景。分析案例是一种准实践，通过案例教学，可以缩短教育理论与教育实践之间的距离。它能使师范生对纷繁复杂的教育实践形成比较清晰的认识，加深师范生对抽象的教育理论的理解，发展师范生综合运用教育学知识分析问题、解决问题的能力，进而提高学生的教育实践能力。更为重要的是，案例教学使师范生在课堂上的角色由消极被动变为积极主动，学习方式由知识记忆变为思维训练，由简单模仿变为方法创新。这有助于师范生形成一种重要的教师素质——理性思考的能力。

（五）高师公共教育学课程的改革，实质上涉及师范教育研究中一个更深层次的理论问题，即高师课程设置中的学术性和师范性的关系问题

高师院校的课程设置直接关系到其能否很好地完成培养合格中等教育师资的任务。我国许多师范院校向综合性大学盲目看齐，在课程设置上一直普遍存在着重学科专业、轻师范训练的倾向，致使师范生的教育素养未得到必要的培养和发展。这与用人单位（中学）对高师毕业生的普遍反映——不是专业知识欠缺，而是教育教学能力差，可谓南辕北辙。

教育类课程是指高师各专业开设的有关教育理论、教育方法、技巧与实践等教师职业训练课程，是解决未来教师如何教的问题的课程。在高师课程设置中，教育类课程未得到应有的重视，仅占总学时的6%左右；教育类课程门类少，还是传统的“老三门”（教育学、心理学、学科教学法）加教育实习；缺乏教师职业技能训练课程。

高师院校要完成培养合格师资的任务，必须增加教育类课程的门类、课时、学分。根据国内学者的有关研究，教育类课程可分为几大板块：①基础理论课。不是一门课程，而是一个以教育学和心理学为核心的门类丰富、体系完善的学科群。教育学可增设中外教育史、教育哲学、教育社会学、教育经济学、教育管理学、教学概论等。②学科应用性课程。根据不同学科的特殊性来研究探讨各自的特点、规律、原则、方法和途径，以及教材的分析和处理。强化学科课程在教学实践中的应用。③方法与技术性课程。教师职业的工作性质决定了师范生必须具有进行课堂教学的技能技巧，以及初步的教学实验、评估、测量等研究能力，提高教学管理技能。可增设课堂教学技术、课外教学技术、班级管理技术的课程，同时还应有现代教育技术等体现现代教学手段的课程。培养研究能力的课程，包括教育统计学、教育测量学、教育科研方法等。

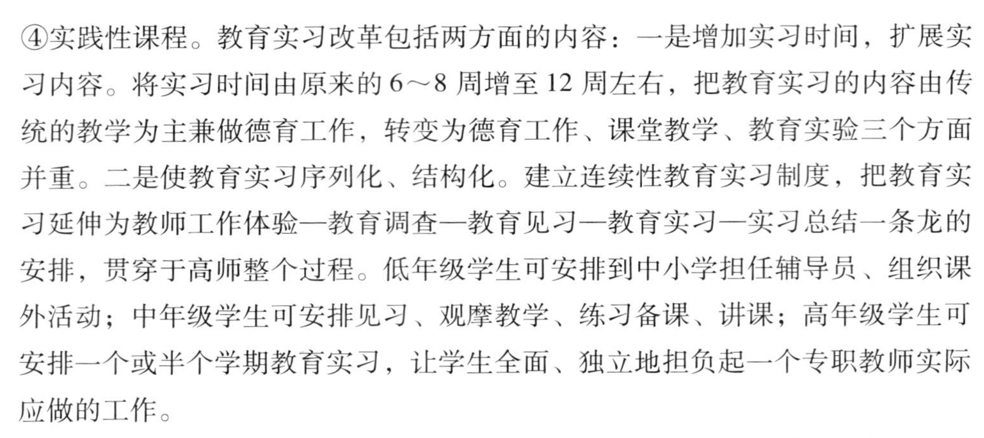

④实践性课程。教育实习改革包括两方面的内容：一是增加实习时间，扩展实习内容。将实习时间由原来的6～8周增至12周左右，把教育实习的内容由传统的教学为主兼做德育工作，转变为德育工作、课堂教学、教育实验三个方面并重。二是使教育实习序列化、结构化。建立连续性教育实习制度，把教育实习延伸为教师工作体验—教育调查—教育见习—教育实习—实习总结一条龙的安排，贯穿于高师整个过程。低年级学生可安排到中小学担任辅导员、组织课外活动；中年级学生可安排见习、观摩教学、练习备课、讲课；高年级学生可安排一个或半个学期教育实习，让学生全面、独立地担负起一个专职教师实际应做的工作。

各高师院校可根据实际情况，从以上课程板块中选择一些课程组成一个教育类课程群，供师范生必修或选修。

三、理论创新和学界影响

与国内同类公共教育学教材相比，该书的新意或者特色主要体现在以下两个方面。

第一，在指导思想上，该书力求改变高师公共教育学教材是教育系教育学教材缩写本的局面，突出“精要 + 实用”。根据教学目的、教学时数和教学对象的特点，我们认为公共教育学应该是以中小学教育中的本体问题为重心、以情境中的教育实践为直接研究对象的理论性综合学科。因此，它有别于教育学专业的教育学课，也不同于师范生的教育技能训练课，其“实用性”在于注重对教育实践中碰到的问题做理论分析，提高师范生运用教育理论分析问题和解决问题的能力。为此，在教学中应注重运用案例教学，加强理论与实践的联系，培养学生的问题意识，以及灵活运用所学理论分析问题和解决问题的能力。因此，该书不刻意追求学科体系的完备，而是根据中小学教师和师范生的实际需要构建教材的框架。因而这一框架是开放的，可根据社会和教育科学的发展以及教育改革的实际需要，进行增补或删减；着重探讨教育的本体问题，使各单元入选的主要问题重心下移；采用多学科逼近法，但又不失教育学的学科特色。

第二，在编写体例上，该书采用单元形式而非章节目形式，每个单元由以下几个部分组成：①教学目标，旨在告诉师生，学完此单元后应掌握的基本内容；②案例分析，以加强理论与实践的联系；③思考与练习活动，培养学生的问题意识，以及灵活运用所学理论分析问题和解决问题的能力；④参考阅读书目，为学生进一步的学习提供便利。

该书及时反映了当代教育科学的最新成果，论及的都是基础教育实践和当前教育改革中的重要问题，对更新教师教育观念，提高教师理论素养与教育实践能力，进而促进我国基础教育改革有着重要作用。该书在专家通讯评审中，得到华中师范大学郭文安、湖南师范大学张楚廷、华南师范大学黄甫全诸位教授的肯定；在结题鉴定中得到北京师范大学裴娣娜教授等鉴定专家组成员的好评。该书出版后得到了学界同行的高度认可，获得教育部、省、市多项奖励。

该书适用于职前和职后教师培训，可作为高等师范院校教育学公共课和中小学教师继续教育的教材，也是广州大学教育学原理硕士点和课程与教学论硕士点研究生入学考试参考书。自 2004 学年开始作为广州大学师范生《教育学》公共课教材投入使用，取得了优良的教学效果。我们以该书为依托，对教学方法、教学评价、教学手段等进行了多方面的改进。在教学方法上，采取教师讲授、专题讲座、学生自学与试讲、观摩教学录像与现场教学等多种方法；在教学评价上，实行教考分离，建立了试题库，注重形成性评价与终结性评价；在教学手段上，加强了音像教材的建设与使用，注重多媒体教学手段的运用。通过以上教学改革，提高了学生的学习兴趣，取得了优良的教学效果，对形成师范生正确的教育观念，运用教育理论观察、分析和评价教育现象、教育问题的能力起到了重要的作用。自 2004 学年以来，该课程的课堂教学质量评价都在优良以上，两位教师获得广州大学教学名师奖，五位教师获得广州大学教学优秀奖。

广东省民营科技企业技术创新实证研究

周　霞

周　霞

周　霞，工学硕士、管理学博士，现任职于华南理工大学工商管理学院三级教授、博士生导师，主要研究方向为人力资源管理、技术创新、知识产权管理。主持多项国家、省级项目，为各类企业提供过咨询。多次担任国家科学技术奖评审专家，兼任独立董事、政府决策咨询专家。

《广东省民营科技企业技术创新实证研究》获广东省首届哲学社会科学优秀成果奖调研报告类一等奖。

一、核心思想和观点、理论创新点以及学界影响

广东省民营科技企业技术创新实证研究，是以调查研究和统计分析为基础，瞄准民营科技企业的特点、技术创新主体以及创新绩效等热点问题，从广

东民营科技企业的总体情况、企业发展特点、技术创新的现状调查与分析、总体评价分别进行深入的研究和探讨，并针对性地提出了加快广东省民营科技企业发展的政策建议。其主要思想观点如下：

在广东省民营科技企业发展上的独特观点：广东民营科技企业已经成为广东省新的经济增长点，发展速度快，发展质量高，已经逐渐为社会所认同，并逐渐成为技术创新的主体。广东民营科技企业是以中小企业为主，并成为高新技术领域的生力军，产业非常集中，各种创新手段综合运用；同时，也存在区域发展不平衡、产业集中度愈来愈高、资金来源以民间资本为主体等不利因素。

在广东民科企业技术创新上的独特观点：广东民营科技企业的领导者素质高，技术创新的投入强度大，技术开发人员能力强，倾向采用独立开发的创新模式，产品技术含量不断提高，产品开发速度逐渐加快，产品保护与利用外部资金的意识比较薄弱；同时，广东省民营科技企业主要处在技术改进阶段并开始转向技术发明和创造阶段。

广东省民营科技企业在技术创新和企业发展方面面临以下的挑战：没有一个规范有序、公平竞争的环境，不够完善的科技创新服务体系，高新技术产品开始老化，核心竞争力不够强，投资融资体系不健全，忽视基础理论研究，持续创新能力不强。这些问题已经制约了广东省民营科技企业技术创新活动的开展和企业的发展；如果这些问题得到很好的解决，可以促进民营科技企业的技术创新和企业的发展。

在借鉴国内外技术创新研究成果的基础上，提出了促进广东民营科技企业技术创新和发展的政策建议：加强宏观调控，用发展战略或战略意图、指导方针来引导民营科技企业的发展和技术创新；完善市场竞争环境，加快服务体系的建设，以拓展民营科技企业技术创新的空间；加大基础理论的研究投入，加快科技成果的转化速度，拓宽信息沟通渠道，激发民营科技企业持续创新的能力和动力；推进民营科技企业参与国际竞争，提高技术创新的水平。

二、理论创新点

该研究在全国率先用统计分析结合典型案例研究的方法论证了民营科技企业成为技术创新主体，高新技术产业发展的中坚力量，民营经济的排头兵。在

国内技术创新研究观点上有突破性进展。

该研究中第一次对目前广东省民营科技企业发展阶段作出了判断，描述了广东民营科技企业的产业特征、技术创新绩效的总体评价，是技术创新理论在实际中的一次大胆尝试。

三、社会影响

该项目的研究报告被广东省科技厅采用，并由科技厅于2002年全省民营科技工作会议上作为会议材料印发。该研究成果是广东省科技行政主管部门制定有关推动民营科技企业发展政策的主要参考依据之一，并受到省委、省政府领导的充分肯定，对发展广东省的民营经济，具有较强的实践指导价值。该项目的研究报告专门呈送时任广东省副省长李鸿忠和省委、省政府的其他领导，李副省长在全省民营科技企业大会上介绍："该报告比较全面、客观地反映了我省民营科技企业技术创新的现状、特征和优势，具有较大的参考价值。"

以该研究成果为基础，在国内外核心学术期刊上发表了有影响力的学术论文，包括《广东省民营科技企业的现状、问题及对策研究》，CSSCI期刊，被引4篇；《发展专利战略，提高我国的技术创新能力》，CSSCI期刊，被引30篇；《企业技术创新战略与技术创新风险的整合分析》，CSSCI期刊，被引19次。

第 二 届

广东省哲学社会科学优秀成果奖

经典世界中的人、事、物
——对中国哲学书写方式的一种思考

陈少明

陈少明

陈少明，广东汕头人，哲学博士。1986年起，于中山大学哲学系任教，现为哲学系教授，兼哲学系学术委员会主任。先后获广东省高等学校特聘教授（2009.9—2014.8），并任国务院学位委员会第七届学科（哲学）评议组成员，广东省第六届学位委员会学科评议组哲学学科召集人，国家社会科学基金学科规划评审组专家，第八届、第九届中国哲学史学会副会长。曾为哈佛－燕京学社、台湾大学人文社会科学高等研究院、香港中文大学中国文化研究所访问研究员、香港中文大学哲学系访问教授。曾为北京大学高等人文研究院兼任研究员、复旦大学中华文明国际研究中心兼任教授。研究领域为中国哲学、中国的经典解释传统、人文科学方法论等。成果在学术界有广泛影响，两次获得教育部中国高校人文社会科学研究优秀成果奖二等奖（第二届，1998；第六届，2012）。主要著作：《〈齐物论〉及其影响》（北京大学出版社，2004，2006）、《经典世界中的人、事、物》（上海三联书店，2008）、《做中国哲学——一些方法论的思考》（北京三联书店，2015）及《仁义之间》（孔学堂书局，2017）等。

《经典世界中的人、事、物——对中国哲学书写方式的一种思考》发表于《中国社会科学》2005年第5期，获广东省第二届哲学社会科学优秀成果奖论文类一等奖。

一、基本内容、结构

在肯定传统哲学史学科意义的前提下，文章提议开拓新的中国哲学论域，即从叙事性较强的文本入手，尝试对经典做不以范畴研究为中心的哲学性探究，作为教科书思路的补充。本文作者从人、事、物三个类型，分别举例说明对不同的经验资料进行思想探究的可能性。其中，“识人”部分以《论语》为例，探讨孔子及其弟子的人格特征同儒家所倡导的君子人格的内在联系，为德性伦理的发展提供更具体的思想资料。同时借对《庄子》一书四种不同的角色类型的区分，研究道家人格世界中经验、理想与想象的关系。“说事”则提出与政治事件相区别的“思想史事件”的概念，并以《论语·卫灵公》“在陈绝粮”章和《论语·述而》“夫子为卫君”章为例，展示有思想意义的事件在经典诠释传统以及现代解读中，如何体现其作为思想资源的潜力的。“观物”强调，在中国传统中，物不是纯粹的自然对象，而是人类生活世界中不可分割的要素。并通过对两类不同的物，自然物与人工物（即“器”）的区分，分析经典世界中对人与物、自然与文明的不同观点。不以抽象范畴为中心，不是排斥对任何古典思想做概念的研究，而是要直接面对经典世界的生活经验，把观念置入具体的背景中去理解；或者更进一步，从古典的生活经验中，发掘未经明言而隐含其中的思想观念，进行有深度的哲学反思。这种以近乎故事诠释的形式对经典进行的反思，通过对人、事、物各种个案的诠释，在具体中见普遍，在广度中见深度，完全堪称一种重要的哲学探索活动。

二、主要理论创新和学术价值

该论文是陈少明承担国家社会科学基金项目“哲学史、观念史与经典解释学”课题成果之一，它是在哲学史、观念史与经典解释学三个学科综合反思的基础上，对中国哲学的一种方法论探索。其理论创新之处主要表现为：一是对哲学的新理解，提出从探索的思想方式而非现成知识系统的角度看待哲学的性质，并强调哲学是具体与抽象双向沟通的思想活动，它不仅上升理论，同时也回过头来诠释经验。二是通过“中国哲学”创作与“中国哲学史”研究概念的区分，把注意力放在中国哲学的方法论研究上，焦点是创作而非复述。三是在哲学观念与哲学理论区分的基础上，说明经典文本中有关人、事、物的叙事片断蕴含有丰富的哲学观念，为哲学研究中国化提供资源。四是提出“思想史事件”的概念，并涉及经典诠释传统中叙事与评注两种表达类型，为现代经典诠释提供可借鉴的方法。基于上述的理论努力，该论文较有深度地论述古典文献中的叙事性内容作为中国哲学创作资源的意义，以及塑造中国哲学新面貌的可能性。

中西古代政府制度及其近代转型路径约束比较

郭小聪

郭小聪

郭小聪，男，汉族，广东潮州人。管理学博士。现任中山大学政治与公共事务管理学院教授、博士生导师，中山大学中国公共管理研究中心专职研究员。曾承担并完成国家社会科学基金项目、教育部人文社会科学重点研究基地重大项目等多项科研任务。已出版学术著作、译著和教材9部，在学术期刊公开发表论文超过百篇。

《中西古代政府制度起源及其近代转型路径约束比较》，郭小聪著，中国社会科学出版社2005年1月出版。该书获广东省第二届哲学社会科学优秀成果奖著作类一等奖。

该书出版后在学术界产生较好反映和影响，成为政治学和行政学博士研究

生的必读书以及类似选题著作和博士论文的参考书籍。

一、选题背景与引入性问题讨论

当今的发展中国家，几乎都同时面临着两股浪潮的冲击：一是全球化（globalization）和一体化（integration）的浪潮；二是政府改革（governmental reform）和制度创新（institutional innovation）的浪潮。中国也不例外。这是该选题和写作的大背景。在这个大背景下，作者基于对如下问题的思考而立题和构思。

（一）政府改革和制度创新的约束边界

随着超国家理论研究的发展，人们自然会思考这样的问题：按照全球化和一体化的发展趋势，世界能否有一种统一的政府制度？

伴随着全球化和一体化浪潮到来的另一股浪潮，是西方各国的政府改革和制度创新。这股浪潮自从20世纪80年代在美国形成高潮以后，各国改革的步伐就一直没有停过。由于经济发达程度的差别，全球化和一体化浪潮产生实质性影响的区域主要是西方发达国家，而政府改革和制度创新浪潮所产生的实质性影响已经跨越了西方发达地区，直接对发展中国家产生重大冲击。西方发达国家尤其是美国的政府制度及其改革和创新思路，几乎成了发展中国家进行政府改革的参照物，以致有些人喜欢说：“今天的美国就是我们国家的明天。”向往发达国家及其社会经济发展状况，是无可非议的。但如果把这句话延伸为“今天美国的政府制度就是我们国家明天的政府制度”，那么，到底有没有可能呢？如果有，全球化和一体化的结果，首先就是各国政府制度的美国化。

作者对这同一个命题中不同问题的回答是否定的，原因是，无论从历史的层面还是从现实的层面来看，任何国家的政府改革和制度创新都有自己的约束边界。约束边界可能被销蚀和融合，但永远不可能消失和合一。因为如果消失和合一，就意味着国家的消亡。而销蚀和融合的程度取决于早期政府制度形成的同质性与异质性。这也是该书选择中西方国家来比较政府制度路径起源和转型的约束边界的切入点。

（二）政府改革和制度创新中现代与传统的张力

综观古今中外各国政府改革和制度创新的过程与结果，其新的政府制度安排能够彻底摆脱传统约束的，几乎没有先例，即使被认为是崭新的政府制度，如美国建国初期的政府制度，同样保留了来自欧洲的传统。“尽管美国历史上存在着某些分歧和冲突，美国存在着一个共同的政治传统，即‘虔信财产权、经济个人主义理论、竞争价值’，把资本主义文化的经济特征视为人的必要的素质。”①

那么，在无法挣脱传统约束的前提下，新的制度安排如何体现其现代性呢？应该如何理解制度创新中传统与现代的张力呢？传统与现代的张力在什么情况下使新的制度安排发挥最大效益，其中有什么规律可循？这些问题，只有在政府制度的起源路径以及发展中的路径依赖才能得到相对满意的解释。

（三）政府制度的人为设计与零基设计

在各国政府改革和制度创新中，最直接的问题：政府制度能否进行人为设计？如何理解政府制度设计的创新性？古希腊时期提修斯、梭伦、克利斯提尼等人的改革方案，也被许多历史学家称赞为成功的制度设计。可见，人为设计的政府制度是可以获得成功的。

但是，这些获得成功的政府制度的设计理念，又都是在以往制度自然演化过程中逐步产生和形成的，与旧制度之间仍然存在着内在的联系。那么，零基设计的完全崭新的政府制度有没有？当然有，那就是1871年之后马克思总结巴黎公社经验时所说的“公社制度”。尽管马克思和恩格斯对“公社制度”的分析对无产阶级革命具有一定的指导意义，但他们“并没有要求后人把‘公社制度’模式化，去按图索骥”②。可见，政府制度是可以设计的，但不存在零基设计。任何政府制度设计都摆脱不了历史上存在的制度路径的约束，任何制度创新都是在传承历史传统中体现其创新性的。杜绝任何历史传统的零起点制度设计既不可能也不可行。

---

① 常绍民：《霍夫施塔特与〈美国政治传统〉》，载《美国研究》1994年第3期。

② 萧斌：《政治制度创新：从巴黎公社到苏维埃》，载《江汉论坛》1996年第11期，第36—38页。

（四）同时代的文明古国与不同的政府制度起源路径

古代中国与古希腊大体上处于同一年代的文明古国，但政府制度形成后，古希腊沿着贵族民主共和政体的方向发展，而中国则长期停留在君主专制政体的制度框架中。顾准在他的读书笔记《希腊城邦制度》中提出了这个问题。他认为，古希腊“城邦制度是从原始的氏族民主制度直接演变过来的。……一切民族都经历过原始公社阶段，氏族民主是原始公社的共同特征，我国当然也不例外，那么为什么我国古代史中找不到一点城邦制度的影子呢？”①

马克思、恩格斯认为，古代东方各国的奴隶制社会形态，在政体上是专制主义君主制，而不是奴隶主贵族的民主共和制，其原因是古代东方各国的土地徭役形式以及农村公社长期存在。在古希腊和罗马，由于土地财产的私有化，农村公社彻底瓦解，工商业奴隶主掌握社会的经济和政治权力，相对地限制和削弱了国王的实际权力。而古代东方各国，土地没有转为私有，全国的土地财产为国家最高所有或“唯一所有”，因而不可能发展成为类似于古希腊、罗马大奴隶主的经济力量和政治力量，使全国的经济力量和政治权力集中于国王一人之手。东方的专制主义君主制国家形态就是建立在这样的基础之上的，“东方的专制制度是基于公有制”②。

马克思、恩格斯的分析抓住了引起东西方政府制度朝着不同方向演变的本质变量，至今仍然是我们研究这个问题的主要方法论工具。但是，如果我们从逆向思维的角度来做进一步追问的话，就会出现这样的问题：既然土地财产私有制是古希腊、罗马走向贵族民主共和制的关键，古代中国走向专制主义君主制的主要原因是原始氏族的土地公有制，那么，实现土地私有化是否是当代中国民主政治建设的一个重要因素？显然，对待这样一个复杂的问题，是不能进行直线推理的。因此，我们似乎还得寻找影响国家起源差别的其他重要变量。20世纪50年代到70年代，西方学术界出现了几种早期国家起源的新理论，如威特福格尔（K. Witffogel）的灌溉说，卡内罗（R. L. Carneiro）的战争说，哈纳（M. J. Harner）和杜蒙德（D. E. Dumond）等人的人口压力说。他们分别强调某个社会变量是国家起源的主因。美国考古学家亚当斯（R. M. Adams）

① 顾准：《希腊城邦制度》，中国社会科学出版社1986年版，第22页。

② 《马克思恩格斯全集》第20卷，人民出版社1979年版，第681页。

在总结各种理论的基础上，提出变量互动综合说。这些理论对我们进一步思考东西方政府起源差异，具有很大的启发价值。

二、研究范围界定与基本假设

（一）研究范围界定

1.“西方”的范围界定

该书所讲的“西方”的范围，不是现代化理论中所说的“西方”，即包括所有的发达国家（如日本），而主要是从西方文明的发源地来界定的，研究的范围主要是西欧。就国家的起源来说，由于古希腊、古罗马的国家形态在西方具有典型意义，因而在探讨西方古代政府制度起源和形成方面，“西方”主要是以古希腊、古罗马为研究对象；中世纪最具有典型意义的是意大利及其周边国家，因此，有关古希腊、古罗马的政府制度在中世纪的延续和演变，主要以意大利为分析对象；而在近代制度转型阶段，英法革命所确立的民主制度在西方具有典型意义，因而英国和法国自然成为研究西方近代制度转型的主要对象。

2.“时代”的范围界定

该书研究的重要时间段有两个：

其一，政府制度的起源和形成阶段。在中国，时间段是从夏王朝（约公元前2070—前1600年）到秦始皇统一中国（公元前221年），其中，中国古代政府制度路径形成的重要时期，是西周封建王朝（公元前1046—前771年）、春秋（公元前770—前476年）战国（公元前476—前221年）时期。在西方，以古希腊、古罗马为对象，时间段是从克里特文化时期（公元前2500年左右）到西部罗马帝国的灭亡（公元476年），其中，西方古代政府制度路径形成的重要时期，一是古希腊城邦时期，即从古希腊城邦的形成（公元前8世纪至公元前6世纪）到马其顿国王控制希腊（公元前337年）；二是古代罗马共和国时期，即从塞尔维乌斯·图里乌斯的改革建立了罗马共和国（公元前510年）到罗马帝国的建立（公元前27年）。这个阶段的时间大致相同，是中西古代政府制度起源和形成不同的政体路径的关键时期。

其二，近代中西政府制度的转型阶段。对于中国来说，如果就打破旧制度路径而言，这个阶段从鸦片战争（1840年）开始到辛亥革命（1912年）为

止，但就制度的彻底转型而言，必须以新制度的确立为标志，因而研究的时间段必须到新中国的建立（1949 年）为止。这时，世界史早已经进入了“现代”的范畴，所以，严格地说，中国的制度转型是近现代的转型。对于西方来说，以英国和法国为代表，英国的近代制度转型是通过英国革命完成的，时间是从 1640 年“长期国会”的召开到 1689 年《权力法案》的通过；法国的近代制度转型是通过法国革命完成的，时间是从 1789 年“三级会议”的召开到 1875 年第三共和国的确立。

就实现制度转型来说，中国近现代的制度转型时间非常长和过程非常艰辛，而西方的近代制度转型时间短暂得多。但是，实际上，西方争取制度转型的斗争，自从进入中世纪以来就从没有停止过，因为中世纪的政府制度偏离了西方古典时代形成的政府制度路径，西方人为恢复古典时代的民主制度的斗争贯穿于整个中世纪，英法革命只是最后确立现代民主国家形态的标志而已。所以，研究西方近代的制度转型不能不研究中世纪。相比之下，中国自从秦始皇统一中国后，政府制度就一直没有偏离过君主专制制度的路径，近现代的制度转型不是像西方那样恢复和发展古典时代的民主制度，而是彻底打破延续了几千年的路径。所以，在探讨中国近现代制度转型时，虽然延续了几千年的制度不是没有变化，但缺乏像西欧中世纪那样的意义，因而作者没有像对待西欧中世纪那样来研究这个几千年的制度，只把它当成一个既定的前提来思考问题。

至于人们反映古代政府制度的思想意识，无论是中国还是西方，都是贯穿于从古代政府制度起源、形成到近现代的制度转型的整个阶段的。

（二）基本假设

为了避免研究的庞杂和保证前后的一贯性，该书提出了四个基本假设。

1. 制度环境不确定性假设

人类社会对制度包括对政府制度的主观需求是确定的，但制约制度的起源、形成和变迁的客观环境则是复杂的、不确定的。

2. 制约制度的关键性变量假设

制约政府制度的起源和变迁的变量有许多，但在不同的社会发展阶段起关键性作用的变量则是不同的。

3. 制度演变的传统与现代张力假设

任何国家的政府制度演变的过程都存在传统与现代的张力，但不同国家构

建现代性政府制度的难度是不同的。

4．**制度创新主体的有限理性假设**

人类对政府制度的追求是理性的，但在任何制度环境下的制度设计主体——具体的现实的人——的理性则是有限的。

三、核心问题与创新性观点

（一）核心问题

该书的核心问题：中国古代政府制度的起源和形成的时间，与古希腊、古罗马政府制度的起源和形成的时间差不多，但为何古希腊、古罗马能够形成民主政体的政府制度路径，而中国却形成君主专制政体并延续了几千年？其中，有什么关键性的客观变量和主观变量决定了这两条不同的制度路径的形成和发展呢？西方的政府制度在经历了中世纪的君主政体之后，为何在近代能够回复到古代民主路径并发展为现代民主政府制度？而近代中国的制度转型为何如此艰难？这些都是政治学和行政学必须研究而又留下许多研究空间的问题。

（二）创新性观点

对上述问题，作者运用比较分析和制度分析的方法，并有选择地借助路径依赖理论进行探讨和提出自己的见解。

（1）中西古代政府制度起源和形成两条不同的路径，即单主制（专制主义）路径和共和制（民主主义）路径，前者具有任命制、终身制和集权制等特征，后者具有选举制、任期制和分权制等特征。该书运用历史学和人类学的最新成果论证并认为：中西古代的两条政府制度路径并不是在国家正式形成时才分野的，而是在原始社会就已经出现了雏形的特征，中国在原始社会的酋邦制度中已经出现了单主制的特征。

（2）国家制度的第一个特征是按照地域来划分居民，该书认为，由于自然环境、生产工具和生存空间的开放性不同，古希腊国家制度的地域性完全是切断血缘关系而冲破氏族的藩篱的结果，而古代中国国家制度的地域性则是血缘关系通过宗法制度得以延伸的结果。这样，不论是古希腊还是古中国，作为政府制度的核心——政治权力，都冲破了地域的限制，但古代中国的权力结构是继续沿着宗族内部的路径而跨越地域空间的，而古希腊的权力结构则是在宗族外部的路径上跨越地域空间的，即先跨越宗族再跨越地域空间。正是这两条不同的跨越路径，决定了国家制度的第二个特征——“权力的公共性”在中西古代的差别：古希腊政府制度的“公共权力”逐步发展为公民权，而古代中国政府制度的“公共权力”本质上为血统性的“个人”行使。前者演变为“主权在民”的路径，后者则演变为“主权在君”的路径。

（3）中国古代由于土地与血缘的不可分性，使土地分封制无法实行下去并推动土地私有制的产生，而西方古代土地与血缘的分离性促使契约关系的产生，并使土地分封制发展为土地私有制。该书认为，正是这种差别，使中国古代的土地制度沿着争夺的路径演变出“大国之君，不如小国之君”的局面，迫使统治者不得不采取兼并的方式来扩大势力，增强争夺土地的力量，最后重新走向大统一；而西方古代社会土地制度沿着契约的路径演变出“附庸的附庸不是国王的附庸”的“分藩而治”的政府制度局面。不过，中西古代政府制度的起源既有从原始社会延伸的一面，也有体现社会改革方案选择的另一面。不同的社会改革方案，具有促使政府制度满足统治需要或是满足社会需要路径发展的巨大作用。

（4）对中西政府制度演变的主观路径进行比较研究，也是该书的重要内容。中西古人对政府制度的认知和思维路径，与他们各自所处的政府制度的客观路径是一致的。不同的认知和思维路径，反过来制约着中西政府制度路径的演变：①在政府起源和权力的认知方面，中国古人认为政府起源于立了“受命于天”的君主，“君权神授”要求“君权独制”，对君权的制约主要依靠君主的修养，辅之以必要的外在约束。而西方古人认为，政府是人们为了摆脱混乱的“自然状态”而通过“相互约定”建立的，约定的前提是人人具有参政能力和人人都享有权力，权力的“公共性”决定权力的制约必须以权力的相互制衡为主。②在政府制度主客体的角色地位的认知方面，中国古人认为君主是“天之子”，是至高无上的，官吏只是为服务君主的需要而设置的“事君之臣”，民众只是“君父”的子民，必须仰仗君父之爱而安乐。而西方古人认为，各级统治者只是选举出来的“执政官”，官吏是由于社会分工的需要而产生的“公职人员”，民众是有权参与城邦事务的公民。③在政府制度设计的思维方面，中国古代的制度设计思维是把个体置于依附关系的网络中，并相信通过教育和引导，每个人都会在这个网络中找到恰当的位置，并遵守网络中的关系规则，规则的核心是家庭关系规则的放大，一切冲突都可以在人伦“情理”中得到妥善的解决。在这个网络中，起决定作用的是政治权力。政治权力的大小决定个体在网络中的地位高低和财产的多寡。而在西方，制度的设计思维是把个体看成独立的个体，个体在制度中的地位是由个体的能力和财产决定的，个体与个体之间的关系必须通过契约以及法律的形式来处理和约束，人间不存在总是善良的“天使”，哪怕是政府及其官员本身，任何人都必须接受法律的约束。法律在约束人的行为的同时也保护每个人的财产。财产权对每个人都具有决定性意义，获得政治权力的前提是拥有个人财产。

（5）任何制度的转型过程都是通过改革或革命来实现的。这个过程充满着新旧的斗争，旧制度的主客观路径对制度转型的约束，表现为对制度创新主体的思维约束、对进行制度改革的社会动员的约束，以及对改革和革命的社会成本的约束。本书通过对中西近代制度转型的比较研究，揭示中西两种不同制度转型的特点：①西方近代制度转型以英法革命为标志，但西方人争取制度转型的斗争是从中世纪就开始的。古典时代的民主遗风和民主观念的影响贯穿于整个中世纪，但文艺复兴使古代政治文明得到更为全面的恢复。英法革命能够在西方确立君主立宪制制度与民主共和制制度，与中世纪市民阶级一点一滴的斗争和文艺复兴运动是分不开的。西方近代的制度转型是相对中世纪的专制制度而言的，相对于西方政府制度的整个演变历史来说，这种制度转型是恢复和发展古代政府制度的起源路径。②中国近现代的制度转型与西方近代的制度转型有着本质上的区别，它是对古代政府制度起源路径即单主制（专制主义）路径的打破，改革者、革命家试图建立的新制度，不仅在中国政府制度演变史上缺乏任何积淀和思想基础，而且，延续了几千年的君主专制路径对制度转型过程中的创新理念、制度设计、革命方案等都具有强劲的约束力。中国制度转型的结果是创造性地移植民主制度，而不是像西方那样是古代民主制度的自然延伸和发展，就此而言，中国制度性超越的难度远高于西欧各国，也因此决定中国的制度性超越的任务还远没有完成，中国的政治文明建设任重道远。

四、篇章结构及其内容简要

该书总共分为五章，各章内容简要如下：

第一章导论，主要是对该选题所思考的和准备进一步讨论的问题，做些引入性论述，目的是既概要地介绍一些相关的前人的基本理论和观点，又能从中体现选题的学术价值，以避免“王婆卖瓜”式的意义说明。基本概念和研究范围的界定，以及提出基本假设，也是本章的重点之一，目的是保持逻辑的一贯性。

第二章简单介绍该书的研究方法和相关的理论。在对研究方法进行讨论式的叙述中，谈了作者对运用比较方法的方法论和具体技术性方法的看法，因为比较方法并不是简单地把两个对象进行排列就行，关键还是在于分析。在制度分析方法的讨论方面，侧重从政治学科来介绍和归纳，并谈了作者对马克思主义制度分析方法的看法。至于对西方制度分析方法的由来、不同学科的特征、不同流派的特点以及方法论评价，作者另有专门研究。在相关理论方面，主要论述了制度主义的路径依赖理论，包括客观路径理论和主观路径理论，并指出它们的局限性，最后引入马克思主义在这个问题上的学说，即社会发展理论和社会意识理论。

第三章讨论中西政府制度起源阶段的不同路径，揭示两条不同路径的表现和特征，分析中西形成不同政府制度的关键性原因。按照制度变迁和创新的路径理论，形成路径约束的因素可能有很多，既包括地理环境、气候条件、人口、生产方式、战争等客观因素，也包括制度起源阶段以及以后演进过程中的制度理念、思维习惯、价值观、意识形态等主观因素。本章主要探讨形成中西政府制度的客观因素，尤其是关键性的客观因素；主观因素安排在第四章讨论。本章的重点和创新点在于指出和分析中西古代政府制度的不同路径，并不是在形成阶段才出现的，而是在原始社会就已经出现了不同的路径特征。在形成不同制度路径的原因方面，也有作者的见解。

第四章是讨论政府制度演变的认知路径和思维路径。在认知路径方面，比较和探讨中西政府制度演变的政治权力认知、治国主体认知和社会结构认知。首先，人们对权力的来源、建立政府的理由、国家与社会的关系、家庭与社会的关系、宗教与政治的关系等的普遍看法，都会影响特定社会制度的形成，从生活习惯、处理关系的习俗的形成到规范、规则的制定以致法律制度的确立，无不渗透着人们的政治认知。在思维路径方面，侧重探讨中西政府制度设计的思维特点和差别。虽然并不是所有制度都是人为刻意设计的结果，但是，不管是制度的人为设计，还是制度的自然演变，都有人的作用在里面，最起码存在着人们对处理人与自然的关系、处理人与人的关系的方式的选择问题。而只要是人类的选择，就有选择的思维方式问题。因此，本章重点是从思考人与自然、人与人的关系为出发点，对人性的看法、处理关系的重心以及关心社会发展的重心等方面，比较中西古代政府制度的思维差别。

第五章是从实证分析的角度，比较中西古代形成的政府制度路径对以后制度变迁、转型和创新的约束。实证的内容包括：①欧洲中世纪时期的君主专制偏离西方古代政府制度路径之后，人们是如何争取恢复古代民主制度的，文艺复兴运动是如何复归古希腊的政治文明的，资产阶级革命又是如何进一步发展西方政治文明固有的政府制度路径的。②中国近现代政府制度的转型，这个例证是中国古代政府制度路径具有强大约束力最好地说明，也是任何制度路径边界都是可以突破的最好地说明，政府制度也是可以移植的，但无论如何突破，如何移植，约束边界的张力还在，只是逐步减弱而已。

第六章以结论的方式结束全文。作者从政府制度演变与整个人类社会文明发展之间的关系得出两点结论：①政府制度起源路径是早期人类社会演化的产物，但任何制度都凝结着人类对适应环境需要的规则性选择，因而我们的制度改革和创新既不能任意摆脱历史，也不能被动地延续历史。②政府制度路径是可以打破的，政府制度也是可以移植的，但反映不同制度的价值观不可能与制度的打破或移植同步消亡或植入，因而在制度移植的再创造上价值理性比工具理性更重要。

法学“科学主义”的困境

——法学知识如何成为法律实践的组成部分

刘 星

刘 星

刘 星，1958 年生，北京人。1985 年毕业于中山大学法律学系，1988 年毕业于中国政法大学研究生院。现为中国政法大学法学院教授。已出版《法律是什么》《一种历史实践：近现代中西法概念理论比较研究》《法律与文学：在中国基层司法中展开》等专著。在《中国社会科学》《法学研究》《中国法学》等重要学术刊物发表论文数十篇。

《法学“科学主义”的困境——法学知识如何成为法律实践的组成部分》发表于《法学研究》2004 年第 3 期，获广东省第二届哲学社会科学优秀成果奖论文类一等奖。

《法学“科学主义”的困境——法学知识如何成为法律实践的组成部分》主要探讨了法学“科学主义”存在的问题和法学知识的实践属性。作者认为，将法学知识视为“科学知识”存在学理上的困境。从法学知识学术运作的前提、过程、分析前见、资源支持、学术权力等角度来看，法学“科学主义”的努力是无法成功的。法律实践中，“法律”语词的争议性使用，尤其是探讨性使用，更凸显这种科学主义的困境，揭示法学“科学主义”困境的目的，不在于否定法学知识本身，而是为呈现其原有的实践品格，将法学知识视为法律实践的组成部分，提示法学知识生产者的重要实践责任。

该论文分为三个部分。第一部分，从历时法学角度，分析了法学知识学术运作的前提、过程、分析前见、资源支持、学术权力等问题，论证了法学知识和知识生产者主观因素、社会客观语境的不可避免的依赖关系。第二部分，从共时法学角度，首先，分析了法律实践中“法律”语词的感性使用，指出在感性使用之际人们是在不自觉地默认其含义；其次，分析了“法律”语词的探讨性使用，论证了在探讨性使用的过程中人们是存在争议的，正是因为存在争议，人们不可能认同“客观中立”的法学知识；最后，分析了法律实践中的“理论”和法律理论中的“理论”的异同及关系，论证了其相似性和互通性，以及后者是前者的隐蔽展开。第三部分，分析了法学知识正是因为无法避免价值立场、实践欲望，所以势必成为法律实践的组成部分；并且从微观来看，法学知识可以成为法律实践的论证资源，因此不仅事实上是法律实践的一部分，而且应该如此。而法学知识生产者有意识地注意到法学知识的“实践参与”，更是人文关怀和社会责任所在。

该论文核心思想是反对法学“科学主义”，主张法学知识的实践参与，推崇法学知识生产者的社会责任。成果创新之处是运用社会学的分析方法探讨了以往认为法学知识可以是“科学知识”的趋向所存在的问题，论证了法学知识本身就具有的实践导向的社会属性。

中国省级预算中的非正式制度：一个交易费用理论框架

马　骏　侯一麟

马　骏

侯一麟

马　骏，2019年至今，任中山大学党委常务副书记、副校长。2005—2019年，任教育部人文社科重点研究基地－中山大学中国公共管理研究中心主任。2004—2014年，先后担任政治与公共事务管理学院行政管理学系主任、院长助理、副院长、院长。主要研究方向为公共预算与财政管理、公共管理、国家建设、财政史、行政史。

侯一麟，美国锡拉丘兹大学（Syracuse University）麦克斯维公民与公共事务学院公共管理学硕士（1998年）、博士（2002年），教授，主要研究方向为公共财政与预算制度。

《中国省级预算中的非正式制度：一个交易费用理论框架》发表于《经济研究》2004 年第 10 期，获广东省第二届哲学社会科学优秀成果奖论文类一等奖。截至 2020 年 6 月被 CSSCI 刊物引用 71 篇次。

从 1949—1978 年，经济改革起步的绝大部分时期是计划经济占统治地位的时期，资源配置由经济发展计划决定，预算只不过是计划的反映。1999 年，中国开始了新一轮的财政改革，将改革的重点转到了支出管理，目标是重新构造预算编制和执行过程。公共预算作为资源配置过程受制度的约束。制度可以是正式的，也可以是非正式的。前者由法律和法规明确进行了规定，后者则没有。非正式制度虽然没有法律和法规的支持，但在某些时期或者某些预算体系中，却可能是最关键的预算制度。政治学家早就发现中国的政治过程充满非正式制度。同样，非正式预算在中国预算中已经存在多年。现有的预算文献主要研究正式的预算制度，这就使得我们不能真正理解那些非正式制度起主导作用的预算体系。因此，非常有必要研究以下三个问题：我国的公共预算过程中是否存在“非正式预算”，即由非正式制度控制的预算过程？如果存在，有哪些主要形式？形成非正式预算制度的制度动机是什么？对于这些问题，现有研究尚未做出回答。

根据作者近两年对我国省级预算的实际调查，运用交易费用经济学理论，文章研究了中国省级预算中非正式制度出现的原因及其主要形式。其主要观点是，中国省级预算中存在的非正式制度是省级政治中的政治家发展出来解决他们制定和实施预算合同时所面临的交易费用问题的。非正式制度包括三种横向非正式制度，即预算产权、部分等级制和完全等级制，以及围绕着这三种横向非正式制度而形成的“以关系为基础”的纵向非正式制度。

研究形成的政策建议是，改进中国公共预算中资源配置效率，不仅需要改革预算制度，还需要对政策和行政体制的某些方面进行改革。

这是第一篇研究中国省级预算中的非正式制度的论文，为中国预算本土理论构建奠定了基础。众多学者对这篇论文给予高度评价，著名经济学家杨瑞龙教授在《2004 年中国高校经济学研究的新进展》（载于《经济理论与经济管理》2005 年 7 月）对其进行选评，厦门大学财政系杨志勇完成的《2004 年中国财政学的发展回顾》一文将其列为 2004 年财政学领域的重要理论发展。

改土归流与地方社会权力结构的演变

——以贵州西北部地区为例

温春来

温春来

温春来，史学博士，中山大学历史系暨历史人类学研究中心教授。研究领域为明清社会经济史、西南民族史、历史人类学，著有《从“异域”到“旧疆”：宋至清贵州西北部地区的制度、开发与认同》《身份、国家与记忆：西南经验》，主编有大型学术性、资料性丛书《西樵历史文化文献丛书》《历史学田野实践教学的理论、方法与案例》。

《改土归流与地方社会权力结构的演变——以贵州西北部地区为例》发表于《中央研究院历史语言研究所集刊》2005年第6期，获广东省第二届哲学社会科学优秀成果奖论文类一等奖。该论文被《中国社会科学文摘》2005年第5期“论著精华”摘要刊发，并不断被学者所征引。

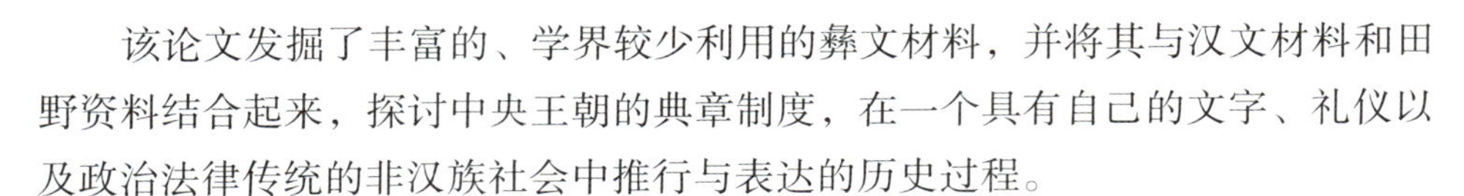

该论文发掘了丰富的、学界较少利用的彝文材料，并将其与汉文材料和田野资料结合起来，探讨中央王朝的典章制度，在一个具有自己的文字、礼仪以及政治法律传统的非汉族社会中推行与表达的历史过程。

该论文的贡献主要在于：

（1）以具体实例说明改流前后少数民族社会的实态特别是权力关系的变化，这是过往有关改土归流的研究所忽视的。既有的有关改土归流的研究，大致从社会形态更替、社会经济发展、文化进步等宏观的角度展开，并且大都或预设了生产方式演变的理论前提，或着重于描述先进生产力的发展以及先进文化在少数民族地区的推广，或流于泛泛而谈，或纠缠于社会进步与退步的价值评判。对改流前后少数民族社会的实态特别是权力关系的变化缺乏深入细致的实证性研究，使我们难以真正理解改土归流所带来的深刻影响。该论文以翔实的个案研究表明，必须切实弄清少数民族社会自身的制度与传统，及其与中央王朝的制度与传统间的复杂互动关系，才能把有关土司制度的研究推向深入。

（2）在一定程度上实现了对“王朝中心观”与“汉族中心观”的真正超越。超越“王朝中心观”，意味着在方法与材料方面对研究者提出了新的要求，因为现存有关南方少数民族的史料大都是汉人官员、文人们所留下的，带有强烈选择性、偏见甚至错误的一面之词。该论文在详尽搜集汉文文献的同时，大力发掘彝文材料，并借鉴文化人类学的一些方法，通过实地调查体会黔西北彝族的文化与传统，在田野中加深对相关彝、汉文献的理解。通过综合不同层面的历史表达，该论文重现了黔西北彝族的政治权力结构，并探讨其在元明清中央王朝开拓西南。

（3）以翔实的个案说明了少数民族的制度与中央王朝制度间错综复杂的关系。

《过秦论》：一个文学经典的形成

吴承学

吴承学

吴承学，1977年考入中山大学，先后获得文学学士和文学硕士学位，毕业后留校工作。1987年进入复旦大学攻读中国古代文学史，并获得文学博士学位，被分配到中山大学中文系工作。先后晋升为讲师（1990）、副教授（1992）、教授（1994）。2010年被聘为中山大学"逸仙学者"讲座教授。2019年被授予"广东省优秀社会科学家"称号。

《〈过秦论〉：一个文学经典的形成》发表于《文学评论》2005年第3期，获广东省第二届哲学社会科学优秀成果奖一等奖。该论文观点也多次被学术界与高校学位论文所引用和采纳。据"超星读秀"检索，该论文被引用69次。

《〈过秦论〉：一个文学经典的形成》共分为六个部分：①绪论；②从史学

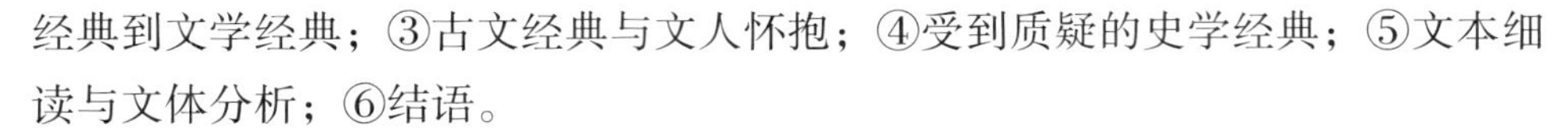

经典到文学经典；③古文经典与文人怀抱；④受到质疑的史学经典；⑤文本细读与文体分析；⑥结语。

该论文以汉代贾谊《过秦论》为个案，研究文学经典的形成及相关的理论问题。自汉代以来，《过秦论》是历代公认的文章经典，其文本固有的史论价值与文学价值是其成为经典的基础，而史学家与文学批评家的推崇以及后世审美风尚、社会风气等外在因素对《过秦论》经典地位的形成都产生了重要的作用。该论文尝试从文学经典形成过程入手，探索中国文学批评中一个新的领域：中华文化经典意识与审美价值经典观念的形成、流变与影响。

该论文是古代文学经典学的个案研究，为开辟古代文学批评研究的新领域——中华文化经典意识与审美价值经典观念的形成、流变及影响——这一工作进行有益的尝试。现有的中国文学批评史，主要着眼点在于批评家的独创性与理论个性，这固然重要，但是除此以外，还应当重视代表传统审美价值观念的、具有公共普遍性的文学经典意识。后者在目前尤其具有应对西学思潮挑战，维护并弘扬优秀传统文化核心价值观念的意义：西方后现代主义有关削平深度模式、去意义化、平面化等主张，其来有自，是西学思路演变的必然产物；但我们切不可以盲目跟风，从而解构经典文学意识和审美观念，倒是要下大功夫，深入探究文学经典的形成过程、影响并凸显其当代意义。该论文以《过秦论》为例，以翔实的史料，说明经典的形成是随着人们经典意识和审美观念的成熟，由不同时代的集体审美意识所合成，是理论家与一般读者共同创造的，反映出公共普遍性的审美价值观念和文学追求。

该论文是兼文学、史学与哲学领域的跨学科综合研究，也是文献学与文学批评的综合研究。从一个作品入手，收集大量文献，综合文史哲眼光，研究中国文学经典的形成过程。视角独特，以小见大。

中国文学经典学是近年来方兴未艾的新的学术领域。该论文自发表以来，较多受到古代文学学术界的关注。《文学评论》当期以本文作为重点稿件，并在《编后记》推荐说：“古代文学研究方面，特别应该提出的是吴承学的文章，他以《过秦论》为个案，探索文学经典的形成及其相关理论问题，尤其是着眼于社会公众心理等审美要求的研究独具慧眼。”本文发表后，先后被《人大复印资料·中国古代近代文学研究》2005 年第 8 期、《中国古代文学研究年鉴》（2005 年卷）、中国社会科学院文学研究所主办的中国文学网全文转载，还被《新华文摘》2005 年第 15 期“篇目辑览·文艺”收录。

竞争秩序的道德解读

——反不正当竞争法研究

谢晓尧

谢晓尧

谢晓尧，管理学博士，中山大学法学院教授、博士生导师，在《中国法学》《法学》《法学评论》《法律科学》等学术期刊上发表学术论文50多篇，主持并完成了教育部、司法部等部门的十多项科研课题，获得省部级科研奖励4项。

《竞争秩序的道德解读：反不正当竞争法研究》，谢晓尧著，由法律出版社于2005年4月出版。该书获广东省第二届哲学社会科学优秀成果奖著作类一等奖。

一

我国市场秩序混乱状况仍旧突出，制假卖假、虚假宣传、恶意诋毁等行为，严重扰乱了正常的社会经济生活。早在1993年9月我国就颁布《反不正当竞争法》，对典型的不正当竞争行为进行调整，但是市场竞争中的无序现象并没有从根本上得到遏制。一些人将此归咎于法律的不完善，如条文不具体、操作性不强，也有人认为是执法不力的原因。

其实，“正当”与“不正当”，竞争中“正当性”标准，首先是一个道德概念和伦理概念，我们几乎不能忽视法律建构与运行的道德基础。在市场经济的培育和演进中，有多少可资利用的道德资源？制度具有相关性，社会从法律制度中所能摄取的资源，在很大程度上取决于，社会为法律运行提供的可资利用的现行养分。市场经济的混乱无序，从更深层次上，绝非仅仅是一个经济问题或法律问题，而是一个道德问题，离开必要的道德资源和伦理基础，法律顶多是文本上的意义。

当经济生活中出现或大或小的症结时，我们通常冀望于法律，一旦法律未能较好地达到预期时，往往又会怀疑法律资源的价值，转而求助于习以为常的行政手段。可引以为证的是，我国每次在全国或地方范围内开展市场整顿和规范工作，大量涉及不正当竞争行为，却鲜少提及《中华人民共和国反不正当竞争法》（以下简称《反不正当竞争法》）。强调市场秩序形成中政府的作为，强化市场失灵的行政整治，当然是必需的。但是，这几乎又会产生一个误解，竞争秩序究竟是否是来自市场外部权威机关的人为设计和强加？政府有能力设计竞争秩序的“正当性”标准吗？秩序的形成与维护过分依仗政府的心态和做法，会导致对社会自发力和道德资源的怠慢和忽视，现实的困境是，近年来，政府的执法力度不谓不大，不正当竞争行为却并未从根本上得到遏止，违法行为被查处的概率也是非常低的。在执法资源非常有限的情况下，竞争秩序的维护决不能仅仅视为政府的分内事，必须有效地动员和整合社会资源。

二

社会共同体的存续，要求存在起码的共同信条。这一信条并非人类智识精心设计的结果，而是在市场自愿性交换中演变出来的，弗里德曼称之为：“通过一种与生物进化相平易的社会化发展起来的”，哈耶克将其视为一种自我生成的、“自生自发秩序”。人类的经济行为虽然源于私利的动机，但权利的认同与尊重，个人行为的克制与约束也具有“交换”或交易的社会化特征。市场交易的本质是它的非个人特征，分散、独立的利益主体，地位平等，频繁互换位置，更换角色，任何一个人的行为取向，都是与其他人的调适过程，人的行为模式在人与人关系的试探与试错过程中得以成长。这种互动、试探性交往过程演绎着“囚犯悖弈”的合作策略，每一个追求自利的人为谋求自身福利的最大化，必须对完全自私的行为做出某种克制和约束，转而尊重他人以换取他人对自己利益的同样尊重和认同。任何一方的投机主义，都会招致他人的报复和反抗，“以牙还牙”的结果是“负和效应”。更为严重的是，一个人作恶，就等于将自己与生存其间的社会整体对立起来，最终会导致社会的共同抵制而在人际合作的领域中被淘汰出局。

人际相互依存的“张力”会整合出一种特殊的秩序。社会成员在自利的追逐中，必须在各自的价值选择之间达成某种方式的谅解和兼容，形成某种统一和协调，寻找着和谐一致的共处方式，在此当中，习俗和道德等制度出现了。习俗源于单个的直接经验，这种经验经由他人验证后，得以扩散和流传，向其他越来越多的参与者“殖民”，形成常规性的行为模式，形成集体内的一种集体理性和共同知识，进而演化为惯例。一旦一个社会的大多数人已经接受了某一种行为方式，它便会成为新的社会常规，并使人们对之产生“应然感”，并养成近乎本能的遵守习惯，形成人的第二天性。这些规则能产生超越时代的价值尺度，表征着社会的共同精神特质，被视为“文化的黏合剂”，这种共享的价值使社会生活有序化成为可能。在分化的社会行动中，通过价值整合人的行为是最有效率的，而变幻不定的外部规则难以被了解，指导人的行动的效率较低、成本较高。

道德可被定义为习惯了的规则，“一种良心的习惯”，现代国家往往通过法律来支持或强化社会的固有道德，这正如罗杰·科特维尔所说的，“法起源于或者说应该起源于民德，民德渐渐演化为法律”。民俗与民德随着生活状况的改变而逐渐变化，但是几乎没有可以通过有意识的行为而使它们发生根本性改变的余地，立法必须在原有的民德中寻找立足点——立法为了自强必须与民德一致。竞争秩序是在人际互动过程中催生的，而不是一个由外部力量制造出来的组织秩序，目前，在绝大多数国家的反不正当竞争法立法中，几乎都使用了大致相同的规范性而非描述性的一般性道德条款，如“诚实交易惯例”（比利时、卢森堡），“诚信原则”（西班牙、瑞士），“职业道德”（意大利），“善良风俗”（德国），等等。《保护工业产权的巴黎公约》将其界定为“凡在工商业事务中违反诚实的习惯做法的竞争行为”；《发展中国家商标商号和不正当竞争行为示范法》将其界定为“违反工业或商业事务中诚实做法的任何竞争行为”；世界知识产权组织《关于反不正当竞争保护的示范规定》将其表述为“在工商业活动中违反诚实的习惯做法的行为或做法”。各国的经验表明，竞争秩序有着深厚的道德基础，它的产生源自商人对诚信行为的追求，它的任务在于对商业伦理的捍卫，它的适用以既存的道德标准为尺度。在两者的关系上，一定的社会道德要付诸法律的表达方式，使内生性制度转化为外生性制度，借此获得强制性和更高的权威性；同时，反不正当竞争法只有纳入特定的道德框架中，才能够获得确切的内容，才是可理解和具体适用的。

三

市场秩序在很大程度是耦合秩序，竞争规则并非理性构建主义所能精心创造，而是参与者在长期的利益博弈中，不断试错、日益积累艰难获致的。立法者尽管可以将已然形成于市场的商业道德诉诸文字，形成规则，但是，面临几方面的问题：有限理性使然，并非所有的秩序都能阐明，并诉诸文字去表达；阐明的规则未必能真实反映其实际的情况；规则的立法表达难以避免外部权威的干预；经济生活、道德、价值都处于流变之中，难以固化。

商业精神其包含的追求创新、挑战风险，不确定性会给现存的伦理、规则带来冲突和挑战。竞争首先是一个市场问题，应当交由市场去解决，尊重其自身试错、修复和调适性进化的规律。企图以立法规则取得市场自身自发的秩序，一方面会干预市场，另一方面会阻却多元化的知识来源，妨碍经验知识多样性的探求。外部规则对市场的干预，有立竿见影的政策功效，但是，非即时性的不良后果，却容易被忽略，难以纳入成本的估算之中。如果不保持自由度，予以适当的试错空间，一些行为极其容易误判，其有可能带来的好处会为社会所忽略。[①] 竞争的条条框框过多，既加大了交易的制度成本，也会扼杀和

---

① 按照哈耶克的观点，“与那些专做恶事的人相比，那些决定使用强制性权力以消除道德罪恶的人，实在导致了更大的损害及灾难”。“私域内部的行动是否属于道德的问题，并不是国家进行强制性控制的恰当对象。”［英］弗里德里希·冯·哈耶克：《自由秩序原理》，邓正来译，生活·读书·新知三联书店1997年版，第180页。

阻止一些创新行为，妨碍制度知识的学习与探索。理想的制度安排是，立法既要保持秩序威慑上的适度压力，又要保持制度的足够弹性和柔韧度，容许商业生活中的创新和试错，维系商业道德、价值观和法律自身演进规律。反不正当竞争法本质是法律原则之法。

法律原则具有极强的制度弹性，回应市场的需要。法律原则诉诸商业伦理规范，与竞争参与者的价值观和社会共识相一致。原则意味着变通和权衡，“法律原则是用‘应当’来陈述的”①，具有极大的“议价”空间与回旋余地，按照哈耶克的说法，“这些道德规范和惯例将在一般意义上被遵守，而不是说一律要遵守，但是这种知识仍将提供有益的指导，而且还能够减少不确定性。尽管这类规范的尊重并不能够完全杜绝人们做一些为这些规范所反对的事情，但是对这些规范的尊重却会将‘失范’行为限制在下述范围内，即违反这些规范对于行动者来说具有相当重要的意义。有时候，这些非强制性规范可能只是一种试验，它们可能会在日后不断的修正过程中渐渐发展成法律。然而，更为经常的情况是，它们将为那些多少不为人们意识的习惯提供了某种弹性的根据；我们可以说，对于大多数人的行动而言，这些习惯起着一种指南的作用。就整体来讲，这些调整社会交往和个人行动的惯例和规范，并不会对个人构成严重的侵犯，相反，它们能够确使行动达致某种最低限度的一致性；无疑，这种最低限度的一致性，将有助于个人之努力，而不会阻碍个人之努力”。②

法律弹性的另一面相是宽容，宽容是私法的基本品性。法律原则意味着适切性权衡，为法律禁止的行为，必须是社会共识中能够容忍的限度。由于按照原则判案具有高度复杂性和不确定性，尽管理论上可以提取相互并列的经验命题进行选择，但是不确定性下的司法决策，实际上是对竞争者进行了“无辜假定”：“建立在道德基础之上的法律必须不时地假定人们是无辜的。”③ 这非常类似于无罪推定，其实质是对非法的竞争行为提出了更高的证明标准和更强的论证理由。这无异于一道“防火墙”，防止外部规则对市场内部秩序的侵

---

① ［美］迈克尔·D. 贝勒斯：《法律的原则——一个规范的分析》，张文显等译，中国大百科全书出版社 1996 年版，第 13 页。

② ［英］弗里德里希·冯·哈耶克：《自由秩序原理》，邓正来译，生活·读书·新知三联书店 1997 年版，第182 页。

③ ［美］亨利·马瑟：《合同法与道德》，戴孟勇、贾林娟译，中国政法大学出版社 2005 年版，第 75 页。

入。美国学者戴森在追问“生命为什么如此复杂”时指出，复杂比简单重要，生理平衡比复制重要，细胞的适应力比基因的独裁重要，整体容忍误差的能力比每部分的精确重要，复杂开放的生命更强韧。[①] 竞争制度同样如此，竞争秩序需要来自其内部博弈中催生的适应力，社会应当对竞争中出现的问题保持适度的容忍。

法律原则的司法适用，是寻求商业行为道德论证的过程，既是现有道德资源的利用，也会影响商业伦理的生成格局，前者是解释性的，后者是干预性的。司法有必要保持最大谨慎和克制，充分顾及不同产业、市场主体的需要，考虑道德生成的博弈主体、时间长度、广泛性，市场自我修复的可能性和代价，对消费者的影响、社会收益和成本，其他替代性措施。司法保持适度的克制，是对市场的最大尊重，真正的商业道德是在激烈竞争中形成的，各种阵痛是市场的正常生理现象，司法不能过多干预和包办。竞争越充分，我们吸取商业伦理的可能性就越大。哈耶克告诫我们：“法官的工作乃是在社会对自生自发秩序赖以形成的各种情势不断进行调适的过程中展开的，换言之，法官的工作是这个进化过程的一部分。”“法官的任务只有在自生自发的且抽象的行动秩序内部才具有意义，比如市场形成的那种行动秩序。因此，法官肯定是保守的，当然这只是在下述意义上而言的，即他不能致力于任何一种不是个人行为规则决定的而是由权力机构特定目的决定的秩序。”[②]

四

道德原则的法律化，扩大了权利来源的正当性依据，尤其是在知识产权法领域，实现了权利从法定主义到客观主义的扩张。

传统知识产权法具有有限适用性，以商业符号为例，商标、商号的保护通常限于特殊标记，保护的基础是注册或登记，对非注册商标的保护极为有限，仅限于保护驰名商标；保护范围以竞争性使用为限，不存在竞争关系的非相同或相似商品，或不属于同一行业领域和行业的不予保护。在反不正当竞争法中

---

① ［美］F. J. 戴森：《全方位的无限：生命为什么如此复杂》，李笃中译，生活·读书·新知三联书店1998年版，第82页。

② ［英］弗里德里希·冯·哈耶克：《法律、立法与自由（第一卷）》，邓正来译，中国大百科全书出版社2000年版，第185、187页。

权利得以扩展，从权利来源的法定性转向重视权利来源的道义性，表现为：保护客体无论注册、登记与否，只要著名就保护，如《保护工业产权的巴黎公约》《班吉协定》《发展中国家商标、商号和反不正当竞争行为示范法》《关于反不正当竞争示范规定》对商标、企业名称的竞争法保护并不以注册、登记为限。在保护范围上，从竞争领域扩大到非竞争领域，商标不要求他人在竞争性产品即相同或相似商品上使用，企业名称在同一行政区域和行业不要求作相同或相近的使用。保护内容拓展到凡是能够借此传递有关企业及其产品（服务）信息、具有显著特色和商业吸引力的符号、徽记、徽标、标语、广告短语、别称等；商业包装，包括诸如工作服装、店铺风格等商业包装；以及名人和著名虚构人物，即“商品化权”。

反不正当竞争法的上述扩展是为了克服知识产权立法权力救济上的缺陷，作为一种补充性保护机制出现，目的在于当知识产权法不能有效地提供保护的情况下，能构筑权力维护的第二防线，提供一种补救性救济。有学者形象地形容，反不正当竞争法是对既有知识产权法管不着的地方“兜底”，知识产权法好比是海面上的“冰山”，而反不正当竞争法则是“托着冰山的海水”。①

在我国，权利来源的法定性受到极大的重视，并倾向于绝对化和僵硬化，权利来源的伦理基础和法理依据是什么，缺乏过多的追问和思考。在产权的界定上，重视产权的静态描述，将其视为可以清晰描述和测量的，忽视其为产权的动态运行中的多样化表现形态。囿于绝对的法定主义产权观，现行生活中，许多著名商标、知名企业名称得不到有效保护，假冒伪劣产品泛滥，虚假广告成灾，“搭便车”的行为极为盛行。在立法上，我国的现行《反不正当竞争法》的缺陷在于，它不能为现行知识产权法提供有效的补充性救济，表现为：对商标的保护仍以注册为限，对商号的保护以登记为限，保护的范围仍局限于竞争性商品，保护的功能仅限于识别，保护的客体奉行极为严格的准则主义，未能将更为广泛的内容纳入其中。

以“诚实信用”“善良风俗”等一般条款作为评判不正当竞争行为的价值标准，扩大了私法义务创设严格法定主义的行为模式，在道德标准的考量下，

---

① 参见郑成思《反不正当竞争法在国内外的新发展》，载《知识产权法研究》1998年第6卷，第98页；孔祥俊《反不正当竞争法的适用与完善》，法律出版社1998年版，第5页。

一些不在法律明文禁止之列的行为，只要其行为的性质与程度和公认的道德或习惯格格不入，就都是不正当的，从而为法律所否认而被禁止。《关于反不正当竞争保护的示范规定》规定："除第二至六条提及的行为和做法以外，凡在工商业活动中违反诚实的习惯做法的行为或做法亦应构成不正当竞争的行为。"美国《侵权法重述》也特别强调："列出所有的不正当手段是不可能的。总的来说，他们是低于一般商业道德标准和合理行为准则的手段。"

有学者将民事权利分为三种：法定权利、约定权利和剩余权利。法律一般条款指导权利的行使，禁止权利利用原则指导法定权利的行使，诚实信用原则指导约定权利义务的行使，公序良俗原则指导剩余权利的行使。权利行使要符合一般条款的原则，不得违背其精神。一般条款具有矫正权利行使不当的功能，指导权利义务的行使，兼顾一般正义与个别正义，以弥补禁止性法律规定的不足，因而一般条款具有弥补法律的功能。如果说，对国家实证法而言，实证法上虽然没有明确规定为法定权利但又不禁止的，都可以做，称之为"剩余权利"，那么一般条款意味着"剩余义务"，尽管实质法上没有规定为具体义务，但基于理性，也负有义务，只不过这种剩余义务是以一般条款的形式出现的。一般条款避免了国家实证法与社会规范的隔膜，也避免了实证法与自然法的隔膜，起到了"导管"的功能，在必要时，能及时把社会规范导入正式的法源，使法律与社会生活经验相结合，以适应复杂多变的情况。从价值上讲，一般条款是一个理性检验器，社会规范导入法源与国家规范导出法源，要经过一般条款的合理性检验，以反映社会价值观念和价值标准的发展变化。①

五

反不正当竞争法与法院的司法判案紧密地联系在一起。从其起源看，不公平竞争法这一概念大约在 1850 年首次出现于法国，法国法院在《法国民法典》第 1382 条包含的一般条款的基础上，制定出一套综合有效的不公平竞争法律制度。从反不正当竞争法的适用看，反不正当竞争法具有条文简略、言词宽泛的特点，大量使用了"正当""合理""实质性""本质非法"等语义不确定的词语，这是经济生活多样性、复杂性和易变性的一个缩影。什么行为不

① 宋在友：《法律一般条款与正当法律程序》，载张桂琳主编《政法评论》（2002 年卷），中国政法大学出版社 2002 年版。

道德是不正当的，这纯粹只是一个需要解释的问题，而且它并无固定不变的公式与答案，它必须在具体的个案中才能得以解决，正如《关于反不正当竞争保护的示范规定注释》第1.02条指出的，反不正当竞争决定性的标准是这种行为“违反诚实的习惯做法”，“这一概念将需由有关国家的司法当局来解释”。世界知识产权组织国际局的报告指出，不正当竞争法的成功“主要依赖于法院对它的解释”，“它若不由法院推动，也会是无效的。在不断变化的竞争世界中，就连最有预见力的立法者也无法预测未来不公平市场行为的所有形式，而必须依赖法院对法律的解释。所以许多国家在设立规制某些市场行为的明确条款的同时，还补充了允许法院将不公平竞争市场行为的新形式涵盖在总的法律体系中的一般条款”。①

在我国，法院处理这一领域的案件，面临巨大的困难：道德资源的贫乏成为司法中的瓶颈，“巧妇难为无米之炊”，在尚无已然形成的“内在规则”下，法官缺乏去发现与阐释的“读本”；法官的思维方法、逻辑证立、解释手段，难以形成释读社会道德的知识能力；缺乏案例类群、学理研究、案例引证等技术保障；等等。

由此导致了一些较为极端的做法。一种做法是，原则问题“原则化”处理，大而化之，未经说理和具体化，径行依法律原则判决。即使一些法院有所说理，也多为道德大词的闪烁，法律游离在虚无缥缈之间，缺乏经验命题的“深度挖掘”，无法真实探明道德规范的内核和结构。

另一种做法更需要引起警惕：道德问题“典律化”、原则问题“普适化”。在法官缺乏道德释读能力的背景下，最高人民法院或者上级法院存在做出某些指引的冲动，希望以司法政策、典型案例、指导意见等方式，统一尺度。由此会带来一些隐忧：经验知识是在试错和探索中日臻完善的，维系分散知识的竞争性产生，有利于提高裁判水平，统一原则的适用标准，导致了竞争性知识的输出，纠错成本会更高，前面有关“模仿”“经济人”等问题，就是典型的例子。

较为实际和可行的做法是，回归司法常态，从解决案件的技术性手段方面下功夫，比如，加强法官法律解释、逻辑推理和说理论证的训练，裁判文书的

---

① 世界知识产权组织国际局：《世界反不当竞争法的新发展》，载漆多俊主编《经济法论丛》（第1卷），中国方正出版社1999年版。

公开，建立案例类群，重视经验命题的提取和累积，加强专家证人、社会调查、法庭之友、专家辅助人等公共协商机制的完善。

多元化利益的维护与其救济制度紧密联系在一起。经济合作与发展组织（Organization for Economic Co-operation and Development，OECD）《竞争法框架》在有关“反不公平竞争”问题上指出，竞争法应以私人诉讼的方式来实施，立法应当为此提供制度上的便利。为保护消费者，许多扩张了竞争法的救济机制，赋予更多的利害关系人诉权。在德国，行为人违反《反对不正当竞争法》，受到损害的竞争者，可以提起请求禁止令的诉讼和损害赔偿的诉讼，以促进经济利益为目的的团体、各种消费者组织、其他竞争者和任何消费者都可以提起请求颁布禁止令的诉讼。在美国，对违反托拉斯法造成的威胁性损失或损害，任何人、公司、联合会，无论是竞争对手还是普通消费者，都可以提起赔偿诉讼或获得禁止性救济。世界知识产权组织（World Intellectual Property Organization，WIPO）《关于反不正当竞争保护的示范规定》规定：“凡遭受或可能遭受不正当竞争行为损害的自然人或法人，应有权得到……中提及的补救”，即包括消费者和消费者协会在内。

消费者权利被视为一种“易腐”的权利，由于信息的不对称，消费者不可能都知道权利受损，同时，权利的主张和满足需要花费成本，消费者势单力薄、议价能力偏弱，加上风险因素的考虑，大量的消费者对权利的实现望而却步。当全体受害的消费者只有部分索赔并受到补偿时，就会出现“履行差错”，导致不法分子的“责任概率”下降。要有效地制止不正当竞争行为的高频率发生，就必须广泛动员消费者行使权利，加重其违法行为的成本负担，使其变得无利可图。为此，一些国家对不正当竞争行为实行数倍的惩罚性赔偿，这一制度安排的妥当性在于，对个别消费者为全体成员的利益行事，必须在成本与收益上做出回应，使消费者付出的成本和可能得到的收益内部化，激励消费者从事公共事宜。

市场一体化与区域协调发展

徐现祥 等

徐现祥

徐现祥，经济学博士，中山大学岭南学院经济学教授。研究领域为中国经济增长、地方官员行为、商事制度改革等，主持过国家社科基金专项、国家自然科学基金等多项国家级课题；论文发表于《经济研究》等杂志；政策研究报告获得国家领导、省部委领导等多次批示。

《市场一体化与区域协调发展》发表于《经济研究》2005 年第 12 期，获广东省第二届哲学社会科学优秀成果奖论文类一等奖。

改革开放以来，我国地方市场分割问题一直比较突出，而建立全国统一开放的市场是我国经济转轨中的最重要目标之一。另外，改革开放以来，我国创造了经济增长奇迹，但增长中的差距却不断拉大，如何实现经济协调发展是我国当前急需解决的一个重大问题。因此，一个有意思的问题是，逐步消除地方市场分割、建立全国统一开放的市场体系（或说国内市场一体化）是否有利于我国早日实现区域协调发展。

市场一体化与地方市场分割是一对相对应的概念，从一定意义上说，建设全国统一开放市场的过程就是逐步打破、消除地方市场分割的过程。地方市场分割主要是指一国范围内各地方政府为了本地的利益，通过行政管制手段，限制外地资源进入本地市场或限制本地资源流向外地的行为，一直为国内外学者所关注。

现有文献把地方市场分割归因于行政性分权，隐含着市场的边界是地方的行政边界。其实，区域都是有边界的，比如省界，就是历史上长期形成的行政区域管理的界限。在这个界限内，存在行政管理的一致性、经济政策的一致性，构成一个天然的关于发展条件、政策的一致性空间。在区域经济市场一体化的过程中，省际边界具有重要的影响。由于我国存在行政区经济现象，地方政府都追求行政区域边界内的利润最大化。在这种情况下，省界成为缩小省区经济增长差距，实现省区协调发展的主要障碍。因此，打破省际边界，实现跨省区协调往往成为区域市场一体化的主要目标，比如我国长三角、珠三角一体化进程的实践。基于此，本文从行政边界的视角考察市场一体化进程，分析市场一体化在区域经济协调发展中的作用。

在理论上，本文证明，当地方市场分割时，行政边界不仅是一条地理界线，还是地方政府分割地方市场的边界，从而把地方市场分割引入 Barro 回归方程，提供了一个定量分析地方市场分割（市场一体化）影响区域协调发展的新方法。在实证上，以长三角城市群为样本，定量分析地方政府自愿成立协调组织、主动推动市场一体化进程对地区协调发展的影响。我们发现，在1990—2002 年间，市场分割确实阻碍了长三角地区的协调发展，但随着地方政府自愿成立协调组织、主动推动市场一体化进程，市场分割对区域协调发展的阻碍作用已下降了近 50%。

大陆台资 IT 产业结构演变研究
——一个系统框架

杨建梅　马凤彪

杨建梅

杨建梅，自动控制理论与应用专业博士、二级教授、博士生导师。1946 年生，1969 年本科毕业于哈尔滨工业大学。曾任华南理工大学管理科学与工程学科领头人、广东省普通高校人文社会科学重点研究基地华南理工大学新型工业化发展研究所所长、广东省系统工程学会副理事长、中国社会学会社会网与社会资本专业学会副理事长等。享受国务院政府特殊津贴专家。

《大陆台资 IT 产业结构演变研究：一个系统框架》，杨建梅等著，由经济科学出版社于 2004 年 10 月出版，是国家社会科学基金项目的研究成果（项目编号：01BJY023），研究开始于 2001 年，属系统及复杂性与产业及管理的交叉学科。接中宣部全国社科规划办 2004 年 8 月 3 日通知，称该成果入选《成

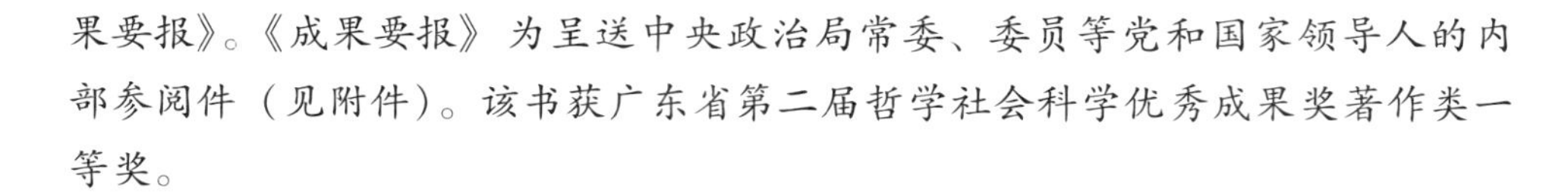
果要报》。《成果要报》为呈送中央政治局常委、委员等党和国家领导人的内部参阅件（见附件）。该书获广东省第二届哲学社会科学优秀成果奖著作类一等奖。

一、引言（研究意义）

该书研究台商在祖国大陆投资中形成的 IT 产业（简称台资 IT 产业）的产业结构问题，具体探讨其演变的过程、规律与动因。书中的产业结构包括产业的区域结构、投资结构、产品及技术结构、层次结构与贸易结构等。研究的目的是给政府制定相关产业政策提供参考，并为推动台湾与祖国大陆 IT 产业的互动发展提供启示。

该书研究的问题是“从真实世界来的”，而不是“从书本上来的”，故具有实践意义。

IT 产业是 20 世纪后期提高一个国家全球竞争力的最为重要的产业之一。如今 IT 产业在我国东南沿海地区正由先导产业变为主导产业，而且根据台湾资讯工业策进会（简称资策会）和电脑产业协会的统计，2000 年大陆已取代台湾成为世界第三大电脑硬件制造中心。

大陆 IT 产业的发展与台商的投资是分不开的。台商对大陆 IT 产业的投资有三次热潮，分别起始于 1989 年、1992 年、1998 年，集中开始仅是珠江三角洲的深圳与东莞，接着是珠江三角洲（简称“珠三角”），然后是长江三角洲（简称“长三角”），第三次热潮中还出现了一些企业从珠三角向长三角的转移，所以，大陆台资 IT 产业的区域结构是处于不断变化之中的。另外，2000 年台湾 IT 产业 48% 的产值转移到大陆生产，只有高科技含量的所谓“金元”部分还留在台湾，所以，大陆台资 IT 产业的产品及技术等结构也处于升级之中。由此看来，大陆台资 IT 产业结构的演变，的确是真实世界中存在的问题。由于台资 IT 产业的“含金量”以及其从珠三角到长三角的转移，已经成为政府尤其是珠三角政府及台资 IT 企业 2000 年最为关心的问题之一，因此从实践上来看，台资 IT 产业结构的演变具有研究意义。

另外，按照系统结构决定系统功能的原理，产业结构决定着产业系统的功能即绩效，所以从理论上来看，这也是最有研究价值的产业问题。

除了上述研究问题本身的意义，该书提出了一个分析产业结构演变的、从产业结构到产业组织再到产业政策的系统分析框架；建立了基于复杂适应系统及演化博弈理论的多 Agent 仿真模型研究产业组织问题；采用了 Warfield 管理复杂性方法分析产业政策中存在的问题，因此，具有产业经济与系统、复杂性学科交叉的特点，这个特点，使该书对产业经济学的研究方法论及方法也具有理论探讨意义。

二、研究思路（观点、方法与具体思路）

下面介绍该书的研究观点、研究方法，然后介绍基于这些研究观点与方法的具体思路。

（一）研究观点

经过长期的实践与思考，我们认为：

（1）对经济管理问题来说，与从理论出发采取演绎方法的规范研究相比，从实际出发采取归纳方法，发现并解释现实的实证研究（广义）更为重要。

（2）从上一观点可以得出，基于实证的演化研究比基于规范的优化研究更为重要。

（3）从系统的观点来看，产业结构是系统整体层面上涌现出来的结构形态，这个宏观的结构形态，取决于微观要素层面上的企业相互作用的行为；而企业的行为不仅具有惯性即“路径依赖性”，还具有对环境的适应性，产业政策就是台资 IT 企业要适应的最主要的环境因素。

（4）产业结构的演变是由以企业行为为核心的产业组织的演变决定的，而产业组织的演变又受制于产业政策的变化，因此，分析产业结构的演变应从产业结构—产业组织—产业政策方面逐层深入进行。

（5）奥卡姆剃刀原理，用尽量简单的方法来研究问题。

（二）研究方法

先通过文献研读、资料收集，对台资 IT 产业结构演变及相关产业组织等问题进行初步研究，然后通过案例进行深入研究。在深入研究中，除了常规方法，还使用了以下方法。

（1）认为任何组织都具有物理与利益两种结构，即硬结构与软结构，提出了企业网络硬结构的静态与动态及软结构的静态与动态的分析方法，并用之剖析了东莞台资 IT 企业集群的产业组织问题。

（2）认为企业是有限理性的，博弈对手是不固定的，所以用演化博弈而不是经典博弈方法，以在珠三角、长三角都有投资的台资电脑电源中小企业为对象，对台资 IT 企业重点投资地区的行为进行了仿真。在仿真中，基于企业集群竞争力的模型，使用了 Agent 仿真技术。

（3）用 Warfield 的管理复杂性方法，以东莞为案例，探讨与台资 IT 产业相关的产业政策问题。

（三）具体思路

具体的研究思路是，先揭示台资 IT 产业结构演变的历程及规律，然后深入产业组织，再深入产业政策层面探讨其演变的动因。最后对大陆相关的产业政策提出了建议（见图 1）。

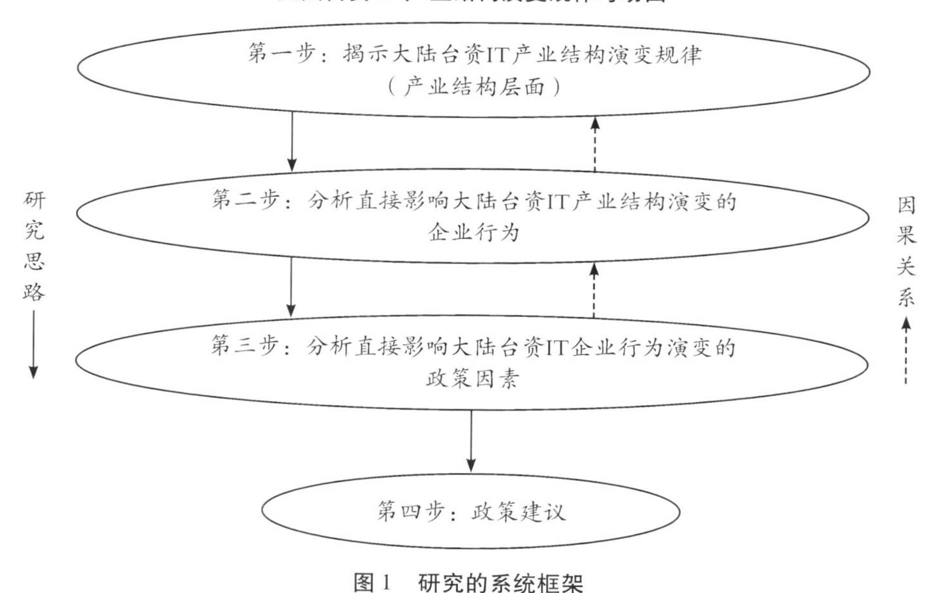

图 1　研究的系统框架

三、研究内容

研究分为六个部分：

第一部分，概论；第二部分，台资 IT 产业结构演变；第三部分，台资 IT

产业结构演变的产业组织分析；第四部分，东莞台资 IT 企业集群的产业结构及产业组织分析；第五部分，台资 IT 企业投资行为仿真；第六部分，产业政策研究：演变、复杂性及政策建议。第二与第三部分属于初步研究，第四与第五部分属于深入研究。

研究内容及各部分关系如图 2 所示。

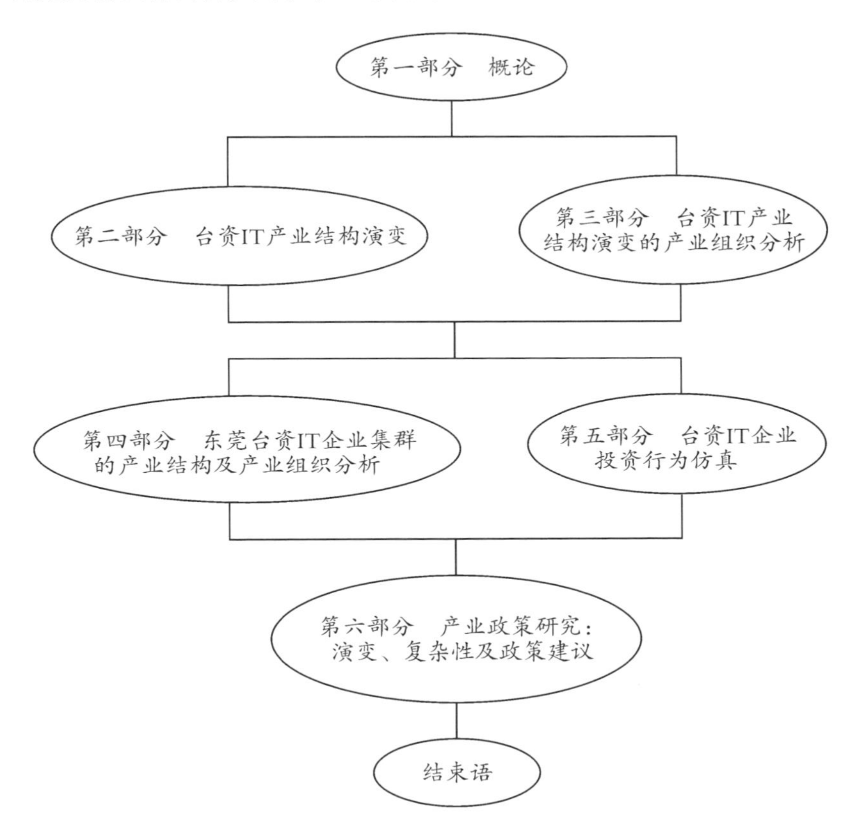

图 2　研究内容及各部分关系

四、理论创新和学术价值

（一）选题的创新与价值

对经济与管理专业来说，研究来自真实世界中的问题，比来自书本中的问题更有可能导致知识发现，也更有实践意义；进一步地，基于实证的演化研究

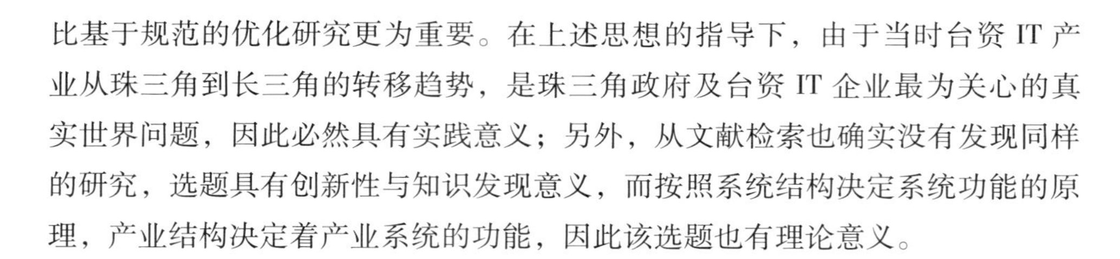

比基于规范的优化研究更为重要。在上述思想的指导下，由于当时台资IT产业从珠三角到长三角的转移趋势，是珠三角政府及台资IT企业最为关心的真实世界问题，因此必然具有实践意义；另外，从文献检索也确实没有发现同样的研究，选题具有创新性与知识发现意义，而按照系统结构决定系统功能的原理，产业结构决定着产业系统的功能，因此该选题也有理论意义。

（二）产业结构研究框架（方法论）的创新与价值

传统对产业结构、产业组织的研究是分开进行的。该书认为：首先，产业结构是系统整体层面上涌现出来的结构形态，这个宏观的结构形态，取决于微观要素层面上的企业相互作用的行为；而企业的行为不仅具有惯性即“路径依赖性”，还具有对环境的适应性，而产业政策就是台资IT企业要适应的最主要的环境因素。其次，产业结构的演变是由以企业行为为核心的产业组织的演变决定的，而产业组织的演变又受制于产业政策的变化，因此分析产业结构的演变，可沿产业结构—产业组织—产业政策的次序、一层一层地逐层深入进行。

基于上述认识，本书给出了一个分析产业结构演变的、从产业结构到产业组织再到产业政策的整体框架，这个系统框架，不仅在产业结构的研究方法论方面具有理论创新意义，而且更为重要的是，它具有新的洞察力。

（三）产业结构研究方法的创新与价值

方法不同于方法论，指的是更微观的建模、仿真与分析的技术。

（1）以在珠三角、长三角都有投资的台资电脑电源中小企业为对象，建立基于复杂适应系统及演化博弈理论的多Agent仿真模型，来分析台商重点投资地区的决策行为。以往的Agent建模，用抽象的“格子”代表环境，经济意义缺失，而本书用企业集群竞争力的GEM模型刻画Agent的环境，经济意义明确，仿真模型因此更具信度与效度。

（2）用Warfield管理复杂性模型分析东莞对台资IT的产业政策。由于政出多门，东莞相关的产业政策互相矛盾，此模型可分析各种政策的逻辑制约关系，并从中找出源头问题。

（3）认为任何组织都具有物理结构与利益结构，提出了企业网络组织两种结构的静态与动态分析方法，并用之剖析了东莞台资IT企业集群的产业组织问题。

以上三个模型都没有类似文献，具有创新性与较大的实践意义。

（四）研究结论的知识发现意义

研究发现的大陆台资 IT 产业尤其是东莞企业集群的产业结构、产业组织演变的特点、规律及动因，以及相应产业政策的变化及存在的问题，具有知识发现的价值。此外，研究中对大陆台资 IT 产业大量调查所得的资料，也有进一步知识挖掘的价值。

五、学术影响或社会效益

该书被政府等部门引用数次，而相关的论文被学术界引用较多。

（一）学术影响

截止报奖时间，与该书相关的学术论文被中国人民大学复印报刊资料转载 2 篇，外文论文被三大索引检索 4 篇，CSSCI 检索 7 篇。被国内权威企业集群专家关注并来信索要 1 篇。而相关的中文论文被引用 111 次。东莞企业集群的产业结构剖析等论文在国内相关学术领域享有较高知名度。

（二）社会效益

该书曾被拟报中宣部全国社科规划办向中央政治局常委、委员等党和国家领导人呈送供内部参阅，还多次被地方政府及有关部门采用、参考和推荐，其中包括：东莞沙田镇人民政府、佛山市禅城区科技局、广州市南沙区经济与发展局，以及东莞市对外贸易经济合作局、东莞市质量技术监督局的有关部门。另外有关研究部门和学校，如东莞市质量技术监督标准与编码所、东莞理工学院的有关部门和东莞市石龙镇职工业余中学等，曾以该书作为教材或辅助资料培训人员。

唯物史观视域中的“以人为本”
——兼与张奎良教授商榷

叶汝贤

叶汝贤

叶汝贤，我国马克思主义哲学史学科的重要开创者。叶汝贤教授在全国高校中率先开设马克思主义哲学史课程。1981 年，叶汝贤教授参与撰写了我国第一部马克思主义哲学史统编教材《马克思主义哲学史稿》，并参与统稿和定稿。1985 年，叶汝贤教授出版了我国第一部马克思主义哲学专门史著作《唯物史观发展史》，贡献了马克思主义哲学史领域专门史研究的一个典范。叶汝贤教授在马克思主义唯物史观基本问题研究、人道主义历史观研究、马克思主义哲学与中国现代化研究等方面深有建树。1999 年，叶汝贤教授任中山大学马克思主义哲学与中国现代化研究所首任所长，该所在叶汝贤教授主持下于 2000 年被批准为“教育部人文社会科学重点研究基地”。2007 年，叶汝贤教授被聘为中央“马克思主义理论研究和建设工程”马哲史课题组首席专家。

《唯物史观视域中的“以人为本”——兼与张奎良教授商榷》发表于《哲学研究》2004 年第 10 期，获广东省第二届哲学社会科学优秀成果奖论文类一等奖。

把“以人为本”作为科学发展观的本质和核心，是治国理念的重大突破。这对中国现代化事业的发展、中国历史的发展，将会产生巨大的影响，在实践上具有里程碑意义。但是，如何理解“以人为本”，例如，能否说“以人为本”是科学发展观的出发点和落脚点，是其本质和核心；如何理解“以人为本”的内涵，这个“人”指的是“类”意义上的，还是指的“民”；“以人为本”是历史观还是价值观，它同人本主义是什么关系；等等。对这些问题理论界分歧很大。这些分歧表明，如何理解“以人为本”关系如何正确理解和把握科学发展观。

有一种意见认为，“以人为本”是一个人本主义命题，或者说就是人本主义。持这种观点的有两种情况：一种情况是对人本主义持批评态度的，不赞成把“以人为本”作为科学发展观的本质和核心；另一种情况是对人本主义持肯定立场，认为“以人为本”不仅仅是一种治国原则，它还应该是一种哲学，一种“人”具有本体论意义的哲学，科学发展观就是这种哲学的贯彻。这两种意见是对立的，但在对“以人为本”的解释上却是一致的。然而，把“以人为本”等同于人本主义，把它看作科学发展观的理论基础，在理论上没有任何根据。

中国共产党的指导思想、发展观的理论基础是马克思主义，是辩证唯物主义和历史唯物主义。“以人为本”的发展观也不例外，它反映了中国现代化建设进程的需要。这个发展观的核心“以人为本”，本身就是历史唯物主义的一个根本原则。唯物史观讲的“以人为本”同人本主义哲学讲的“以人为本”有什么差别。两者差别的关键是对“人”的理解不同。这种不同决定了两种“以人为本”的不同性质，决定了“本”的不同含义。

今天对于重建唯物史观来说，绵延几百年的欧洲人本主义思潮仍是非常宝贵的资源。我们有必要研究人本主义的理论成果，用以补充、发展唯物史观的人的哲学向度。人本主义仍有理论意义。此外，在现时代，人本主义仍有一定的实践价值。任何一个伟大理论的产生、发展和作用，都同一定的历史条件相联系。在世界上，人本主义存在和起作用的社会条件并没有完全消失。但是，必须看到，人本主义在当代的解释力毕竟是有限的。人本主义描述了人的异化、苦难，但它无法揭示产生这种异化、苦难的根源，更无法找到克服这种异化、把受苦受难者解放出来的办法。我们不能对人本主义在当代的解释力估计过高，更不能把它作为党的发展观的理论基础。

在尼日利亚设立中国（广东）经济贸易合作区可行性论证咨询报告

郑方辉 等

郑方辉

郑方辉，管理学博士，华南理工大学公共管理学院二级教授、博士生导师，政府绩效评价中心主任。享受国务院政府特殊津贴专家，教育部新世纪优秀人才，兼任全国政府绩效管理研究会副会长、广东省政府绩效管理研究会会长等。作为首席专家主持国家社科基金重大项目和教育部重大攻关项目；在《中国社会科学》《经济研究》《政治学研究》《中国行政管理》《公共管理学报》等重要刊物发表学术论文百余篇，出版著作及报告20余部。主要研究方向：政府绩效管理、财政绩效评价、法治评价。

《在尼日利亚设立中国（广东）经济贸易合作区可行性论证咨询报告》获广东省第二届哲学社会科学优秀成果奖调研咨询报告类一等奖。

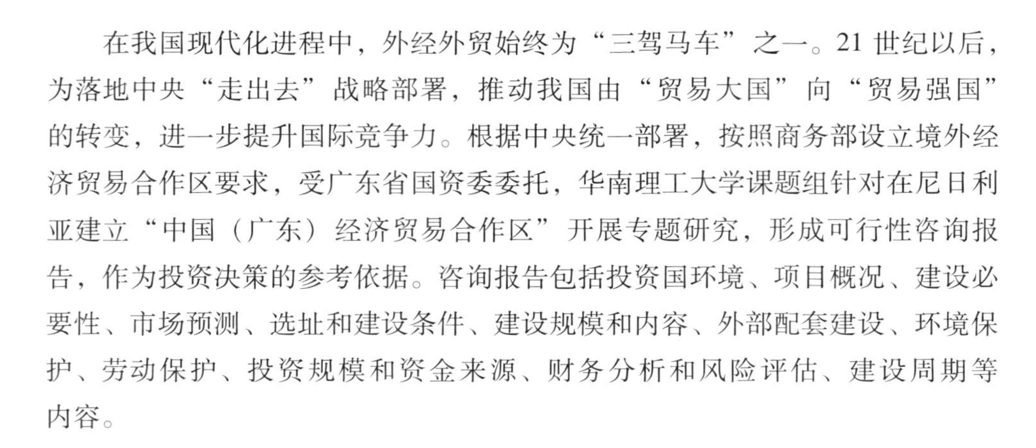

在我国现代化进程中，外经外贸始终为“三驾马车”之一。21世纪以后，为落地中央“走出去”战略部署，推动我国由“贸易大国”向“贸易强国”的转变，进一步提升国际竞争力。根据中央统一部署，按照商务部设立境外经济贸易合作区要求，受广东省国资委委托，华南理工大学课题组针对在尼日利亚建立“中国（广东）经济贸易合作区”开展专题研究，形成可行性咨询报告，作为投资决策的参考依据。咨询报告包括投资国环境、项目概况、建设必要性、市场预测、选址和建设条件、建设规模和内容、外部配套建设、环境保护、劳动保护、投资规模和资金来源、财务分析和风险评估、建设周期等内容。

一、咨询报告的核心思想及观点

首先，国际贸易的梯度理论与循环理论表明，经济贸易合作区作为外经外贸的高层次形态是广东外贸转型的重要路径。对经济成长期的我国而言，能有效转移产能，弥补原材料缺口，降低运输、营销成本，减少国际贸易摩擦。

其次，从战略上审视，进一步发展和稳固与非洲国家的友好关系，提升我国国际形象，建立经济贸易合作区是实施经济援助最有效、最持久的手段。

再次，企业是建立境外经济贸易合作区的行为主体和市场主体，应尊重经济规律和贸易规律，夯实主体责任，强化财务分析，追求长期利润最大化。

最后，境外经济贸易合作区的成功取决于多种因素，包括宏观、中观及微观层面的一系列因素。确保合作区建设成功，从内部来看，关键在于功能定位、产业定位和目标定位，以及构建符合国际准则的园区治理结构。

二、咨询报告的创新

一是明确整体定位。根据产业发展理论，本着“优化原材料来源、转移剩余产能”的主体产业定位原则，将尼日利亚中国（广东）经济贸易合作区定位为以家私、建材等产业为龙头，以原材料加工为主体，集工程、营销和贸易为一体的合作区。

二是科学论证建设目标。建成以资源为核心、拥有知识技术、品牌影响、文化内涵、配套服务的经济区域实体。

三是充分评估各项风险。包括劳动保障、环境保护、政策连续、人员安全、资金和土地到位、汇率波动等风险的回避和控制。

四是量化投入产出关系。如测算合作区建成营运后，GDP 实际增长将超过 400 亿元，提供所在国 16 万的就业机会，消化 225 亿元国内过剩的生产能力，以及不超过 21 年投资周期等。

《在尼日利亚设立中国（广东）经济贸易合作区可行性论证咨询报告》受到商务部，广东省委、省政府等主要领导的高度肯定，并作为商务部设立境外经济贸易合作区可研报告的范本。与本报告相关的研究成果刊载于相关刊物上，在学界产生了一定影响。

论五言诗的起源
——从“诗言志”“诗缘情”的差异说起

戴伟华

戴伟华

戴伟华，广州大学人文学院教授，省社科研究基地“粤港澳大湾区语言服务与文化传承研究中心”学术委员会主任。广东省政府文史馆馆员，省优秀社会科学家，省社科联顾问，享受国务院特殊津贴专家。兼任中国唐代文学学会副会长、中国刘禹锡研究会会长。1982年1月始在高校从事中国文学研究与教学，曾任扬州大学、华南师范大学教授及博士生导师。

《论五言诗的起源——从“诗言志”“诗缘情”的差异说起》发表于《中国社会科学》2005年第6期，获广东省第二届哲学社会科学优秀成果奖论文类一等奖。

一、“诗言志”与《诗》

“诗言志”的提出在于“教胄子”如何通过诵读“诗”以言“志”，主要针对诗歌的阅读理解和运用，而不是诗歌的创作。“诗言志”是西周阅读诗歌的习惯，已成为传统。

二、先秦的阅读诗论

先秦的诗论是针对阅读层面而评《诗》、论《诗》的，《诗》的实用功能和教化功能皆和阅读相关。从采诗到《诗》的编集，人们关注的是读《诗》和用《诗》，先秦诗论可以用阅读诗论来概括。

三、汉代《诗》论和“歌诗”

汉代《诗》论，主要指《诗经》之论和“歌诗”之论以及“古诗之流”的赋论。汉代经学隆盛，其中，诗歌理论的阐述已由先秦孔子诗论转变为经学家对《诗》的经学诠释。汉乐府民歌在一定范围内可归入“歌诗”。

文人五言诗以独立的姿态将要出现，这在诗歌发展史上具有了划时代的意义。不仅如此，五言诗的产生和发展，也促进了诗学理论的进一步完善，诗歌侧重阅读理论向着诗歌侧重创作理论的转变。

四、“杂诗”与五言诗

在五言诗中，不难看出，其初起状态，只是“歌诗”的产品，汉乐府民歌中五言诗即是，早期文人五言作大多与“歌诗”相关联。

在汉魏之间，文士在推动五言诗的创作上并行做了两方面工作：用五言抒发自己的情感，那是无名氏所为，以《古诗十九首》为代表；用乐府旧题写时事。一明一暗地在推动五言诗创作的产生和发展。因为与音乐脱离的文人五言诗，最初是被归入非正音之列的，故被称为“杂诗”。杂诗之名存在之初只是五言诗的专名。

以杂诗为名的诗都是五言诗，无一例外。因此，在尝试新体创作时，文士们或标明其为“杂诗”，大多数情况下则不标明，一是时人皆知此新体为杂诗；二是文士努力使诗题成为内容的体现，立一因事因情而发的题目，实际上还是隐含了“杂诗”存在的形式。而诗之“杂诗”是五言之专名，五言也是新体，皆有杂而不雅之意。

五、诗“欲丽”和“绮靡”

文人五言诗成熟较晚，并不是技巧问题，而是观念问题。影响五言诗产生的原因是和两种理论相关联的：一是崇经尚古论；二是时移进化论。

“诗缘情”是和“诗言志”对应的，如果说“诗言志”是阅读诗论，而“诗缘情”就是创作诗论；诗“绮靡”是和诗“欲丽”对应的，它又成了文体诗论。

《诗品》一名，当为各种诗体的评论，但其内容只是评五言之诗，确实名实不符。《诗品》的出现，至少隐含着这样的事实：五言诗已成为文人写作的主要诗歌样式，而人们意识中诗的概念就是五言诗。无论如何，钟嵘《诗品》一出，完全能稳固五言诗的地位，并预示“有滋味”之五言诗将成为诗歌体式的主流。

广东历史人文资源调研报告

梁桂全 等

梁桂全

梁桂全，曾任广东省社会科学院院长，研究员。主要研究领域为发展理论与现代化理论、战略决策与发展规划。

《广东历史人文资源调研报告》，梁桂全主编，由社会科学文献出版社于2008年1月出版，获广东省第二届哲学社会科学优秀成果奖调研咨询报告类一等奖。

2003年，广东省出台关于加快建设文化大省的决定。2004年，根据广东省委部署，广东省社会科学院组织了以梁桂全院长、王经伦副院长为正、副组长的“广东历史人文资源调研”课题组，历时两年多，经过普查、考察、评估、制订开发计划四个阶段，基本摸清了广东省历史人文资源的“家底”，对如何保护、开发等问题形成初步意见，提供给省委、省政府以及有关部门参考。研究显示，广东历史人文资源“家底”丰厚，国家级文物在全国居中上水平；海洋文化遗产、华侨文物、革命文物、名人资源等在国内地位显著；名城、名镇、名村数量在全国名列前茅；非物质文化遗产数量相当可观。存在问题主要有：全民文物保护意识比较薄弱，城市基本建设中“人为破坏”情况严重，文物保护经费偏低，走私猖獗等主要问题。在历史人文资源的开发中，存在着各地政府开发指导思想不明确，规划滞后，缺乏监管，“破坏性开发”屡见不鲜，专业人才缺乏等。研究报告提出，应该像对待生态环境和生存资源那样高度重视历史人文资源的保护与开发，纳入全省社会经济发展规划与建设文化大省战略部署，在资源、制度、法制、技术、学术研究等方面统筹安排，建立完善的保护体系。同时合理开发、利用历史人文资源，构筑经济发展的新增长点，实现历史人文资源保护开发与社会经济可持续的均衡发展，以创新思维发展文化产业，实施“走出去”战略，促进历史人文资源保护、开发与全球文化资源的互动，提升广东文化在国内外的影响力和文化产业的竞争力。

该报告得到时任中共中央政治局委员、广东省委书记张德江同志的肯定批示，认为“这是难得一见的好文章，立意高远，内容丰富，结构严谨，文字流畅，很有参考价值。我通读一遍，学到很多知识，得到很大的启发”。广东省委办公厅将报告印发县级以上党政领导及部门负责同志，供阅读参考。2007年，本报告获得广东省第二届哲学社会科学优秀成果奖调研咨询报告类一等奖。其后课题组将报告及相关资料加以充实整理成同名书籍，2008年由社会科学文献出版社出版。

王经伦

李庆新

游霭琼

陈忠烈

徐素琴

李振武

张金超

李兰萍

黄淑娟

王经伦，曾任广东省社会科学院副院长，研究员。长期从事思维科学、人文精神基础理论及应用研究。

李庆新，广东省社会科学院历史与孙中山研究所所长，主要研究方向为区域社会经济史、中国海外贸易史。

课题组其他成员：游霭琼、陈忠烈、徐素琴、李振武、陈志雄、张金超、李兰萍、黄淑娟等。

高风险考试双重功能的冲突

(Stakeholders' Conflicting Aims Undermine the Washback Function of a High-stakes Test)

亓鲁霞

亓鲁霞

亓鲁霞，广东外语外贸大学退休教师，1985—2012 年在该校从事教学和科研工作，曾任教授和博士生导师，主要研究方向是阅读教学和语言测试。曾任全国语言测试与评价专业委员会理事，国际 SSCI 期刊 *Language Assessment Quarterly* 编委。主持过国家社科基金一般项目。发表著作两部，论文 30 多篇。

该论文发表于语言测试研究领域的国际权威期刊 *Language Testing*（《语言测试》）2005 年第 2 期。对该论文进行匿名评审的同行专家在评语中写道："该研究具有原创性，对我们加深对考试反拨效应的了解做出了突出贡献。"该论文摘要由国际 *Linguistics and Language Behavior Abstracts database* 转载。截至 2020 年 7 月 1 日，谷歌学术检索显示该论文被引 275 次。

我国的高考英语（NMET）属于高风险考试，考试结果往往决定考生及其所在学校在社会总资源分配中的定位。按理，此考试可凭借其影响力或反拨效应有效地督教促学，帮助学生提高英语水平。然而，相关研究却表明，高考英语的促学作用有限。为什么考试无法取得预期的促学效果呢？针对这个问题，本文作者开展了反拨效应实证研究，主要发现如下。

（1）高考英语的促学功能（即对教学的指导）决定于其选拔功能。由于考试成绩决定考生能否上大学，高三教学必定针对考试进行，引发应试教学。

（2）高考的选拔功能衍生其评价功能。因为学生的高考成绩是升学的主要或唯一依据，所以有“价值”。教育系统和社会将高考成绩用于评价学校及其教师，甚至与教师的奖金或学校的排名挂钩，导致考试结果滥用，助长应试教学。

（3）高考的选拔功能限制其促学作用。为了扭转中学英语教学重知识、轻能力的倾向，高考英语的设计者把考查的重点放在语言运用上，试图借助考试的影响力，将教学的重心转向培养学生的英语运用能力。然而，为了确保选拔的公平公正性，设计者必须同时注重考试的信度和区分度，不得已而采用一些无益于促学的题型和做法，如大量采用多选题，导致考试的促学目的不能在试卷中得到充分体现。

（4）应试教学削弱了考试的促学作用。为了提高考试分数，因此教学内容和操练方式均围着考试转。考试的种种局限也变成教学的局限，限制了外语学习方法的多样性和灵活性，无益于培养学生的语言运用能力。

从以上发现得出结论：高风险考试无法取得预期促学效果的根本原因是，考试的选拔功能与促学功能发生冲突；选拔功能在赋予考试权威的同时也限制了考试的设计和命题，并引发应试教学。此结论敦促我们重新审视高考的双重功能，进一步探索更好的促教促学方法。

在开展本研究时（2000—2002 年），国内外相关研究集中于探讨考试的正面和负面效应，以及反拨效应的范围和程度。本文从一个新的角度研究反拨效应的机理，探寻影响预期考试效应的深层原因，发现高风险考试的双重功能具有内在矛盾，以考促学不是一项改革教学的好方法。

原文章荣获广东省哲学社会科学优秀成果奖一等奖，外文题目为“Stakeholders' Conflicting Aims Undermine the Washback Function of a High-stakes Test”，经压缩并译为中文后编入精选集。

语言：人类最后的家园
——人类基本生存状态的哲学与语用学研究

钱冠连

钱冠连

钱冠连，1939 年生于湖北仙桃市沙湖镇。现任广东外语外贸大学外国语言学及应用语言学研究中心（教育部人文社会科学重点研究基地）专职研究员、博士生导师，中国英汉语比较研究会副会长，全国语言文字标准化技术委员会外语分会委员，中西语言哲学研究会首任会长。

主要著作：《美学语言学》《汉语文化语用学》《语言全息论》《后语言哲学之路》《命运语欲望》。语言学、语言哲学及语用学论文如《哲学轨道上的语言研究》等 69 篇。散文如《智慧的死亡》等 20 万字。

学术兴趣：理论语言学、西方语言哲学、语用学。

《语言：人类最后的家园——人类基本生存状态的哲学与语用学研究》，钱冠连著，由商务印书馆于2005年4月出版。该书获广东省第二届哲学社会科学优秀成果奖著作类一等奖。

一、主要内容

语言行为虽不是人的全部生存状态，却是人的基本生存状态（即“三活”状态——人活在语言中，人不得不活在语言中，人活在程式性语言行为中）。而且，程式性语言行为又是语言行为的核心。所以，对程式性语言行为的考察基本上是对语言行为的考察，又是对人的基本生存状态的考察。该书的副标题——人类基本生存状态的哲学与语用学研究——由此而来。

（一）“语言是存在之居所”与“语言是人类最后的家园”

海氏命题“人栖居在语言所筑之居所中”与本书命题“语言是人类最后的家园”是两个分道扬镳的命题，有三个方面的不同。

不同之一，两者终极目标不同。海氏提出“语言是存在之居所中”这个子命题，只是对他上面提出的“语言是存在之居所”这个母命题给予了一次支持。海氏跳过“思者与诗人是家宅的看家人”这句话之后说的，“他们通过自己的言说使存在的开敞形乎语言并保持在语言中”。也就是说，看家人完成的是“使存在的开敞形乎于语言并保持在语言中”，看家人最后盯着的东西（海氏命题的终极目标）：“就此而论，他们的看守就是存在的开敞的完成。”一句话，看家人的动作只是围绕着存在这个西方哲学的千年老题。正因为这样，提出这个命题的言说者只能是钟情于存在这个老题的西方哲学家。而该书的命题根本不是追踪西方哲学的老题，要说有什么追问，该命题追问的东西是，人如何依赖以及为什么如此依赖语言，到头来与西方哲学千年老题分道扬镳，只会走到人的行为——语言行为——程式性语言行为那里去。正因为如此，对该书这个题目感兴趣并确有发言权的人可以是哲学家、语用学家、社会语言学家、人类行为学家、交际理论学者。相信他们深入这个园地之后，不会空手而归。

不同之二，展开的线索不同。海氏命题的展开线索是，通过人的言说使存在开敞起来。而该书命题的展开线索是，人活在语言中——人不得不活在语言中——人不得不活在程式性语言行为中。

不同之三，家园的居民不同。请读者注意，当海氏提出他的命题时，他特别指出："人栖居在语言所筑之居所中。思者与诗人是这一家宅的看家人。"每当他说到人在语言中时，他就反复提到这一家宅的看家人是思者与诗人。

在海德格尔的心中，栖居在语言所筑的家中的看家人是思考者与诗人。而本书命题却指出：以语言为最后的家园者，是每一个普通人，是行为中的人，是语言行为中的人，是程式性语言行为中的人。这便是家园的居民的不同。

（二）行为—语言行为—程式性语音行为

只要一个人理智地活着，他就有行为。

在一切行为中，从语言是否能与其交织来衡量，有四种行为类型。第一种是生理自发行为（新陈代谢等），这种行为不需要语言配合就能独立地完成。第二种是做事情——需要语言配合做事与可以哑言完成做事。如生产（产出产品与商品）建设、破坏等行为，从根本上来说，是需要语言配合与执行的。但也有可以哑言完成做事，如打开—关上、拧开—关上、开锁—上锁、搞糟—清理、移动—还原、安装—拆卸等，必要时仍需由语言配合完成。特别是由两人以上或集体完成的事情，尤其需要语言配合。第三种是以言语来执行某种行为。如口里说"我警告你……"就是在执行警告行为，口里说"我宣布……"就是在执行宣布行为。这是靠语言来执行的。这是西方哲学家奥斯丁（Austin）等人使用的一个范畴：speech acts，即言语行为。第四种是纯精神行为。看起来不要语言，其实，不要语言就谈不上有什么成效的精神行为。如构思、概念化、范畴化、自省、静思、冥想等行为，最终要靠语言才能出场。纯精神行为要靠语言才能产生真正被人把捉的结晶物。

还有其他种种行为，都是由上面这四种行为派生出来的行为。尤为重要的是，四大行为中，除了部分生理自发行为可以脱离言语外，其他行为即做事、精神活动，尤其是以言语来执行的行为。终究都是寄生在言语行为之上的。

进而，在语言行为中，有一种叫程式性语言行为。人在执行这种语言行为时，说话与行为的配合都有一定的程式，有为大家所约定的套路与固定的习惯。

又比如说，法庭辩论、法庭调查、商贸会谈、宣告（如外交场合）、谈判

（如军事场合、国际会议），又如写信、介绍（两个以上的人见面）、推荐、表扬、命令、打报告、请示、请求、陈述理由、正式的辩护、外交抗议、种种面试、谈判、讲课、诊病、讨价还价等言语事件，都是由一套制度性规定或非制度性但具有社会公约性（口头协定、游戏规则、默认）的程序来制约着当事人说什么话，做什么事，都是有相对稳定的配合的。

于是，一定的行为（或活动类型，如民间牛市、中医问诊、中式婚礼都是一个个的活动类型或言语事件）与一定的话语配套，两者形成了稳定的配合。所谓行为与话语的稳定配合指的是，只要某种行为或活动类型（或言语事件）不变，就会出现：一是基本固定的一套话语；二是基本固定的行为步骤；三是话语与行为步骤的基本固定的配合。这样，我们把具有以上三个基本固定形态的言语活动类型（或一个言语事件），称为程式性语言行为。

在上述程式性言语事件中，从头到尾，有一套制度性规定或非制度性但具有社会公约性（口头协定、游戏规则、默认）的程序。尤其重要的是，在这些程序中，除了行为配合，还有语言先导、过程中的语言伴随和最后的语言性收场等先后发生。

言语事件的程式化与言语事件的自由化这两种现象并存，使人类的交流既富含效果（效益、效益最大化等），又利于人类自身的个性成长。

该课题的研究，不指向人类的一切行为，只选定语言行为和程式性言语事件，也不是一般地接触语言行为和程式性言语事件，而是对它们进行哲学的与语用学的观察。这两样观察最终要说明：人类生存对语言的依附和人与语言的关系，也给语言一个哲学归宿（但绝对不是为了回答西方哲学的千年老题：存在是什么?）和语用学的说明。这样便关注了人的基本生存状态，也是人的基本行为：人活在语言中，人不得不活在语言中，人活在程式性语言行为中。人的基本生存状态便是人的这样“三活”。

但是，不要忘记，主导人类语言活动的事件，一定是两种情形：一是重大的言语事件；二是虽然不是重大的却实在是生存所必要的基本言语事件。重大的言语事件，如结婚仪式、法庭辩论、法庭调查、商贸会谈、宣告（如外交场合）、谈判（如军事场合、国际会议）、外交抗议等，生存所必要的基本言语事件，如写信、介绍（两个以上的人见面）推荐、为自己辩护、种种面试、谈判、讲课、讨价还价、民间牛市、诊病与中医问诊等言语事件。这两类言语事件，都不可离开制度性规定或非制度性但具有社会公约性（口头协定游戏规则、默认）的程序，而且，越是重大的言语事件，越是生存所必要的基本言语事件，就越是要有程式性，即三个基本固定：①基本固定的一套话语；②基本固定的行为步骤；③话语与行为步骤的基本固定的配合。

（三）“三活”：人的基本生存状态

有什么根据说，这样“三活”——人活在语言中、人不得不活在语言中、人活在程式性语言行为中——就是人类的基本生存状态之一？

人类最基本的种属特征，最突出的有以下几个方面：生理特征、社会—文化特征与思维特征。第一项，表明人是一个生命个体，这一点并不能决定人之为人，因为动物与植物也是生命个体。第二项，人类为了求生存与发展，个体的人必须参与他人的活动，两人以上的合作或敌对关系，便形成了社会活动或者社会关系社会。社会性不是人类所特有的，因为动物也有社会性。但是，从社会性到文化性，是一次有别于动物的大飞跃：只有人类能进行文化活动——精神活动、审美活动、符号活动与上层建筑活动，创造了只有人类才有的辉煌的文明。所以，“社会—文化特征”这一项，前面的是低层次，后面的是高层次。第三项，思维能力。思维能力是人的种属特征的最高层次。

这三项人类最基本的种属特征，如果没有语言调节和帮助，是不能最后启动起来的。最具有意义的事情：人类三项基本的种属特征刚好与语言联系紧密。首先，人类的生理特征（第一项）在言语活动中表露无遗，贯穿言语里的声、气、息，就是生命活动。这个方面的详细讨论，请参见《美学语言学》“从言语的生命意识看两个动态平衡结构的吻合”。其次，具有社会—文化特征。没有语言为工具，低级的社会交往可以实现，但高级的、有成效的交往断不可能。没有语言为工具，不要说高级的、有成效的文化创造不可能发生，就是低级的文化活动也断不可能。最后，具有思维特征。思维能力是人类所特有的能力。有人说，动物能动脑子取得食物，也算思维。那不算。真正的思维是逻辑的、语言的、范畴化的。只有语言成功表述的思考，才算思维。靠语言成功表述的思维才算是具有了逻辑的、概念的以至范畴化的形式。

也就是说，人类的基本种属特征靠语言才能激活到最佳状态。而且，第三项种属即思维特征是靠语言训练，靠语言提升的。这就是为什么断言人的

“三活”——人活在语言中、人不得不活在语言中、人活在程式性语言行为中——概括了人类的基本生存状态。

研究“三活”状态，就是研究人类的基本生存状态。该研究的副标题就是由此而来的。

研究“三活”状态，就是研究人的生活形式。维特根斯坦说：“想象一种语言就意味着想象一种生活形式（a form of life）。”他在解释“语言游戏”（language game）这个术语时说：“‘语言游戏’这个术语意味着突出了这样一个事实：说出语言就是一种行为的一部分，或者就是一种生活形式的一部分。”在这个问题上，马林诺夫斯基（Malinowski）与他的观点完全一致：“应该以人类活动为背景，把语言的原始形式作为人类在实践中的行为模式（a mode of human behavior）来研究。……语言为从事实践的人所用；话语是嵌入其活动中的。”他在另外一个地方说得更清楚、更干脆：“语言的主要功能不是表达思想，不是复制心智过程，而是在人类行为中发挥积极务实有效的作用。”他在这里着力强调的东西是，语言是务实有效的行为。

（四）语用学的中国转世投胎的两个标志

第一个标志是表现在理论框架上的。首先是《汉语文化语用学》中的理论框架，即三带一理论，发展到本书的理论框架。本书中的理论既是哲学的，又是语用学的。

以哲学的视角而论，它大致上是人对于语言须臾不离的依赖状态即人类的基本生存状态之一：人活在语言中，人不得不活在语言中，人活在程式性语言行为中。正是以这三种样式的基本生存状态，我们如其所为地活着，我们如其所是地是我们自己，尤其是，我们以言说使世界中的一物（实体或虚体）出场或现身的同时，也使自己在世上出场或现身。人在世上的出场比物的出场更具有意义。只有人的出场才使物的出场成为可能。

语言使用与人类其他社会行为是连在一起的：人的活动类型可以分成若干语用分析框架，以三种类型的语用学来分析日常语言，人类在“三活”状态中使用语言，语用博弈论。

语用学在中国转世投胎的第二个可能标志是，使用了纯粹汉语文化的语料。这一点在《汉语文化语用学》中也表现得非常清楚。以该书而论，我们所用的语料：①传统的结婚仪式；②闹洞房；③牛市买卖；④菜市；⑤街头算命；⑥春节团年饭；⑦民间口角调解；⑧中医问诊。发生在中国文化——世界上最古老的文明之一的文化——中的语言使用，从交际规则和语篇模式到语用策略，必然具备一种独特的性质（钱冠连，1997、2002）我们无意说西方的语料对我们无用，我们只想用自己的语料去补充语用学的普遍原理。这大概是不会错的。

二、篇章结构

第一章　绪论

1.1　“语言是存在之居所”与“语言是人类最后的家园”

1.2　行为—语言行为—程式性语言行为

1.3　“三活”：人的基本生存状态

1.4　语用学的中国转世投胎的两个标志

第二章　哲学、语用学如何介入

2.1　哲学介入

2.1.1　“语言是存在之居所”

2.1.1.1　海德格尔这一命题的本意

2.1.1.2　对海氏这一命题的讨论

2.1.1.3　das Sein（“存在”）这个词

2.1.1.4　语言分析：解决千年哲学老题

2.1.2　哲学介入之一：存在把人从外到内地牵引到语言中

2.1.3　中国哲学精神的介入

2.2　语用学介入

2.2.1　语言使用与人类其他社会行为

2.2.2　活动类型的语用分析框架

2.2.3　一个农村司法调解个案

2.2.4　以三种类型的语用学来分析日常语言

2.3　小结：“哲学的”与“语用学的”

3.3　人活在程式性语言行为中

3.3.1　程式性语言行为的界定与特征

3.3.1.1　定义：三个“基本固定”或者三种程式性共生

3.3.1.2　程式性与变异

3.3.1.3　程式性倾向

3.3.2　何以有程式性行为与程式性话语的稳定的配合

3.3.2.1　协作活动的结果

3.3.2.2　预先期望的促进

3.3.2.3　文化稳定性的推动

3.3.2.4　生命效度的驱动

3.3.2.4.1　程式与活动目的最相关

3.3.2.4.2　程式兑现活动目的最经济

3.3.2.4.3　程式利于协作效益最大化

3.3.2.4.4　三种程式性共生的其他有效性

3.3.3　程式性语言行为是如何推动人类交际的

3.3.3.1　遵循程式的正效应

3.3.3.2　不遵循程式的负效应

3.3.3.3　程式变异的二重性

3.3.4　程式性语言行为的语用机制

3.3.4.1　话语场的牵制

3.3.4.2　话语引导行为

3.3.4.3　语用博弈论

3.3.4.4　目的意图的牵制

3.4　本章结论

3.4.1　哲学介入之二：人以言说使自己出场或现身

3.4.2　“家园论”的主要思想概括

3.4.3　中国哲学精神的涵摄

第四章　语言背叛人：“家园论”的悖论

4.1　施害假信息

4.2　语言扭曲世界

4.3　我们不得不活在谎言、妄言或者谬言之中

4.4“当语言休假时，哲学问题就出现了”

第五章　选择不说

三、核心思想和观点

语言行为是人的基本生存状态。

人对于语言须臾不离的依赖状态即人类的基本生存状态之一：人活在语言中，人不得不活在语言中，人活在程式性语言行为中。正是以这三种样式的基本生存状态，我们如其所为地活着，我们如其所是地是我们自己，尤其是，我们以言说使世界中的一物（实体或虚体）现身的同时，也使自己在世上出场或现身。词语缺失处，无人出场。人在世上的出场比物的出场更具有意义。只有人的出场才使物的出场成为可能。

四、理论创新

该书的主命题（语言是人类最后的家园）到各种辅命题——语言缺失处，无人出场→人活在语言中→人不得不活在语言中→人活在程式性语言行为中——到各种次命题，一系列术语、田野调查、引用事件，都是作者自创的；都是汉语语料；都在中国土壤中生出。这实现了由作者提出、中国学者常常引用的一个主张——“向世界献出原本没有的东西”重要的学术发现。具有独到的理论观点。论证清晰、逻辑严密、材料充实。

五、学术界影响

（1）在 Xueshu. baidu. com 里，三次披露：34 次 +46 次 +193 次。

（2）爱问共享资料中，本书被下载 63 次，575 人浏览；第二次记录是 150 次下载，阅读量 580 人。

（3）杜世洪：《语言研究的智慧与方法——钱冠连哲学思想和钱冠连绳子》的转载广泛出现。

（4）搜狗百科、百度文库、道客巴巴、当当网、中国图书网、新浪博客、亚马逊、京东商城、360 个人图书馆、E 书联盟、豆丁网、孔夫子旧书网等网站，对该书均有转述、引用、报道、评述。

（5）中国文科图书索引文库（南京大学）收录了包括该书在内钱冠连的四本专著。

（6）该书获广东省哲学社会科学优秀成果奖著作类一等奖（2007 年 4 月）。

（7）该书于 2017 年获第二届许国璋外国语研究奖二等奖（一等奖空缺）。

（8）该书第三版封底评论："21 世纪新经典学术专著，语言哲学研究必读作品。"

（9）2018 年该书被收入《国家社科基金中华史书外译项目推荐选题目录》（俄、英两语）。

中介效应检验程序及其应用

温忠麟　张　雷　侯杰泰　刘红云

温忠麟

温忠麟，华南师范大学教授、博士生导师，主要研究心理计量方法。主持国家自然科学基金3项、教育部重大项目和重点项目各1项。在国内外发表论文150多篇，著书10本。

《中介效应检验程序及其应用》发表于《心理学报》2004年第5期，获广东省第二届哲学社会科学优秀成果奖论文类一等奖。

该文引入中介变量研究学生行为对同伴关系的影响。讨论了中介变量以及相关概念、中介效应的估计；比较了检验中介效应的主要方法；提出了一个检验程序，它包含了依次检验和Sobel检验。该程序检验的第一类和第二类错误率之和通常比单一检验方法小，既可以做部分中介检验，也可以做完全中介检

验。研究结果表明，“教师喜欢程度”在学生行为对同伴关系的影响中起到部分中介作用，中介效应占总效应的一半左右。一方面，学生行为对同伴关系有直接负效应：违纪捣乱行为较多的同学，受同学欢迎的程度往往会较低。另一方面，学生行为通过教师喜欢程度对同伴关系有间接负效应：违纪捣乱行为多的同学，老师往往比较不喜欢，而老师的态度会影响同学，使同学也比较不喜欢。但“教师管教方式”不是中介变量（后续研究发现它是调节变量）。

该文是国内首次以研究方法的角度讨论中介效应的估计和检验方法，在归纳、比较国际上已有的十几种中介效应检验方法后，提出了一个中介效应检验程序，既可以做部分中介效应的检验，也可以做完全中介效应的检验。该程序同时考虑了两类错误率，比当时文献上的检验方法都好。而且，该程序简单可行，计算量少。该程序可以让读者避免在繁多的检验方法中无所适从，能够按部就班地进行中介效应的检验，并计算中介效应的大小和在总效应中的比例。

在该文发表前，国内对中介变量的研究很少，依中国期刊网“文史哲”和“教育与社会科学”专栏目录的检索结果，1998—2003 年涉及“中介变量”或“中介效应”研究的文章不足 20 篇。这些文章中，没有一篇对中介效应进行统计检验，也没有一篇计算中介效应的相对大小（即中介效应占总效应的比例）。

该文的发表大大提高了国内涉及中介效应的研究数量和质量。截至 2020 年 6 月 12 日，该文已被 8000 多篇心理、行为、管理、教育、社会、经济、市场、卫生等研究领域的论文引用，在中国知网单篇论文被引量中全网第一。2011 年，该文获第四届全国教育科学研究优秀成果奖二等奖。

温忠麟及其团队对中介效应和调节效应（及交互效应）做了深入的研究，有系列成果发表在《心理学报》或国际重要期刊上，有的被写进国外教科书，都有很高的引用频数，对国内心理学和其他社科领域的量化研究起到了引领和推动作用。

左起：侯杰泰、温忠麟、张雷

刘红云

张　雷，澳门大学心理学系主任、讲座教授，研究进化心理学。

侯杰泰，香港中文大学教育心理系讲座教授，研究教育心理学。

刘红云，北京师范大学心理学院教授、博士生导师，研究心理统计与测量。

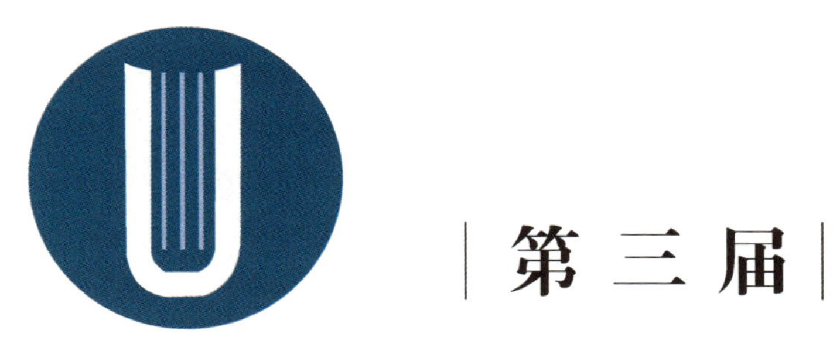

广东省哲学社会科学优秀成果奖

关于羞耻的现象学分析

陈少明

陈少明

陈少明，广东汕头人，哲学博士。1986年起，于中山大学哲学系任教，现为哲学系教授，兼哲学系学术委员会主任。先后获广东省高等学校特聘教授（2009.9—2014.8），并任国务院学位委员会第七届学科（哲学）评议组成员，广东省第六届学位委员会学科评议组哲学学科召集人，国家社会科学基金学科规划评审组专家，第八届、第九届中国哲学史学会副会长。曾为哈佛-燕京学社、台湾大学人文社会科学高等研究院、香港中文大学中国文化研究所访问研究员、香港中文大学哲学系访问教授。曾为北京大学高等人文研究院兼任研究员、复旦大学中华文明国际研究中心兼任教授。研究领域为中国哲学、中国的经典解释传统、人文科学方法论等。成果在学术界有广泛影响，两次获得教育部中国高校教育部“长江学者奖励计划”特聘教授（2015.1—2019.12）。六届，2012）。主要著作：《〈齐物论〉及其影响》（北京大学出版社，2004，2006）、《经典世界中的人、事、物》（上海三联书店，2008）、《做中国哲学——一些方法论的思考》（生活·读书·新知三联书店，2015）及《仁义之间》（孔学堂书局，2017）等。

《关于羞耻的现象学分析》发表于《哲学研究》2006 年第 12 期，获广东省第三届哲学社会科学优秀成果奖论文类一等奖。

一、基本内容、结构

这篇论文以中国文化经验为背景，借助现象学的方法，研究羞耻问题。文章的结构体现为下列依次论述的内容：一是对道德耻感经验进行现象分析，揭示其中所蕴含的自我的身心关系及自我与他人的关系。二是对羞耻现象进行类型划分，并初步描述相关要素的结构关系。三是对照克服羞耻感的常规心理模式，讨论某些反应例证所体现的道德人格特征。四是重构儒家的羞耻观，强调它同经典君子人格中自爱与自尊一面的内在关联。五是探讨导致传统羞耻观念削弱的现代社会因素。这项研究重点落在哲学层次上。

相关内容的更具体展开，可以表述为：第一，通过对道德耻感经验的现象分析，揭示形成一般羞耻现象所包含的基本要素，如名誉与面子，当事人与相关者，主动行为与被动行为，反应模式，等等。重点分析面子与自尊心的关联所呈现的自我中的身心同一性，以及由不同相关者对当事人耻感强度的影响，论及自我与他人的情感联系。这是一种现象学式的分析途径。第二，提出一种关于羞耻的类型学划分，它把一般的羞耻区分为羞、愧、耻、辱四个具体类型。羞指一般的害羞或叫脸皮薄，与道德无关；愧与能力不足或行为不当有关，同样与道德无涉；耻即道德耻感，是对行为不道德（或不名誉）的自觉意识；辱则是被羞辱，对当事者来说是被动造成的不堪忍受的感觉。四者构成一般羞耻要素的结构关系图式。借助这个图式，宏观上可以观察不同文化传统对羞耻现象的不同理解与不同评价，微观上则可以通过经典例子的分析，讨论相关的人格与人格理想问题。第三，从经典作品中寻找验证相关人格分析的案例。其中，鲁迅笔下的阿 Q，对比上述羞、愧、耻、辱四种模式，是所有反应均为反常的人物，其问题不在道德水平的低下，而是人格结构的偏差。鲁迅借此诊断国民心理素质的问题。作为对比，司马迁《史记》所记述的蔺相如对秦王与廉颇的羞辱分别采取的对抗与忍让的不同反应，则是在中国文化中传播对待羞辱的理想态度，一种大丈夫精神。第四，从孔子、孟子到阳明心学的相关言行的分析，揭示儒学中羞耻心的培养同君子人格的塑造的关系。孔子把无耻同无道德感联系起来，孟子则把是否有羞耻心当作人、禽之辨的界线来防守，同时把羞恶之心列为说明人性向善的四端说的要义之一，阳明后学的良知教仍包含对这一思路的延伸。简言之，在儒家传统中，着眼点是道德耻感的培养，它同君子人格中自尊、自爱的追求是一致的。第五，以现代社会对性、言、名的态度变化为例，观察具体羞耻观念的时代变迁。指出导致这种变化的原因，有伦理意识、社会制度，以及技术条件多方面的因素。本文作者认为，具体羞耻观念的变化不等于基本羞耻感的丧失，但儒家强调的羞耻心的加强，依然是现代道德人格培养的重要途径。

二、主要理论创新和学术价值

羞耻是普遍能体验到的人类心理现象，对它的研究可以有心理学、社会学及哲学等不同途径，西学在这方面成果丰富，德国哲学家舍勒对羞感的研究便是经典的例子。近 20 年来，港台学者陆续有人从社会心理学角度对中国传统中的羞耻观念进行讨论，但偏于行为文化而略于精神世界的探寻。本文的贡献在于：第一，它首次从哲学尤其是现象学分析入手，以中国传统中关于羞耻的丰富经验论述为基本素材，展开贴近中国文化经验的羞耻观念研究。它既不同于一般的社会心理学描述，也不同于舍勒以基督教文化经验为背景的论说。第二，笔者独立提出的关于羞、愧、耻、辱的类型学分析，是富于原创性的工作。它提供了一种全面考察复杂的羞耻经验的概念框架，避免像舍勒那样把一般羞感同道德耻感含混看待的问题，有利于理解不同文化传统对羞耻感的不同态度，同时还提供观察人格心理问题的一个特殊角度。第三，这项研究不仅呈现中国文化尤其是儒家对道德耻感的重视，而且揭示孟子四端说中“羞恶之心，义之端也”的论断其所蕴含的哲学心理学含义，弥补哲学史教科书对“义”的分析的不足。同时，它还对如何深化对儒家道德心理概念的研究提供一个独特的例证。

研究与方法：近十年来中国行政学研究评估（1995—2005）

何艳玲

何艳玲

何艳玲，中国人民大学杰出学者特聘教授，公共管理学院教授，曾任中山大学政治与公共事务管理学院教授，主要聚焦城市与地方治理、社会治理和行政改革研究。目前为国家社科基金重大项目“中国改革开放创造的治理经验及政府理论提升”首席专家和负责人。

《研究与方法：近十年来中国行政学研究评估（1995—2005）》发表于《政治学研究》2007 年第 1 期，获广东省第三届哲学社会科学优秀成果奖论文类一等奖。

该文在已有大量发表数据基础之上，第一次较为系统地总结与评估了中国行政学研究现状，以有助于确认其所处发展阶段，探究在学科研究方面存在的问题。论文在发表后，影响并推动了后续中国行政学（公共管理）学科的反思运动，并对学科规范化发展起了比较重要的促进作用。

该文选取 1995—2005 年间《中国行政管理》《公共管理学报》以及《政治学研究》等中国行政学期刊，经筛选后从中获取 2729 篇学术论文样本，按照论文出处、发表年份、研究主题、基本规范、资金来源等指标进行样本评估与分析。综合各指标评估分析结果后，得出如下结论：

从研究主体来看，研究成果主要贡献者为教授、副教授；从研究领域来看，行政改革是最为重要的专题。此外，对于政府与社会关系的探究也日益加深，而研究方法本身的研究相对罕见，仍存在较大的深入探讨空间；从研究类型来看，存在突出的“结构性失衡”问题，即规范研究占大多数，而实证性研究相对偏少。此外，大量无文献引用样本的出现突出了中国行政学研究欠缺规范性的问题。数据显示，中国行政学研究论文多处于问题描述的初始阶段，而处于变量分析阶段的论文具有增长趋势。行政学者多倾向于非经验主义资料收集方法，且统计方法的运用有待提升；从所获资金支持来看，较多行政学研究没有得到资金支持，已获支持的则以国家自然科学基金为主。

总体来看，根据现有数据，中国行政学研究仍需注意以下问题：大量论文中预设与文献引用的缺失说明研究尚缺乏学术规范自觉，导致缺乏具备共识性的学术评价机制；研究成果不断，但严重缺乏实证研究，这一结构性失衡说明研究对于现实问题的关照仍然不够；中国行政学研究仍未打破研究方法陈旧单一的局面，前沿、动态且富有联系的多学科科学性研究有待探索，而研究者也需要抱有接受严谨方法论训练的担当与自律。

面对确认应有学科地位、促进学科本身质之发展的当务之急，论文阐明了倡导“问题意识”与“规范意识”的重要性，呼吁构建解释中国行政发展问题的特定分析工具，强调借鉴“中层理论”以寻求合适的分析工具的可能性。同时也呼吁做好补课、保持自律、加强传承，以及加大研究成果的制度性支持等，以推动学科进一步发展。

转型中的中国企业战略行为研究

蓝海林　张　平　黄嫚丽

蓝海林

蓝海林，博士，现任华南理工大学工商管理学院教授、博士生导师，华南理工大学中国企业战略管理研究中心主任，国家“万人计划”第二批哲学社会科学领军人才，中央宣传部文化名家暨“四个一批”人才，广东省优秀社会科学家，“广东特支计划”教学名师，广东省宣传思想文化领军人才。

《转型中的中国企业战略行为研究》，蓝海林等著，由华南理工大学出版社于2007年7月出版。该书获广东省第三届哲学社会科学优秀成果奖著作类一等奖。

一、主要内容

该书是国家自然科学基金管理学部企业战略管理方向第一个重点项目

"我国企业战略管理的研究"其主要研究成果的总结，是在多位热爱中国企业战略管理研究的中青年学者的博士学位论文基础上修改、结集完成的。该书从我国企业所面临的经营环境动态化和经济转型的基本特征出发，研究我国企业目前和今后所面临的竞争环境和竞争特点；引进和消化目前国外学者关于战略管理，尤其是动态竞争战略和经济转型方面的最新研究成果和研究方法；通过案例和实证研究的方法，研究我国企业在动态竞争和经济转型条件下的战略管理行为，包括战略制定、战略实施、战略评价与控制的行为。通过基于我国企业实际的研究，实现知识、引进和方法上的创新，为我国企业战略管理的研究、教育、企业的实践和政府有关部门决策提供理论和方法上的指导。

该书的内容主要分为三大部分，第一部分是对我国企业经营环境和特有因素影响的研究，主要与企业战略管理的战略分析阶段相对应，研究的目的是分析我国企业经营环境对我国企业战略行为的影响。第二部分是对我国企业战略选择行为的研究，内容基本上与企业战略管理的战略制定部分相对应，研究的目的就是要揭示我国企业在环境动态化、经济转型因素和文化因素的影响下的战略选择。第三部分是对我国企业战略实施行为的研究，内容大体上是与企业战略实施和控制阶段相对应的，尤其是针对公司治理、组织结构、创业或者创新精神等问题的研究。

二、篇章结构

该书共十一章。第一章绪论，介绍了国家自然科学基金重点项目"我国企业战略管理的研究"的研究目的、研究设计、研究实施过程和本书的内容结构。第二章是企业战略管理：过去与现在，分析和总结企业战略管理的研究和实践的发展历程。从第三章至第十章是具体的研究内容：第三章动态竞争条件下我国企业竞争优势的研究，第四章经济转型过程中我国企业战略行为的研究，第五章中国文化与企业战略行为的研究，第六章我国企业动态竞争与战略网络的研究，第七章我国企业多元化、结构与效益的研究，第八章我国企业高层管理团队与企业经济效益关系的研究，第九章我国企业组织柔性化研究和第十章我国企业组织结构、知识管理与创新的研究。每一章都是对每一子课题的主要研究成果的总结和阐述。第十一章是研究结果与讨论。对项目的研究成果进行了高度的凝练和总结，提出了未来我国企业战略管理研究和实践的发展方向。

三、核心思想和观点

（一）企业战略管理：过去与现在

1. 竞争优势的可保持性受到威胁

在技术进步与全球化的推动下，企业的经营环境发生了从相对静态向相对动态的转变，这种转变所带来的直接影响和标志性的结果就是企业竞争优势的可保持性逐步下降。

依赖于资源计划配置或者低效率的市场配置的企业竞争优势的可保持性程度越来越低。过去那些依赖非市场化或者市场的低效率保护自身竞争优势的企业，在经营环境动态化的条件下，它们现在的竞争优势已经越来越难以保持。

企业竞争优势的边界越来越模糊。任何企业所具有的竞争优势都是相对于它所处的行业或者市场范围而言的，因此，行业界限和市场界限越是清楚和难以逾越，企业竞争优势的可保持性就越高。技术进步与全球化共同导致了行业或者市场的界限越来越模糊。

依赖于外部环境，尤其是市场与技术因素的缓慢变化而建立起的企业竞争优势的可保持性程度越来越低。技术进步和全球化加快了企业经营环境中各种因素的变化速度，因为它们推动了资源、知识的跨国转移，推动了许多国家的经济转型，更推动了各个国家制度、政策和居民消费的变化。外部环境的变化越快，那么企业竞争优势的可保持性就越低。

竞争对手学习和模仿能力的提高降低了企业竞争优势的可保持性程度。在技术进步和全球化的影响下，竞争对手，包括不同国家之间的竞争对手已经可以通过低成本、高速度的信息手段、运输手段和控制手段在全球范围内进行互动，而且在大多数情况下是多产品和多市场之间的所谓多点对抗，这样对手之间相互了解的速度和程度就有了很大提高。现在任何一个企业的竞争优势都比以前更容易为竞争对手所学习，而且学习和模仿的成本越来越低。

2. 企业战略的概念创新

企业经营环境从相对静态向相对动态的转变，不仅对竞争优势的可保持性造成了威胁，而且也对人们关于企业战略的看法带来了一些根本性的挑战。

（1）“点”决策还是“过程”决策。在企业经营动态程度不高的情况下，传统的战略学者强调战略重要性，主要的贡献就是把战略决策从原来的“过程决策”转变成为一个“点决策”。由于企业经营环境动态化程度越来越高，企业竞争优、劣势转化速度越来越快，“点决策”的观点受到了严峻的挑战。越来越多的战略学者倾向于把战略也看成是一个“过程决策”。

事实上，上述两种观点都具有其正确的方面。正如数学中点与线的关系一样，线就是点的集合。杰出的战略管理者已经把“点”放在过程中，同时又把“过程”视为若干“点”的集合。它们重视过程中“点决策”，以体现速度的重要性；又重视若干“点决策”之间的连续性，因为战略的成败取决于承诺的大小。

（2）理性决策还是非理性决策。在传统的关于战略是一个“点决策”假设的影响下，战略制定的过程就是一个计划过程，而整个计划过程被认为是一个理性思维的过程，战略就是一种计划行为的结果。理性主义的观点在 20 世纪 80 年代遇到了麻烦，几乎导致整个战略管理理论或者学科的衰落。

当理性主义的观点遇到挑战以后，越来越多的战略学者发现他们在相对动态的经营环境下进行战略决策的行为表现出几个非常重要的特点：①战略是在环境难以预测、信息不充分、管理者能力有限和组织内部存在利益冲突的情况下制定的；②战略制定不仅是一种“点决策”，同样也是一种“过程决策”；③在战略制定的过程中，成功的战略家并不完全遵循概念模型、计划程序，甚至经济学的理论，它们更加关注战略的独特性、速度及战略能否被有效地得到实施；④战略管理主要是 CEO 负责，但是具体工作要求参谋部门和直线部门的共同参与。因此，战略制定的过程就很难被看成是一个完全理性的过程。

（3）定量目标还是定性目标。在企业经营环境从相对静态向相对动态转变的过程中，战略决策在逐步表现出“过程决策”和非理性决策特点的同时，也出现了对数量化目标的否定。在吸收计划学派观点的基础上，战略学者们试图采用一个折中的方法，综合量化和非量化目标两个方面的好处。以波特为代表的定位学派认为，战略的关键不是制定量化目标，而是选择自己的定位。一旦企业选择了自己的定位，那么相应的战略就相对比较容易形成，战略形成的过程是一个基于计算的定位选择过程。

（4）计划还是策略。受理性主义观点的影响，战略越来越像一种计划，而策略的味道则越来越少。在相对动态的环境下，竞争优势的建立主要不是基于对环境变化的事先预测，而是基于对环境变化和竞争互动的事后反应；而在

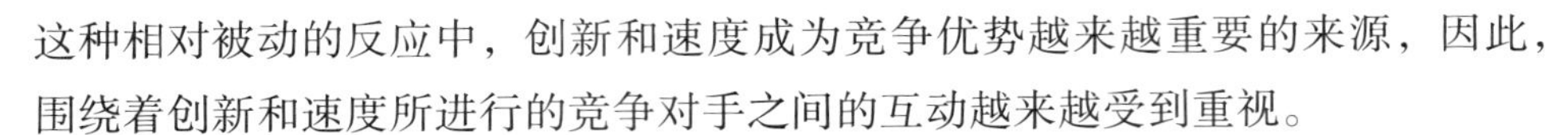

这种相对被动的反应中，创新和速度成为竞争优势越来越重要的来源，因此，围绕着创新和速度所进行的竞争对手之间的互动越来越受到重视。

3. **战略思维模式的转变**

经营环境从相对静态向相对动态的转变，对企业战略制定者和战略学者们原来所采用的战略思维模式形成了根本性的冲击，因为理性主义的观点都是建立在环境相对稳定和竞争优势具有相当的可保持性的基础之上的。企业的战略选择模型从根本上就是一种“情景选择模式”，即如果存在着这种情景，那么与之相匹配的某种模式就是合适的。虽然在这个“情景”中包含的因素很多，但是环境的动态性和竞争优势的可保持性显然是其中两个非常重要的因素。在环境相对稳定和竞争优势具有比较高的可保持性的时候，传统的战略思维模式主要关注的是如何发挥自己的竞争优势去抓住环境中出现的各种机会。直到环境动态化影响了竞争优势可保持性的时候，战略学者和企业家才开始真正关注如何建立或者培育竞争优势或者核心专长的问题。在他们看来，是否应该发挥优势去把握机遇，更多的是考虑这个机遇把握能否进一步增强或者创造新的竞争优势。这种战略思维模式的根本改变表现在以下四个方面：①市场基础向资源基础的转变；②静态优势向动态优势的转变；③强调竞争向强调合作的转变；④最佳实践向创造独特的转变。

4. **战略决策重点的转变**

随着企业经营环境从相对静态向相对动态的转变，不仅企业战略的概念和企业战略的思维模式发生了转变，而且企业战略决策所关注的重点也发生了根本性的变化：①从关注增长转变为关注价值创造；②从关注机会转向关注竞争优势；③从关注规模转变为关注创新；④从关注战略选择的经济理由转变为战略实施的管理模式。这种转变无论从经营级战略制定，还是从公司级战略的制定中都可以得到非常清楚的体现。

（1）经营级战略。长期以来，企业战略在实践和理论上都把关于增长的决策作为企业战略决策的重点。随着市场竞争，尤其是国际化竞争的激烈，西方发达国家的企业在价值竞争力上遇到了挑战。在这个重要的历史阶段上，波特从价值创造或者利润创造方面提出了定位战略的思想。虽然这种思想没有从根本上克服理性主义观点的局限性，但是它却把战略决策的重点从规模增长转向了价值创造。

陈明哲和达维尼重点研究了一个行业内部围绕着具体位置所发生的竞争互动，不仅进一步完善和补充了波特竞争战略的思想，而且还在理论上实现了非常重要的创新：①明确提出因为各个行业的动态程度不同，竞争优势的可保持性也存在着不同；②动态程度比较高的行业，围绕着位置的争夺是动态的；③动态的竞争使创新和速度成为更重要的竞争优势来源，而规模的作用则具有两重性；④创新和速度形成的先动优势有可能转化为长期优势，而这取决于所在行业的动态程度；⑤在动态程度高的行业，及时放弃现有的优势可能比保持和发挥竞争优势更重要，因此应该在寻求短期优势的过程中争取连续先动；⑥在关注竞争互动的过程中，引入了许多策略竞争的思想和手法。

（2）公司级战略。西方企业在20世纪六七十年代进入了一个多元化发展，尤其是非相关多元化发展的高潮时期。但是，到了20世纪80年代，越来越多地采用高度多元化战略的企业出现了资源不足，竞争优势和投资收益下降。在大多数企业内部治理机制难以发挥作用的情况下，企业外部的治理机制——资本市场和经理市场开始发挥作用，通过收购兼并或者资产重组迫使越来越多的企业采用了回归主业的战略。经过这个过程，集团公司或者企业集团总部的作用、公司级战略制定的模式受到了前所未有的挑战。

第一，无论制定行业多元化（公司级战略）还是市场多元化（全球化战略），其战略的主体是集团公司或者公司总部，战略目的不仅要通过把握跨行业或者跨市场经营的机会去扩大企业规模，更重要的是通过经营行业/市场组合去实现价值创造的最大化。

第二，公司级战略所依赖的主要不是与产品或者服务有关的竞争优势，而是与经营和管理行业/市场组合有关的优势；公司级战略的内容不应该是各个行业性/市场性子公司战略的简单相加，而应该是集中在组合的建立与管理上。

第三，围绕着建立和发挥集团公司或总部组合优势，公司级战略第一个方面的内容就是行业/市场组合决策，即采用什么样的资本连接方式去建立和管理一个什么样的行业/市场组合。组合中潜在的经济效益高，那么组合优势就可能大。

第四，围绕着建立和发挥集团公司或总部组合优势，公司级战略第二个方面的内容就是组合管理决策，即采用什么模式来管理所建立起来的行业组合。所选择的管理模式越是符合行业组合的特点，那么组合中潜在的经济效益就能

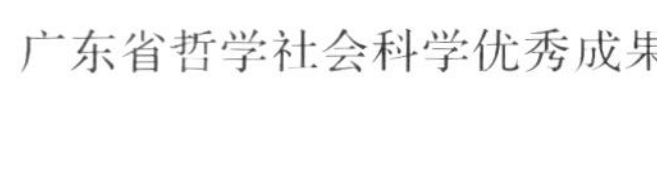

够最大限度地被发挥出来。

第五，与制定竞争战略一样，制定公司级战略也同样存在着是以市场机会为依据（Market-based View，简称 MBV）还是以内部资源为依据（Resource-based View，简称 RBV）的争论。在竞争越来越动态和可保持竞争优势越来越重要的情况下，越来越多的集团公司，无论是制定行业多元化还是市场多元化战略，更加偏好的不是 MBV 的观点，而是 RBV 的观点，即根据原有的组合管理模式去选择合适的行业组合。

（3）战略实施方式。无论是经营级战略还是公司级战略，战略的实施（包括增长或者收缩）都需要采用一些具体的方式，其中有些方式所涉及的投资大，实施周期长，调整和改变不容易，需要从战略的高度予以重视，因此被称为战略性实施方式。与实施增长战略有关的方式是两组对立的选择：自己建立与购并，独立投资经营与战略联盟。与实施收缩战略有关的方式是业务或者资产重组，其中重组的目的可以是人员收缩或者业务收缩，重组方式可以包括关闭、合并或者出售等。企业战略管理者在选择战略方式的时候，必须根据环境特点和战略要求在上述两组选择以及各种业务和资产重组方式之间做出明智的选择，否则企业的战略实施效果会出现很大差异，企业进一步的战略选择会受到制约。

5. 战略实施重点的转移

在企业经营环境越来越动态化的趋势影响下，战略决策越来越明显地表现出“点决策”与“过程决策”、理性决策与非理性决策，以及计划性和策略性相结合的特点。经营环境与战略决策重点的变化模糊了战略管理三个阶段的界限，导致战略实施和战略评价与控制体系出现了创新性的变化。

在企业经营环境相对静态的条件下，企业战略管理者在制定战略的过程中可以对战略实施的环境做出高度准确的预测，并且相信在战略实施过程中企业的竞争优势可以得到保持。但是，经营环境的动态化与竞争优势的可保持性下降，使得企业战略管理者在制定战略的过程中很难对战略实施的环境和竞争优势在战略实施过程中的可保持性做出准确度比较高的预测。在应对环境变化和竞争对手互动的过程中，先动优势越来越重要，速度和创新已经成为战略实施的关键。为了在战略实施的过程中获得先动优势，企业高层管理者需要：①在过程中进行战略决策，以抓住环境变化和竞争互动中出现的机会和威胁；②需要借助非理性思维，去提高战略决策的速度和战略决策的独特性；③需要应对竞争对手的战略和策略的变化，也包括利用一些策略手段以便按照自己的预期去影响和改变竞争对手的行为。

现在，战略实施的重点是解决这样一个“两难困境”：一方面如何能够让“点决策”的基本内容（例如，公司愿景、公司宗旨、战略意图、战略定位等）得到执行，而不一定是细节能够得到执行，从而让高层管理者在“过程决策”中表现出应有的速度和创新。另一方面在使“过程决策”表现出速度与创新的同时，又能够在实现公司基本承诺方面表现出连续性，并且从根本上保证和体现股东和各个利益集团的根本利益。因此，现在战略实施的重点和内容已经做了非常大的调整和更新，战略实施与控制部分主要关注四个方面的内容：公司治理、组织结构与控制、战略领导、公司文化。

由此可见，经营环境的动态化模糊了企业战略制定与实施的界限，一方面，战略制定从“点决策”转变到“点与过程决策”的结合；而在另一方面，战略实施的任务不单是要保证“点决策”的战略得到执行，还需要从机制、结构、领导和文化方面保证“过程决策”战略的正确性和创新性。

（二）我国企业的经营环境特征与竞争优势

进入20世纪90年代以来，我国越来越多的企业管理者感到竞争环境越来越复杂，竞争的对抗性越来越强，竞争内容的变化越来越快。促使我国企业经营环境变化和变化速度加快的因素有：①经济体制改革；②经济国际化和市场全球化；③新技术、新产品开发的速度加快；④竞争手段的现代化。虽然各个行业的动态程度可能存在着区别，但是竞争动态化的影响是普遍存在的。这种影响的主要标志就是我国企业竞争优势的可保持性出现了普遍下降的趋势。受我国企业所特有的制度因素、文化因素的影响和前一阶段上所采用的松散型增长方式的制约，许多企业为了平衡经营风险或者获得制度的好处，采用更大程度的多样化战略，或者围绕产品的成本、价格及促销等进行恶性竞争的战略，引发了许多的“行业大战”。面对这样的经营环境，我国企业战略管理的研究者与企业管理者都面临着这样的问题：影响我国企业战略行为的环境因素及其变化趋势是什么？受这些趋势的影响，我国企业应该如何选择战略制定的思维方式？围绕上述这些问题的回答，该书的研究得出如下结论。

（1）我国企业经营环境表现出明显的动态化趋势。研究发现我国企业整体经营环境明显表现出动态化的趋势，而且行业、性质及企业年龄不同的企业所感受到的企业环境的动态性程度表现出显著的差异性。

（2）推动我国企业经营环境动态化的主要原因是市场因素、技术因素和全球化，因而在企业战略制定与执行过程中，应特别注意分析资源市场化、技术创新和市场全球化的影响。

（3）环境动态化和优势可保持性的关系。研究发现随着企业经营环境动态性程度的提高，企业竞争优势的可保持程度明显降低。

（4）以资源为基础的战略制定模式越来越受到企业的重视。在经营环境动态化和竞争优势可保持性下降的影响下，越来越多的企业意识到以资源为基础的战略制定模式能够获得更高的收益，因此，这些企业对市场或者行业机会的重视正逐步转移到对内部资源与能力优势的建立上。

（三）经营级战略

基于环境动态化的基本认识，企业的战略思考和战略思维的模式已经发生了重大的变化。如果不能够了解动态竞争的性质和特点，不了解新的战略概念与思维模式，就无法制定有效的竞争战略，或者无法制定长期获得高于平均水平收益的战略。

在企业经营级战略的层面上，要认真研究和强调企业竞争战略在动态条件与静态条件下的差异：①动态竞争战略的制定是以重视动态竞争互动为基本前提的。在动态竞争条件下，制定动态竞争战略的有效性很大程度上依赖于预测、削弱和限制竞争对手的能力。②在相对动态的条件下，企业既重视扬长避短，同时也关心自灭自新。在动态竞争条件下，如果一个企业总是以自己的优势打击对手的弱点，在多次打击竞争对手之后，就会发现这样一种情况：一是自己原来的优势越来越没有作用，因为竞争对手在多次被打击之后已经产生抵抗力，通过模仿或者学习克服了自己的弱点；二是竞争对手在没有优势的情况下，会想办法改变竞争规则或者创造新优势，使原来的优势丧失意义；三是在这种情况下，原来打击别人的企业很可能因为过于依赖原有优势或者固守原来的优势而没有及时建立新优势，所以在下一个回合的竞争互动中处于不利地位。③在动态竞争条件下，制定竞争战略的目的是要创造新的竞争优势。在动态竞争条件下，竞争优势都是暂时性的，所有的竞争优势都是会受到侵蚀的。这种侵蚀有时是因为竞争对手的模仿，有时是被竞争对手以智取之。所以，企业要保持竞争优势，但更加重要的是如何及时地通过创造新优势以削弱对手的竞争优势，或者通过改变竞争领域或规则使竞争对手的竞争优势过时。④进入动态竞争环境以后，企业需要在静态分析方法的基础上采用动态分析的方法去分析竞争对手。在动态竞争条件下，分析、评价和选择竞争战略的方法不再立足于竞争优势的可保持性，不是只考虑一个竞争回合，而是立足于竞争对手之间的互动。⑤在动态竞争的条件下，人们越来越关注企业的能力、核心专长以及企业战略的作用。在动态竞争条件下，越来越多的管理者认为客观环境、市场结构和行业竞争结构是可以通过企业的战略行为而改变的，而且变化越来越快。⑥在动态化环境下，企业之间的竞争与合作同样重要，企业间的“竞合”是动态化环境下企业关系的准确描述。

在经营级战略层次上，该书还针对企业在制定动态竞争战略方面面临的新问题，例如，动态竞争战略应该如何制定；多点竞争是如何能够促进协作、降低竞争强度的；企业如何才能不断地建立新的竞争优势，引进、消化和推广国外学者的一些新的理论与方法：①竞争互动，竞争对手分析及企业间竞争的理论框架。这个理论框架是基于 MBV 和 RBV 的两个企业战略理论以及市场共通性与资源相似性这两个综合指标的整合而展开的。②基于“竞合”理念的战略联盟、供应链及项目伙伴关系，其中包括企业间“竞合”的理念、项目伙伴关系和管理策略、战略联盟，提出了有效的实施策略。③多点竞争，降低竞争强度与反制竞争对手的策略。从研究多点竞争的企业互动角度，提出一种能够降低竞争强度的心照不宣的协作战略，并进一步分析多点竞争协作战略缓和企业间竞争强度的机制和因素。研究发现多点竞争经常存在于高度竞争性的市场，在这种竞争市场中，企业通过多元化获得市场力量的一个方法就是多点竞争。

（四）公司级战略

企业集团从 20 世纪 90 年代开始在经济转型或者说是新兴市场的国家流行和发展起来。这些企业集团在它们所在国家发挥的巨大作用和这些国家的高速经济增长使有关经济转型或者新兴市场国家企业集团的问题更受关注，相当多

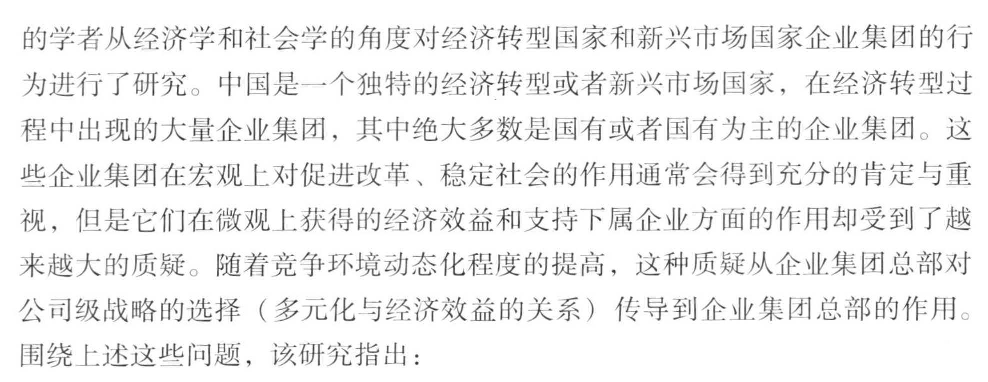

的学者从经济学和社会学的角度对经济转型国家和新兴市场国家企业集团的行为进行了研究。中国是一个独特的经济转型或者新兴市场国家，在经济转型过程中出现的大量企业集团，其中绝大多数是国有或者国有为主的企业集团。这些企业集团在宏观上对促进改革、稳定社会的作用通常会得到充分的肯定与重视，但是它们在微观上获得的经济效益和支持下属企业方面的作用却受到了越来越大的质疑。随着竞争环境动态化程度的提高，这种质疑从企业集团总部对公司级战略的选择（多元化与经济效益的关系）传导到企业集团总部的作用。围绕上述这些问题，该研究指出：

（1）在经济转型的过程中，我国国有和国有控股的企业集团的战略行为不仅可以从经济学、社会学的角度，而且更重要的是需要从政治学的角度加以解释，因为它们的战略行为在很大程度上受到我国政府及其所特有的制度因素的影响。

（2）经济转型期，低度多元化获得的收益要高于高度多元化，而且适度多元化的企业绩效最高。这表明随着经济改革和市场经济的完善，企业集团的经济效益主要源于降低交易成本和获取范围经济；高度多元化造成的代理成本增加已经不能够像过去那样得到政府政策性的补偿。

（3）受制度因素和特殊的发展模式的影响，在经济转型中我国企业集团成长与重组表现出两种不同的模式：以重组为主的循环多元化成长模式和以内部选择为主的持续多元化成长模式。无论采用什么样的增长模式，关注建立内部优势和适度依靠政府政策的企业集团才能够保持健康的发展。

（4）企业集团的内部结构因素影响企业多元化战略选择。第一，内部要素市场或者说通用性资源对多元化程度的影响要高于内部产品市场的影响；其中企业集团内部的资金市场（即相互贷款）和管理协调与绩效呈正相关。在我国转型时期，资本市场和经理市场远远落后于产品市场，因此，在企业内部通用性资源中，内部资金和管理才能对绩效的作用更明显。第二，企业集团的国有股与多元化程度负相关。在这种情况下，国有企业的管理越来越强调突出主业，规范企业重大投资管理，严格控制非主业投资，从重视规模向重视效益转变。

（五）战略实施

在环境动态化和经济转型过程中，我国企业在战略实施的重点已经从过去的强调严格转变到现在的强调应变与创新，因为环境的可预测性、竞争优势的可保持性在下降，而创新速度在竞争中的重要性在不断上升，所以如何能够保证企业在战略实施的过程表现出所需要的创新性与速度已经成为战略实施过程中更为重要的问题。围绕上述这些问题，该书得出的结论如下。

（1）在经营环境动态化的影响下，战略实施过程计划性的重要性相对下降，而应变力、创新力和速度的重要性则迅速上升。

（2）为了保证企业高层管理者能够在战略实施过程中表现出应变力、创新力和速度，建立合适的管理模式（包括公司治理结构、组织结构、管理机制、企业文化等）的重要性已经超过了建立战略实施的计划体系的重要性。

（3）在设计合适的管理模式的过程中，企业不仅需要考虑实施既定战略（点决策）的需要，而且更需要考虑保证动态竞争决策（过程决策）的创新性和速度的重要性。

（4）虽然机会决定战略和战略决定结构、机制、文化的原理依然重要，但是以 RBV 观点为主的战略管理模式似乎更能够体现动态条件下战略实施的特点，因为结构、机制和文化等因素同样可以对战略选择产生影响，而且越来越多的情况下可以发挥决定性的作用。

四、理论创新和学界影响

该书较好地实现了我国企业战略管理研究的知识引进和方法上的创新，推动了我国企业战略管理研究的国际化和国内教育的发展，取得了重大的学术影响，获得了广泛的关注和认可，在获得广东省哲学社会科学优秀成果奖著作类一等奖后，又获得了教育部高等学校科学研究优秀成果奖人文社会科学一等奖、中国管理科学学会设立的中国管理科学奖（学术类）和广东省社会科学界联合会成立 50 周年理论创新著作奖。

基于在线收益的动态最优投资组合选择
（Optimal Dynamic Portfolio Selection with Earnings-at-Risk）

李仲飞　Hailiang YANG　Xiaotie DENG

李仲飞

李仲飞，中国科学院管理学博士，中山大学管理学院教授、国务院学位委员会学科评议组成员，国家创新研究群体项目、国家自然科学基金重大项目课题获得者，全国模范教师，享受国务院政府特殊津贴专家，全国百篇优秀博士学位论文获得者。曾获教育部人文社会科学研究优秀成果奖二等奖、广东省哲学社会科学优秀成果奖一等奖、内蒙古自治区科技进步奖二等奖，入选Elsevier中国高被引学者榜单。受邀出席中华人民共和国成立70周年庆典观礼。研究领域包括数字金融与金融科技、金融市场与投资、金融工程与风险管理、金融经济学、保险与精算。

一、核心思想和观点

（1）诺贝尔经济学奖得主 Markowitz 和 Sharpe 分别创立的均值 - 方差模型和资本资产定价模型（CAmp），其使用的方差度量风险有重大缺陷，提出更加科学、更加合理的风险度量是学界和业界一项长期的前沿课题，本文提出的 EaR（Earnings-at-Risk）风险度量改进了方差风险度量，且正被一些同行用作风险度量来研究投资 - 保险问题。

（2）提出的均值-EaR 模型改进和拓展了经典的均值 - 方差模型。

（3）提出的分层优化求解方法具有应用前景，已被用于求解均值-CaR 型、均值-VaR 型、期望效用型等动态资产配置模型。

二、理论创新点

（1）提出了新的风险概念 EaR，并给出了它的三种度量方法。诺贝尔经济学奖得主 Markowitz 创立的均值 - 方差模型及诺贝尔经济学奖得主 Sharpe 提出的资本资产定价模型（CAPM）等重大金融理论，无一例外地将风险用方差来度量，然而方差把收益高于均值的变动也纳入风险，显然是不合理的，因而长期受到批评，就连 Markowitz 本人也承认这一点。因此，提出新的风险度量一直是一项前沿研究课题，不仅具有重要的理论意义，而且具有重要的现实意义。实际上，本文提出的 EaR 不仅比传统的方差更合理，也在一定程度上是对国际上新提出来的风险度量 VaR（Value-at-Risk）和 CaR（Capital-at-Risk）进行了改进。

（2）给出了 EaR 的三种度量的一些性质与关系。方差已为人们所熟悉，当把方差度量向更合理的方向改进时，自然希望知道新的风险度量有哪些性质以及与方差性质有哪些异同。这些性质与关系的探讨有助于推进有关 EaR 的研究。

（3）建立了连续时间最优动态证券组合选择的“均值-EaR”模型，并在 Black-Scholes 的金融市场设置下，推导出该模型的最优常数再调整（Best Constant-Rebalanced）证券组合投资策略以及有效边界的显式表达式。

本文提出的均值-EaR 模型从理论上改进和拓展了 Markowitz 的均值 - 方差模型。给出的显示形式的最优投资组合策略和有效边界，具有很强的可操作性，能方便地应用到动态投资决策与管理的实践中。

（4）提出了精确求解均值-EaR 这类模型的分层优化方法。这个方法：先对可行域进行分解，然后将模型转化为二层优化问题，接着使用标准的 Lagrange 方法求解。使用这一方法，该文还给出了均值－方差模型和均值-CaR 模型的最优投资策略及有效边界的显式表达式。利用这些显式表达式，我们对这三个模型进行了比较和分析，并给出了相应的经济学解释。

三、学界影响

该文发表于"*Journal of Optimization Theory and Applications* 2007 年第 132 卷第 3 期"，被两大国际检索系统 SSCI 和 SCI 收录，获广东省第三届哲学社会科学优秀成果奖论文类一等奖。

该文提出的分层优化法具有应用前景。该法已经被学者用于求解均值-CaR 型、均值-VaR 型、期望效用型等动态资产配置模型。

该文提出的 EaR 不仅用作纯投资问题中的风险度量，而且正被一些同行用作风险度量来研究投资－保险问题。

杨海亮

邓小铁

Hailiang Yang（**杨海亮**），香港大学统计与精算学系教授、英国精算师协会名誉会员、瑞士精算师协会通信会员、国际知名学者，兼任重要国际期刊 *Insurance: Mathematics and Economics* 共同主编、*North American Actuarial Journal* 副主编。他的研究领域包括保险风险模型、破产理论、最优分红策略、机制转换模型下的期权定价、资产配置的优化，以及权益联结保险产品。

Xiaotie Deng（**邓小铁**），斯坦福大学博士，现任北京大学讲席教授、ACM 会士、IEEE 会士。曾在上海交通大学、英国利物浦大学、香港城市大学和加拿大约克大学任教，科研工作长期集中在算法博弈理论，并应用于互联网经济和金融科技。近期研究工作包括机器学习与博弈论的交互，区块链中的共识机制与博弈论分析，以及激励原理的应用。

原文章荣获广东省哲学社会科学优秀成果奖一等奖，外文题目为“Optimal Dynamic Portfolio Selection With Earnings-at-Risk”，经压缩并译为中文后编入精选集。

判决如何作出
——以判断类型为视角

任　强

任　强

任　强，中山大学教授、博士生导师，法学院副院长，首届“广东十大优秀中青年法学家”。中山大学法学学士、法学硕士、哲学博士，北京大学法学博士后，2012 年 1 月—2013 年 1 月在美国斯坦福大学访学。研究领域为法理学、司法理论、法律方法论等。出版《法度与理念》《知识、信仰与超越》等著作，在《中国社会科学》《法学研究》等权威期刊发表学术论文 80 余篇，主持国家社会科学基金等多项课题的研究，学术成果多次获司法部和广东省政府一等奖等奖励。

《判决如何作出——以判断类型为视角》发表于《中国社会科学》2007 年第 3 期，获广东省第三届哲学社会科学优秀成果奖论文类一等奖。

该文通过对公安人员、检察官、法官、律师等司法人员的实地调查，透过对办案过程中价值与事实、事实与规范的相互关系的分析，剖析了中国司法实践中判决作出过程的困境和复杂性，揭示司法人员在判决中对证据与法律的判断形成过程及其影响因素。

该文涉及证据规范、法律解释、法律推理、法律与语言关系等内容，以判断类型为分析框架，分析了案件真相复原中的事实判断、证据确认中的事实判断和判决中的价值判断。该文认为，案件真相复原中的事实判断和证据认定中的事实判断，都是“理想类型”的建构过程，它们不可能是唯一的、绝对客观的，但是不同的司法人员建构的“理想类型”有优劣之分，其合理性也有强弱之分，而且它们都会受到司法人员价值因素的影响。在审判阶段，判决属于价值判断，判决的作出由法官对法律条文的理解、证据的性质及其与判决的内在关联性、道德、风俗、经济利益、社会效果、法官的直觉和评价性价值判断等因素决定，这些因素变化影响了判决的解释力和说服力。当然，这三种判断类型并不是严格按照先后次序进行的，侦查人员和检察官在案情认知中的事实判断和在证据认定中的事实判断经常同时出现，有时候会纠葛在一起，他们也会对未来法官将要作出的判决这一价值判断进行预测。而在判决阶段，法官有时候也会对侦查人员与检察官关于案情的事实判断和证据认定中的事实判断进行重新认知。但是借助于判断类型的分析，可以解释判决重要特征的同一性和差异性，使判决产生过程的真实性和丰富性得到呈现和揭示。

长期以来，在我国的司法实践中，人们对判决的产生过程还停留在粗浅的水平，在审判中，有人认为证据就是自然事实，有人认为法律事实不含价值因素，有人认为判决就是正确的判断。也有人认为法律条文是一个大前提，证据是小前提，判决就是结论，所有的审判就是这样一个三段论的推理，而不去追究影响判决的诸多判断的复杂性以及它们之间的具体联系。该文对于判决产生过程的分析，能够使我们真正了解和认识判决的复杂性。文章将社会科学研究的研究进路和写作方法引入国内的法学研究中来，对中国法律改革进行实证研究提供了一个范本。在我国法学理论研究与实践研究有所脱节的今天，这篇文章有其独特的理论和实践意义，尤其能为司法实践界的工作人员提供有益的理论导向。

偿还养老金隐性债务研究

申曙光　彭浩然　宋世斌　张　勇　张人旭　冯　羽

申曙光

申曙光，中山大学岭南学院、政治与公共事务管理学院双聘教授，金融专业博士生导师，社会保障专业博士生导师。中山大学社会保障研究中心主任，中山大学国家治理研究院副院长，主要学术兼职：中国社会保障学会副会长兼医保专委会主任，国务院医改办专家咨询委员（第二届），国家人力资源和社会保障部专家咨询委员，国家减灾委专家咨询委员，广东省社会保险学会副会长，广东省医疗保险研究会副会长，广东省政府应急管理专家，广东乡村振兴咨询委员会委员。

彭浩然，中山大学岭南学院教授。

宋世斌，中山大学岭南学院副教授。

《偿还养老金隐性债务研究》获广东省第三届哲学社会科学优秀成果奖调研咨询报告类一等奖。

在我国，自20世纪90年代建立起城镇职工基本养老保险制度以来，如何偿还养老金隐性债务成为影响我国养老保险制度可持续发展的关键问题。正因为如此，无论是理论学术界还是政府部门，一直都对这一问题高度重视，理论界热衷于讨论养老金隐性债务的成因、规模，以及对养老保险制度改革的影响，政府部门十分关心如何偿还养老金隐性债务问题。但是，学界对养老金隐性债务的含义理解不到位，也很少有人把养老金隐性债务的规模与偿还办法结合起来进行研究，由此所得到的结论与建议说服力不强，更缺乏决策实用价值。

针对前人研究的不足，该项目对我国养老金隐性债务问题进行了系统研究。研究内容包括两大部分：一是隐性债务规模的测算；二是在测算的基础上研究偿还养老金隐性债务的办法。首先，从考察我国养老保险制度的历史沿革及现状出发，分析我国养老保险隐性债务的含义与产生机理，并对隐性债务进行三个层次的划分；其次，针对三个层次的隐性债务的测算分别建立精算模型，在一定假设基础上对三个层次的隐性债务规模进行测算，对测算结果进行分析；最后，根据测算结果，从制度内办法与制度外办法两个方面分析各种偿还养老金隐性债务办法的可行性和效果，提出合适可行的解决办法。我们将测算结果与解决办法结合起来进行分析，并充分考虑中国现行的养老保险制度背景及相关社会经济背景，使得所提出的解决办法在理论上可行、政策上合理、实际上可操作。

该研究不但运用精算等方法测算出我国养老保险隐性债务的规模，而且在此基础上系统地研究了理论学术界与政府部门提出的各种主要解决办法，特别是研究了这些解决办法在实际上是否可行，能在多大程度上解决隐性债务问题，并提出可行方法的组合，形成一个具有可行性的解决方案。这一成果将会对我国养老保险隐性债务问题的解决和现行统账结合模式的可持续发展产生直接影响。

（1）明确地提出养老保险隐性债务问题是一个可以解决的问题，促进政府部门深化对养老保险隐性债务问题的认识，引起其对解决这一问题的重视

程度。

（2）政府部门将可以考虑不依赖“新人”缴费来解决“老人”和“中人”的债务问题，而是通过调整财政支出结构，提高养老保险补助水平占财政支出的比例以及利用国有股减持收入来解决。

（3）应重视建立“新人”缴费和养老金收益的自平衡机制，这样可实现统账结合模式的可持续发展。

（4）政府可考虑从2015年开始延长退休年龄，这样就可以在不加剧劳动力市场就业压力的情形下，有效缩减养老保险隐性债务的规模。

正因为如此，本研究所形成的咨询报告得到了有关部门的高度重视，研究结论和政策建议已经被政府部门认可和采纳：①该成果被全国哲学社会科学规划办编入《成果要报》，上报给党和政府高层领导参阅，多位高层领导作出批示进行肯定。②国家人力资源和社会保障部调阅了该研究报告全文。③国家人力资源和社会保障部、广东省及其他多个省市的主要领导对项目成果作出肯定性批示。④“延迟退休年龄”这一建议得到肯定，因此近十几年来一直作为一项重要的对策为学界和政府部门所热烈讨论，其必要性也日益显现，国家有可能择期出台相关政策。

五四文学精神资源新论

宋剑华

宋剑华

宋剑华，男，文学博士，现为暨南大学文学院教授、博士生导师，享受国务院政府特殊津贴专家，广东省南粤优秀教师。曾在《中国社会科学》《文学评论》《文艺研究》《中国现代文学研究丛刊》《文艺理论研究》等刊物发表学术论文200余篇，出版学术著作《胡适与中国文化的现代转型》《基督精神与曹禺戏剧》《百年文学与主流意识形态》《“娜拉现象”的中国言说》等13部；承担国家社会科学基金重点项目1项、一般项目1项，教育部人文社科项目2项；曾获广东省优秀哲学社会科学成果奖一等奖2项，二等奖1项。

《五四文学精神资源新论》发表于《中国社会科学》2006年第1期，获广东省第三届哲学社会科学优秀成果奖论文类一等奖。

人文主义原本是西方文化的历史传统，它究竟通过什么渠道和方式传入中国并产生影响，新文学作家又是怎样对其加以理解和运用的？这一关键问题，至今没有引起学界足够的重视。本文对五四文学的精神资源进行反思，认为五四文学是本土意识深度介入西方现实主义文学思潮等的结果。

“五四”作家并不真正了解西方近现代文学的精神本质，更不了解西方人文哲学的历史成因。他们主要依据日本思维中的西方文化阅读体验，重新对西方文学进行思想定义与自我消化，进而间接获得有关西方人文主义的零碎知识。综观“五四文学”运动的具体实践，白话语体文本所负荷的实际内容，与西方近现代文学思潮中的人文意识还有相当的距离。尽管先驱者为此付出过不懈的努力，但由于语言文字的障碍使他们无法与西方近现代文学直接对话，故其作品很大程度上是通过日本“窗口”这一中介，以“自我”理解的所谓西方人文精神，去对中国传统文化进行现代词汇的形式演绎。尤其是新文学作家鲜明的“醒世”“入世”和“救世”意识，预示着他们“误解”和“误读”西方人文主义哲学已是在所难免。他们并不真正了解西方人文主义的历史成因与基本内涵，只是简单地将西方现代文明的科学和制度等同于人文主义的精神实质。如胡适的《易卜生主义》，是从社会政治学角度误解了西方人文主义传统；而周作人的《人的文学》，则是从文学社会学角度误解了西方现代“人”学观念，从而导致主观想象与客观效果之间存在一种“形似神离”的巨大思想差异。

《新青年》阵营对于五四文学的理论定位，就是以西方文化和文学为创作指南，全力去效法近代西方的“写实主义”。但是，先驱者只不过是以一种儒家实用功利主义的人生务实态度，去误读了西方现实主义文学的理性批判精神，最终人为地遮蔽了两者间的本质差别。西方的现实主义文学运动，说穿了就是西方人文主义历史的一个重要组成部分，它站在与工业化文明相对抗的人文立场，批判人的物质欲望而推崇人的精神品质，它的思想动力源恰好是当时盛行于欧洲的德国古典主义主体论哲学。然而，五四文学则缺乏这样的思想文化基础。可以说，新文学倡导的“写实主义”与西方现实主义文学的理性批判精神，所信奉的是两种完全不同的价值观。但是，“为人生”的文学主张，则在它们之间架起了一座越位沟通的历史桥梁。我们对五四文学精神资源进行反省，并不是要否定“西方”文化观和价值观的作用，也不是否定“五四”作家所付出的巨大努力；而是看到它与西方人文主义间的距离，看到中国传统文化精神对之的烛照，看到以往学界的简单化理解，以便今后对此做出新的补充、调整与发展。

完善我国棉花产业补贴政策研究

谭砚文　汪晓银　张润清　孙良媛　李朝晖　谢凤杰　潘　苏

谭砚文

谭砚文，全国百篇优秀博士学位论文获得者，广东省高等学校特聘教授，教育部“新世纪优秀人才支持计划”入选者，南粤优秀教师，国家木薯产业技术体系经济岗专家。主持国家自然科学基金项目2项、国际合作项目1项、主任基金1项；国家社会科学基金1项；其他省部级课题40余项；发表论文70余篇，专著5部；指导大学生获得全国“挑战杯”竞赛特等奖1项、广东省“挑战杯”竞赛特等奖2项。

《完善我国棉花产业补贴政策研究》获广东省第三届哲学社会科学优秀成果奖调研咨询报告类一等奖。

一、研究内容

该研究通过分析棉花补贴政策对我国棉花生产、棉农收入的影响，提出了以提高棉农收入和促进棉花生产为目标的棉花产业补贴政策体系。

（1）根据棉花补贴的多目标体系，设计了一个系统复杂多约束、多目标的随机线性规划模型，并检验了棉花良种补贴政策的实施绩效。研究发现，以扩大面积为目的的补贴政策短期内具有一定经济效应，但长期却不能有效促进棉花生产。

（2）对我国自2005年5月起实施的棉花进口滑准税进行了理论和实证分析。分析认为，滑准税有效稳定了进口棉花的国内销售价格，但对于棉农收入的保护效果并不显著。研究表明，相对于固定关税，滑准税更易降低本国的福利，况且，由于存在级差关税，在许可证管理体制下的滑准税制度容易使少数进口商与国外供应商合谋，以低价高报的方式逃避关税。

（3）通过研究主要棉花生产省区投入要素分别对棉花单产、成本、利润的影响弹性和边际效应，发现，除山东与河南两省外，其他棉花生产地区都应实行种子补贴，这在理论上验证了我国政府所采取的良种补贴政策具有较大的合理性。

（4）棉花问题成为影响WTO新一轮农业谈判（多哈回合）进展的主要焦点。在棉花谈判中，中国应明确支持大幅度削减国内生产支持的政策主张，同时应强调中国棉花生产对于稳定国际棉花市场、对于解决中国棉农贫困问题的重要性，以寻求国际上对中国发展棉花生产的技术和资金支持，并为采取更完善的棉花补贴政策提供客观依据。

（5）该研究认为，我国棉花产业补贴政策应以保障棉农收入不受损失的直接收入补贴为核心，以降低生产成本的投入要素补贴及以稳定市场价格波动的储备补贴为辅助，以提高单产水平及综合生产能力的“绿箱”补贴为根本。

二、主要创新

（1）对良种补贴政策和可替代投入要素补贴的经济效应进行了理论分析；对滑准税的经济学原理，以及关税配额管理体制下滑准税的经济效应进行了理论和实证分析，丰富了农业支持政策理论方面的研究。

（2）在分析不同棉花主产省区不同投入要素对各地棉花种植面积、单产水平、生产利润影响的基础上，对各地区实施单一投入要素补贴和混合投入补贴的方式进行了探讨，研究内容具有一定创新。

（3）建立了多目标、多约束条件下我国棉花补贴政策的随机线性优化模型，并探讨了我国棉花投入要素补贴的优化政策，对政策评估研究方法进行了一定探索。

三、学术价值和应用价值

（1）该研究建立的棉花补贴政策评估模型，可应用于粮食等其他农产品，拓展现有的补贴政策评估方法体系。

（2）该研究提出的以保障棉农收入为核心、以提高单产和综合生产能力为根本的棉花补贴政策体系框架，对于完善我国棉花及其他农产品的补贴政策体系具有较大参考价值。

四、社会影响

（1）对2005年5月开始实施的棉花超配额进口滑准税政策进行了理论分析和实证检验，研究成果得到了时任国务院总理温家宝同志的高度重视。

（2）对完善棉花补贴政策和完善棉花进口滑准税政策提出的政策建议，被中国棉花协会采纳，并上报有关政府部门。

人民币合意升值幅度的一种算法

王 曦 才国伟

王 曦

才国伟

王 曦，1970年出生，广东省高等学校特聘教授、博士生导师。中山大学中国转型与开放经济研究所（原经济研究所）所长，曾任岭南学院副院长。中国人民银行货币政策委员会百名研究专家、国家统计局百名经济学家，《世界经济》杂志编委、中国世界经济学会、中国国际金融学会副秘书长/常务理事等。教育部“新世纪优秀人才支持计划”入选者（2007）、广东省高层次人才（2013）、“广东特支计划”宣传思想文化领军人才（2015）等。获教育部第七届高等学校科学研究优秀成果二等奖、安子介国际贸易研究奖、中国金融国际年会（CICF）最高奖、广东省哲学社会科学优秀成果奖一等奖、全国百篇优秀博士学位论文获得者（2005）等。主持国家重大项目1项、国家面上项目6项。出版专著7部。在 *Journal of International Money & Finance*，*Economic Modelling*，《经济研究》《管理世界》等国内外权威期刊发表论文80余篇。

才国伟，中山大学岭南学院教授、博士生导师，副院长。

《人民币合意升值幅度的一种算法》发表于《经济研究》2007 年第 5 期，获广东省第三届哲学社会科学优秀成果奖论文类一等奖。

首先，对实际汇率概念、均衡汇率、人民币均衡汇率研究方法进行了详细评论。发现用现有方法来研究人民币定价问题，尚存在诸多不足之处。有鉴于此，本文以汇率错位下的均衡汇率回复（reverting）机制作为理论基础，通过理性预期（rational expectation）技术以利用远期外汇市场包含的信息，提出了一种计算和判断均衡汇率及汇率错位（misalignment）的新的理论定价公式，并论证了新公式的实证可行性。作为新算法的应用，本文计算了人民币汇率错位水平，表明要恢复到均衡汇率水平，人民币在2005 年6 月末应升值4. 39%。

一、理论模型

以 ε_t 表示时间 t 时的实际汇率；ε^* 为均衡汇率。在 ε^* 附近，考虑 ε_t 的动态调整过程：

$$d\varepsilon_t = f(\varepsilon_t, \varepsilon^*)dt + \sigma dw \tag{1}$$

其中，w 为一标准维纳（Weiner）过程，$\sigma > 0$ 为波动项。f（·）表示实际汇率的期望调整速度，f（·）抓住了经济结构的特征，表示在特有的经济结构下，实际汇率和均衡汇率对实际汇率调整速度的影响。对 f（·）进行进一步设定，以限定调整动态：

$$f(\varepsilon^*, \varepsilon^*) = 0 \tag{2}$$

$$df/d\varepsilon_t = df/d(\varepsilon_t - \varepsilon^*) < 0 \tag{3}$$

对 f（·）在 $\varepsilon_t = \varepsilon^*$ 附近进行一阶泰勒展开，再利用式（2），可以得到

$$f(\varepsilon_t, \varepsilon^*)\Big|_{\varepsilon=\varepsilon^*} \simeq f(\varepsilon^*, \varepsilon^*) + (df/d\varepsilon_t\Big|_{\varepsilon=\varepsilon^*})(\varepsilon_t - \varepsilon^*) = (df/d\varepsilon_t\Big|_{\varepsilon=\varepsilon^*})(\varepsilon_t - \varepsilon^*) \equiv \lambda(\varepsilon_t - \varepsilon^*) \tag{4}$$

其中，$\lambda \equiv df/d\varepsilon_t\Big|_{\varepsilon=\varepsilon^*}$。将式（4）代入式（1），有：

$$d\varepsilon_t = \lambda(\varepsilon_t - \varepsilon^*)dt + \sigma dw \tag{5}$$

根据式（3），$\lambda \equiv df/d\varepsilon_t\Big|_{\varepsilon=\varepsilon^*} < 0$。则在式（5）中，当 $\varepsilon_t > \varepsilon^*$ 时，有 $E[d\varepsilon_t]/dt < 0$，即本币低估时，实际汇率有下降或本币有升值的压力。本币高估时的情况可以类推。

将式（5）离散化，得到：

$$\Delta\varepsilon_{t+1}=\varepsilon_{t+1}-\varepsilon_{t}=\lambda(\varepsilon_{t}-\varepsilon^{*})+v_{t+1} \tag{6}$$

其中，v_t 为独立同分布的高斯白噪声，均值为0，方差为 σ^2。

式（6）对内向实际汇率和外向实际汇率都是有效的。以下分析基于外向实际汇率的概念。记实际汇率 $\varepsilon_t\equiv ER_tP_t^f/P_t^d$；通货膨胀率 $\pi_{t+1}\equiv(P_{t+1}-P_t)/P_t$。利用 $\Delta\ln Z_{t+1}\simeq(Z_{t+1}-Z_t)/Z_t$，式（6）左边可以表示为：

$$\begin{aligned}\Delta\varepsilon_{t+1}&=\varepsilon_t(\Delta\varepsilon_{t+1}/\varepsilon_t)=\varepsilon_t\Delta\ln\varepsilon_{t+1}=\varepsilon_t\Delta\ln(ER_{t+1}P_{t+1}^f/P_{t+1}^d)\\&=\varepsilon_t[\Delta lnER_{t+1}+\Delta lnP_{t+1}^f-\Delta lnP_{t+1}^d]\\&=\varepsilon_t[(ER_{t+1}-ER_t)/ER_t+(P_{t+1}^f-P_t^f)/P_t^f-(P_{t+1}^d-P_t^d)/P_t^d]\\&=\varepsilon_t[ER_{t+1}/ER_t-1+(\pi_{t+1}^f-\pi_{t+1}^d)]\end{aligned} \tag{7}$$

将式（7）代入式（6），有：

$$\varepsilon_t[ER_{t+1}/ER_t-1+(\pi_{t+1}^f-\pi_{t+1}^d)]=\lambda(\varepsilon_t-\varepsilon^*)+v_{t+1}$$

在理性预期假设下，对上式两边取条件期望 E_t［·］，再移项有：

$$E_t[ER_{t+1}]/ER_t-1+E_t[\pi_{t+1}^f-\pi_{t+1}^d]=\lambda(1-E_t[\varepsilon^*]/\varepsilon_t) \tag{8}$$

式（8）中，E_t［ε^*］即为理性预期意义上的均衡实际汇率估计。此处利用了对应于式（1）到（6）的经济动态调整机制，因此，E_t［ε^*］是充分利用经济结构特征得出的对 ε^* 的最优估计。进而，如果远期外汇市场上预期是理性的，则 E_t［ε^*］刚好等于远期汇率。

二、理论创新

（1）提出了新的汇率定价和计算汇率错位的理念：充分利用外汇市场上包含的有效信息。

（2）在学理上规范地实现了这个理念：利用金融工程中的均值回复（mean-reverting）随机过程技术，以及现代经济学的理性预期技术，通过严格的数学推导得出了新均衡汇率定价和汇率错位计算的公式，即上文的式（8）。

（3）论证了这个新的定价公式在实证分析中是可行的。

（4）将新的算法应用于人民币汇率分析，得出了当时人民币汇率的合意汇率及其升值幅度。

三、学术价值与社会影响

（1）新模型利用了以往为国内外均衡汇率分析所忽略的外汇市场的信息，

并且提供了基于均衡汇率回复和理性预期的理论支撑，是对国际上现有均衡汇率研究的一个推进。

（2）人民币定价问题一直是重点，也是难题。本文创新梯度的新定价公式和算法，对后续我国汇率制度改革与制定人民币汇率政策制定起到了重要的指导作用。

（3）《经济研究》是我国经济学第一刊物，本文为当期《经济研究》封面论文。引用本文且已经发表的学术论文已有 79 篇，其发表于《经济研究》《管理世界》与《金融研究》等。

凤凰村的变迁：《华南的乡村生活》追踪研究

周大鸣

周大鸣

周大鸣，教育部国家级高层次人才，享受国务院政府特殊津贴专家，中山大学社会学与人类学学院教授、博士生导师，国家民委民族理论政策研究基地中山大学移民与族群研究中心主任，国务院学位委员会学科评议专家，国家社会科学基金评审专家。

周大鸣教授的学术贡献主要集中在移民与都市化、族群与区域文化、人类学应用研究等方面。他基于人类学追踪研究、个案研究和整体观研究的方法论，形成了一系列极具人类学特色的新视角和新理论，丰富了人类学研究内容。

周大鸣教授至今已主持国家、教育部、广东省的科研基金项目数十项；出版有《凤凰村的变迁：〈华南的乡村生活〉追踪研究》《多元与共融：族群研究的理论与实践》《城市新移民问题及其对策研究》《中国乡村都市化再研究：珠江三角洲的透视》等著述；发表学术论文百余篇。其中，《中国乡村都市化再研究：珠江三角洲的透视》正在被 Routledge 出版社翻译成英文，将在全球出版发行。

《凤凰村的变迁：〈华南的乡村生活〉追踪研究》，周大鸣著，由社会科学文献出版社于 2006 年 7 月出版。该书获广东省第三届哲学社会科学优秀成果奖著作类一等奖。

20 世纪 20 年代，美国社会学家葛学溥（ D. H. Kulp）从大洋彼岸远赴中国华南沿海的凤凰村，在经过翔实的人类学和社会学调查后，于 1925 年撰写了《华南的乡村生活》一书。作为中国汉族社会的重要学术著作，《华南的乡村生活》一书对凤凰村的经济、家庭、宗教、教育、人口乃至社会组织状况都进行了详尽记载。而其个案研究及在书中的观点也备受认可与推崇，被诸多从事汉族社会研究的学者借鉴和引用。周大鸣的《凤凰村的变迁》是对葛学溥撰写的《华南的乡村生活》一书的追踪研究，也是对其针对华南汉人社会中，诸如宗教、婚姻、民族信仰、政治制度、村落社区关系等关键问题的回应。

一、研究的意义

美国社会学家葛学溥 1925 年出版了《华南的乡村生活》一书，作为对中国汉族社会较早展开调查的经典之作，其研究及观点被后来诸多西方学者所引用。但时隔 80 年，再度重新研究的例子却屈指可数。由此引发了本书作者的兴趣，决定深入凤凰村，再度追溯这个村落近一个世纪的变迁史。本书虽然仅是一个村落社区的研究，但涉及社会人类学研究的一些基本点，具有多方面的意义。第一，本研究作为葛学溥研究的延续，为汉学人类学相关研究提供新的资料和依据；第二，本研究既为潮汕文化研究提供一个村落发展的实例，亦为人类学介入潮汕区域文化研究开辟了路子；第三，本研究将以马克思主义的相关理论作为指导原则，应用人类学文化变迁的理论来阐述村落变迁的过程；第

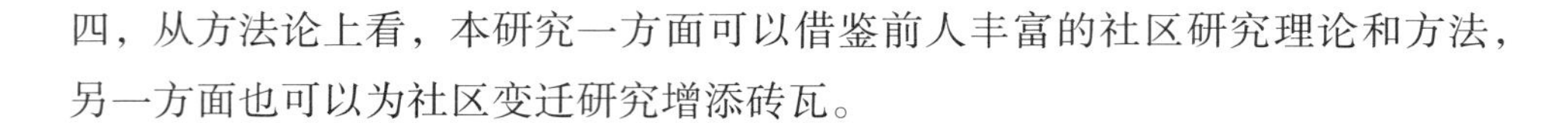

四，从方法论上看，本研究一方面可以借鉴前人丰富的社区研究理论和方法，另一方面也可以为社区变迁研究增添砖瓦。

二、文献综述和方法论

在《凤凰村的变迁》中，周大鸣综述了国内外社会人类学对华南农村的研究，对有代表性的村落民族志和乡村研究的范式进行了评述；同时也对台湾和香港的田野研究文献进行了概述。通过文献综述，归结出三点结论：一是广东在村落社区的研究中占有重要的地位；二是有关的研究可以勾画出广东一个世纪的完整历史；三是反映了人类学理论的发展过程。对潮汕文化的研究进行了综述，概括出潮汕文化研究内容广泛、以历史和文学研究为主、实证性研究少的结论。概述了有关文化变迁理论和追踪研究范例，从而透视出追踪研究对文化变迁探讨的独特贡献。讨论了村落研究的方法论，认为从村落这种小社会可以透视大社会，社区研究正是这种方法论的基础。同时凤凰村作为一个村落除了其独特性外，也具有普遍意义：一是过密化农村的代表；二是反映了潮汕文化的基本特色；三是单姓为主的家族聚居村落；四是与全国其他村落社会经历了相同的发展过程。

三、凤凰村的人口特征及变动

1994 年，周大鸣带着葛学溥的书和地图在潮州市一带寻找凤凰村。按行政区划，凤凰村现在是广东省潮州市潮安区归湖镇溪口管理区。根据溪口管理区户口登记册的统计显示，1917—1918 年，根据葛学溥的调查，凤凰村人口为 650 人。在此之前，没有任何人口普查资料。1951—1958 年，由于行政区划的多次变动和溪口村无专门的统计，导致中华人民共和国成立后关于溪口村人口的资料较为匮乏，当时的人口数为 764 人，女性比例高于男性。按照 5% 的人口增速推算，1949—1950 年，溪口村人口约为 650 人，较之于 30 年前葛学溥的统计大致相当。也就是说凤凰村在 30 年内的人口是零增长，主要原因在于接连不断的战争和持续的人口外迁。1960 年至今，归湖镇的户数和人口都处于稳定上升阶段，根据人口普查的数据显示，凤凰村共计 237 户，人口总数为 1079，男女比例基本平衡。到 1997 年，户数为 299，人口总数为 1132。

本书作者认为户数大幅度增加的原因是土地承包后从集体生产变为家庭生产，造成家庭离心力增强，分家现象普遍。

从凤凰村人口变动的具体类型来看，主要包括四种类型：其一，人口机械类型的变动。一方面，20 世纪 80 年代末以来农转非的口子打开，大量的农村人口涌入城镇。另一方面，农村青年通过考试去读书的方式实现户口和身份的改变。其二，人口的自然变动。从 1990—1995 年对凤凰村人口自然变动的统计情况来看，凤凰村人口的出生率明显高于死亡率。但从总体来说，由于人口的机械变动中迁出人口多于迁入人口，因而虽出生率较高，但总人口还是呈现出下降趋势。其三，人口流动与华侨。在 20 世纪 20 年代，凤凰村共有 55 人外出潮州和汕头打工。根据 1986 年的统计，凤凰村侨居海外的有 66 户。中华人民共和国成立后至改革开放前，受制于严格限制，凤凰村人口几乎无流动机会。在 1978 年后，劳务输出明显增多，凤凰村有 200 人左右外出打工或做生意。其四，婚姻与人口变动。在乡村人口的变动中，婚姻是主要因素。对于凤凰村的大多数妇女而言，婚姻几乎是其唯一迁移的机会。

综上所述，1917—1994 年间，凤凰村人口总体增长速度较为缓慢，男女性别比例从不平衡发展到平衡。同时，由于行政区划的频繁变动，使得人口和其他统计数据缺少精确性。在人口普遍增长的同时，耕地面积也逐渐减少。在严格的户籍管理制度下，人口的流动受到相当大的限制，而农村人口变动的机会相对城市要少得多。关于凤凰村人口的机械变动，中华人民共和国成立前以婚迁为主，其次是出洋，现在的人口变动以转户（农转非）为主，其次为婚迁；人口的自然变动是出生率不断下降，死亡率不断降低；人口的流动从下南洋变为外出务工。

四、凤凰村的婚姻

婚姻是一种普遍的社会制度，是男女结合、建立家庭的社会法则，因此婚姻和家庭密切相关。汉族社会的婚姻类型，可分为嫁娶婚、童养媳婚、招赘婚三种。凤凰村的婚姻类型比较单一，以嫁娶婚为主。笔者主要探讨凤凰村婚姻的变迁和一些相关的基本问题，如婚姻的过程、仪式、年龄、离婚、通婚圈等。

在中华人民共和国成立前缔结婚姻都有一套固定的程序。婚姻主要由媒人

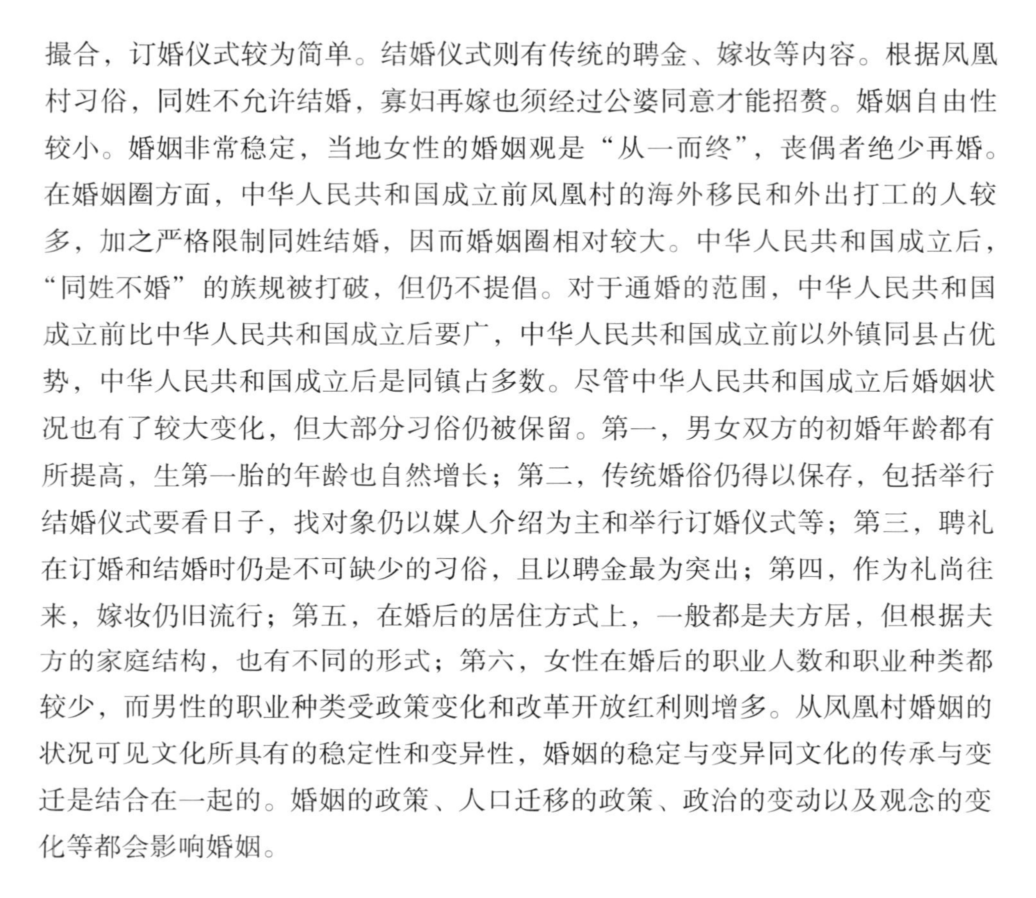

撮合，订婚仪式较为简单。结婚仪式则有传统的聘金、嫁妆等内容。根据凤凰村习俗，同姓不允许结婚，寡妇再嫁也须经过公婆同意才能招赘。婚姻自由性较小。婚姻非常稳定，当地女性的婚姻观是“从一而终”，丧偶者绝少再婚。在婚姻圈方面，中华人民共和国成立前凤凰村的海外移民和外出打工的人较多，加之严格限制同姓结婚，因而婚姻圈相对较大。中华人民共和国成立后，“同姓不婚”的族规被打破，但仍不提倡。对于通婚的范围，中华人民共和国成立前比中华人民共和国成立后要广，中华人民共和国成立前以外镇同县占优势，中华人民共和国成立后是同镇占多数。尽管中华人民共和国成立后婚姻状况也有了较大变化，但大部分习俗仍被保留。第一，男女双方的初婚年龄都有所提高，生第一胎的年龄也自然增长；第二，传统婚俗仍得以保存，包括举行结婚仪式要看日子，找对象仍以媒人介绍为主和举行订婚仪式等；第三，聘礼在订婚和结婚时仍是不可缺少的习俗，且以聘金最为突出；第四，作为礼尚往来，嫁妆仍旧流行；第五，在婚后的居住方式上，一般都是夫方居，但根据夫方的家庭结构，也有不同的形式；第六，女性在婚后的职业人数和职业种类都较少，而男性的职业种类受政策变化和改革开放红利则增多。从凤凰村婚姻的状况可见文化所具有的稳定性和变异性，婚姻的稳定与变异同文化的传承与变迁是结合在一起的。婚姻的政策、人口迁移的政策、政治的变动以及观念的变化等都会影响婚姻。

五、凤凰村的家庭

通过对归湖镇土改前后家庭规模与阶层的统计来看，凤凰村家庭规模的大小与家庭所处的社会阶层有一定关系。根据费孝通先生的家庭类型标准进行统计，在1930—1935年，凤凰村夫家的家庭类型以主干家庭为主，其次为扩大家庭和不完整的核心家庭。而娘家的家庭类型以核心家庭为主。1995年调查时，凤凰村的家庭类型比例较之于中华人民共和国成立前有了明显变化：核心家庭和主干家庭比例最大，扩大家庭比例最少。究其原因则在于家庭联产承包责任制的实行和住宅地的规定。在中华人民共和国成立前，凤凰村的妇女在家中没有地位，家庭内部事务和村落事务决策都是男性的事。中华人民共和国成立后，妇女地位虽有所提高，但传统并没有被打破。男性的优越性和家庭中的绝对权威地位在凤凰村极为突出，集中表现在男性家庭事务决策权。家庭内部劳动分工仍然是“女主内，男主外”。女性解放的结果是既要参与生产性劳动，又要承担家务劳动。而男性仅仅以生产性劳动为主，对家务劳动基本不参与。潮汕地区的习俗是男性占统治地位，凤凰村也不例外。

在继承与分家方面，凤凰村的过去和现在都没有太大变化。分家的功能主要有二：一是防范家庭成员之间的不和，通过保持一定的距离来维持永久性对原家庭的凝聚力；二是给予儿子们独立发展的机会。在凤凰村，分家时家产的处理主要还是按照传统规范，然后才按现行的正式制度。分家后财产的继承是保持父系继承制，兄弟平分家产，由父母决定财产的分配。除了财产的继承外，还有血缘的继承，即以新分家单位祭祀祖先。

在赡养老人方面，凤凰村的村民采用“轮伙头”的方式，即父母定期在已婚的儿子家轮流生活。根据中华文化的传统，赡养老人是子女义不容辞的义务。凤凰村人口老龄化倾向很明显，老人需要赡养；同时因很多成年男女外出，未成年小孩的抚养也成为问题。“轮伙头”制度妥善地解决这两方面的问题的同时，也解决了汉人家族结构上的矛盾，将分与合有机整合起来。因此，“轮伙头”在中国乡村社会具有广泛的实用性。

六、凤凰村的经济生活

中华人民共和国成立前的凤凰村，经济以农业为主体，尤其是以果园种植为主，次为水稻、黄麻。但主要依靠果园维生，水果的种类包括柑、橄榄、香蕉等。在农村除了男性工作以外，女性也要担负一定的工作，尽管传统的分工依旧是“男耕女织”。

凤凰村人多地少，产生精耕细作的农业；精耕细作必然辅以家庭手工业；而家庭手工业必然与市场网络相连。所以，潮州一带的集市贸易是很兴旺的。潭村离凤凰村仅 500 米，有大的圩市，凤凰村自己办了集市（葫芦市）与相隔不远的潭村圩市竞争，每天还有航船通往潮州。可见乡村市场网络的交流是频繁和宽广的。

中华人民共和国成立初期对凤凰村实行了土地改革，将村民划分成不同的阶级，但凤凰村村民并没有增加多少土地。1949—1978 年，村民们的经济生活完全由集体支配，强迫发展以农业为主的单一经济，在天灾人祸的夹击下，人们生活在极度贫困之中。国家移民政策的改变使得人们不能继续向海外移民，与海外华侨联系的中止，华侨不能返乡只能在海外融入当地社会。对凤凰村直接的影响是失去了稳定的侨汇来源，使一部分以侨汇维生的家庭也陷入了贫困。新的行政区划代替旧的自然村落，凤凰村与别的自然村构成一个行政单位，单姓的宗族格局被打破，宗族拥有的族产也被没收，宗族的经济基础被摧毁。葫芦村市场不再是凤凰村宗族的产业，商店不再由个体经营，而变为公私合营，后农村供销社统一产品的交换和购销，这样大量的店员和小业主与凤凰村脱离，成为公司、供销社的雇员，或者是返乡务农。

1978 年，大堤的建成免除了凤凰村的天灾。1980 年以后，凤凰村发生了几件大事。第一，家庭联产承包责任制的实行。家庭联产承包责任制从 1980 年开始试行，到 1984 年中央 1 号文件后，归湖完成了承包制。发放土地使用证 4612 份，公证各类承包合同 1785 份。从此乡村发生了大变化：一是农民有了经营自主权，开始自由支配劳动力，有离土不离乡的人员，也有大量的劳动力开始外出务工；二是人们对土地的投入增加，尤其是开山造林、种果树热潮的兴起；三是促进了专业户、重点户的涌现，承包果树、山林的专业户增加。第二，行政体制的改变，先是将大队改为乡政府，接着是人民公社制度的终结，乡又改为管理区。1986 年归湖改为镇的建制，镇区扩大，凤凰村与镇区连接在一起，与镇的经济联系加强。

凤凰村的家庭经济有以下特色：一是家庭劳动力兼业的特征，一般除了从事主要的职业外多兼其他职业；二是家庭经营企业或专业承包者增多，尤其是以林场为主；三是家庭收入逐年提高，贫富差别不断扩大，次要职业的收入甚至超过主要职业的收入；家庭的消费以建房屋最为重要，次为家用电器，以电视机最为普及，交通工具以自行车为最多，用于运输的船、货车和拖拉机也增加。最后讨论了文化教育对职业收入的影响和凤凰村过密化类型发展之路。提高文化教育水平可以推动经济的发展和收入的提高。过密化的地区必须走多种经营和非农化的道路才能获得生活水平的提高。

综上所述，凤凰村经济生活主要的变迁是农业向非农业的转变。在葛学溥记录的 1918—1919 年，从事非农业的劳动力就已经超过农业劳动力，村落的家庭经济除了水果收入，主要依靠兼业来解决人口过密化的问题。中华人民共和国成立后，集体化和多次的政治运动把农民束缚在有限的土地上，“以粮为纲”的政策限制农业的多种经营和农产品的商品化。“种田如绣花”形象地描述了凤凰村人在单位土地上劳动力的投入，虽然创造了全县最高的单产量，可是人们仍然生活在贫困之中。改革开放后，凤凰村的经济经历了大的变化，首先是农业多种经营的发展，除了种水稻，还种植蔬菜，开山种果树；其次是非农业的发展，办家庭工厂，发挥绣花等手工业传统，发展运输业；最后是向城市和发达地区进行劳务输出，劳动力得到了合理的配置。

七、民俗与信仰

民间信仰和习俗的研究，向来受人类学家重视。在汉学人类学中，对于民间的信仰与习俗尤为注重。根据葛学溥的记述，各类民间仪式和信仰的目的均在于满足家族主义的功能。周大鸣在凤凰村的追踪研究中，首先，从村庙主神的失踪所引起的一系列仪式的举行，描述了民间信仰复兴的过程。凤凰村一带的信仰神明数量多而复杂，除了以感天大帝为主神，还信奉许多其他的神明。除了初一、十五日例常的祭拜，每年都有游神赛会以及拜老爷生的习俗。信仰活动与祭祀圈的形成对村落文化具有整合的作用。其次，描述了潮汕地区特有的节庆与礼仪文化，包括岁时节庆、人生礼仪、生育礼仪、周岁礼、成年礼以及结婚礼仪。

人们常常把民间信仰视为传统，那么，要如何看待民间信仰变成传统与现代的问题。过去把传统与现代对立起来，认为只有打破传统才能建立起现代，即所谓“不破不立”。1949 年后，民间信仰被视为落后的封建迷信而扫荡。在凤凰村，村民的信仰活动经历了地下、半公开、公开的过程。改革开放前，这些活动都是地下的，偷偷摸摸进行。改革开放后，逐渐走向半公开。在侨务政策的变化下，村民们借助华侨的幌子，重建了福灵谷庙、戴氏祖厅等寺庙祠堂。到 20 世纪 90 年代，村民的活动开始公开化，活动规模和花费都有所扩大。如果把现代视为传统的延续，那么民间信仰与现代并不是对立的。而且，伴随着时代的不断变迁，民俗与信仰在过去的基础上也在悄然发生在变化，更加适应于现代社会的发展。

八、凤凰村的教育制度

村落文化名人在村落认同中的重要意义，对旧式教育具有推动作用。凤凰村的教育发展经历了以下几个阶段：旧式的私塾教育、科举制度结束后新老教育体制过渡的阶段，现代教育发展阶段，社会主义教育阶段和改革开放后的文化教育阶段。文化教育历来受到凤凰村村民的重视，凤凰村的戴氏成员考取功名和大学的人在归湖是最多的，近代以来办学一直未停。近年凤凰村又捐资兴建了新的教学大楼和建立了教育基金，试图通过提高教育水平来恢复往日的辉煌。现在村里适龄儿童入学率是100%，文盲率已大大降低。最后就教育中的一些问题进行了讨论，尤其是讨论了教育与乡村的实际、学校与村落的关系，以及经济发展与文化教育的关系问题。应试教育推动了乡村教育的发展，但也使乡村的精英离开了村落；教育的发展促进了人的素质提高，也促进了乡村经济的发展。

九、宗族制度的衰落和复兴

凤凰村是以一个宗族为主体、多个宗族聚居的村落，其中戴氏是凤凰村的主姓和当地的望族。宗族制度的体现，一是辈分，二是用族谱明确辈分关系，三是按辈分的高低确定个人在宗族中的地位以及权利和义务。据说“文革”前，戴氏宗祠保存有完整的族谱，族人有严格的族序，男丁取名须按族号。

中华人民共和国成立前，宗族辈分最高且有影响的人做宗族的首领，称为“老大”。他负责宗族事务，主持祭祀仪式，族产的经营和使用，保管族谱等。“文革”时，族谱被烧毁。现在无人能准确说出戴氏宗族的世系，甚至族序诗的断句也不能确定。村里人有的去姓名的头两字排成：“学诗典礼昭明德，夺席讲经启亿昆”，还有其他不同的组合，此不多列。序诗中有几个字因为平常是口头背诵，同音字无法确定。如“卓”与“夺”，“经”与“京”，“穿”与“亿”，“群”与“昆”等后面的辈序几乎都无法确定。就此看来，族谱的丢失应该不是“文化大革命”的事，应该比这早得多。这也说明戴氏宗族的衰落很早就开始了。

族产是维持宗族组织的经济基础，族产一般包括土地和宗祠。宗祠不但是宗族成员缅怀祖先、期望先辈庇护宗族繁荣昌盛的地方，也是宗族成员举行集体活动、处理公共事务的场所。在某种程度上，宗祠等公共族产是宗族存在的象征。中华人民共和国成立前，戴氏宗族拥有族田，但是族田、祠堂等族产在中华人民共和国成立后被没收。保存下来的族产只有三个祠堂、一个祖厅，但中华人民共和国成立后也成了集体财产。祠堂的功能已经发生了变化，现在宗祠已不再举行春秋祭典。除此以外，宗族社会的一项重要内容是祭祖，人们通过缅怀祖先来强化宗族的观念。因而祭祖仪式极为庄严、隆重。现在祭祖时，隆重程度远不如以前，祖厅的祭祀功能也已经被弱化。

通过凤凰村的田野调查，本书作者认为，宗族制度衰落包括以下原因：其一是政府的限制，因为政府把宗族视为“封建统治力量”的一部分，在土改时就没收了宗族的公产，将宗族的“老大”划入恶霸地主类，加以打倒。这样宗族无法成为公开的政治势力。其二是将维持宗族的各类活动如祭祖、续谱等视为“落后的封建迷信”加以限制。其三是“文化大革命”将所有与宗族相关的物品加以彻底的毁灭，并从人们的思想上彻底摧毁宗族观念。其四是新一代对宗族的观念淡薄，宗族的知识也缺乏。其五是宗族原有的功能已丧失。

20 世纪 80 年代以来，中国乡村社会的宗族制度呈现了复兴之势，这种复兴是伴随乡村传统文化的复兴而来的。民间信仰的重建、各种信仰的兴起和仪式的恢复、祭祖仪式的恢复都推动着宗族活动的兴起。首先，宗族是一种适应能力很强的社会组织，并不会因为经济的现代化或变迁而消亡。其次，宗族制度自身的复原力很强，在政治和意识形态毁灭性的打击后，仍然能顽强地生存和复原。因此，宗族制度并不是可以简单地被视为“封建的、反动的”而加以打倒那么容易。因为宗族制度的产生和发展与中华文明是同样的古老，它早已融入文化之中，与各种制度和意识整合在一起。重视宗族的研究，分析宗族制度的基础特征及其现代转化，已是中国社会学人类学研究的一个重要方向。

十、村镇政治制度的变迁

在葛学溥描述的凤凰村的那个时代至 1949 年之前，政府对乡村直接干预少，行政影响有限，自治性政治、亲属关系和家族制度、士绅阶层、祖先与神灵崇拜、社会道德与舆论是统治乡村的主要力量。土地制度是家庭占有和公堂（祠堂）占有。1949 年以后，政治制度发生了急剧的改变：社会的政治、行政、经济和意识形态中心合而为一，国家与社会融为一体，资源和权力高度集中。行政组织建立在基层，政治影响从间接转为直接。

归湖在 1949 年以前是一种封建的土地所有制与族权、神权连接在一起的政治结构。地主、富农占总人口的 8.68%，约占有全村一半的土地。通过土地改革运动，把同一宗族的族人分成了不同阶级，富有的侨眷和族人成为地主、富农，而贫苦、没有文化的非主姓的村民成为新的领导阶级，土地也被重新分配。1953—1955 年，通过农业合作化运动以组织、巩固和发展互助组、互助联组，并且试办初级农业生产合作社，并于 1955 年起成立高级农业合作社。随后通过人民公社运动，最终实现了“组织军事化、行动战斗化、生活集体化”。但人民公社化后在“左”倾路线的干扰下，出现了严重的生产问题，并对当时的生产和经济带来严重的影响。1966 年，在接二连三的政治变动中，又迎来了一场声势浩荡的“文化大革命”。从 1967 年开始，凤凰村与祭祀相关的庙宇、祠堂都遭到了破坏；村民家中的祭祀用品、族谱也都被烧毁。

1978 年以后纠正“农业学大寨”的错误倾向，进入农村经济体制改革的阶段。1979 年试行家庭联产承包责任制。1980 年经过调查后实行生产责任制：旱地作物全部包产到户，水稻分四种形式。到 1984 年全区 23 个乡，182 个村民小组，全面落实和完善家庭联产承包责任制。1987 年归湖设镇，溪口村改为管理区。1987 年改为镇的行政设置后，归湖镇一带开始了迅速的集镇化。从 1996 年开始，随着土地第一次承包期期满，农村又面临着新的变革。1996 年归湖镇经过 9 个月的工作，在 23 个管理区完成“两田分离”工作。两田分离的结果是增加了集体经济成分。土地也同样如此，凤凰村人均土地本来就不多，过去长期靠吃国家的返销粮，土地承包后，国家不再拨粮，村民到市场上购粮以补收成之不足。把有限的土地分离后，口粮田更满足不了家庭所需，需要到市场购买更多的粮食。尽管集体的收入是增加了，也促进了农业专业化的发展，但如何解决贫富分化和为贫困者提供社会保障是不能忽视的问题。

从政治体制看，凤凰村经历了从分散到集中，又从集中到分散的过程。行政权力经历了从间接到直接的方式变迁，行政方法从劝说、强制命令到军事化管理，终于将中央权力渗透到乡村的每个角落。政治变革事实上成为近代以来文化变迁最重要的动力，并深刻地影响着农民的家庭生活和村落社会所有的方面。随着现代化、都市化和农村新经济的改革，行政制约力量将进一步得到加强。

十一、凤凰村与周边村落的关系

凤凰村与周围的村落是有机整合在一起的，这种整合与这一区域的信仰、宗族、婚姻和行政组织密切相关。归湖一共有70个自然村，其中13个村是1949年以后创建的，2个村是民国时期建的，以明代创建的村落最多，约占总数的41%。这说明现代的村落主要是从古代沿袭下来的。在繁衍的过程中，宗族不断分支扩展，庙也不断分香。这样在各村建立起新的祠堂和庙宇。村民们通过姓氏（宗族）组织的各种仪式、信仰的活动，以及联姻、经济的交往等活动建立起村际之间的联系。

在归湖镇的各村，一般是1～3个姓为一个村，通常每个村有个较大的姓。在聚落的形成过程中，有的村从单姓发展为多姓，有的村从多姓演变成单姓。但在每个管理区中都有某个姓氏集中在某个自然村，随着人口的增长，大部分的自然村已连成一体，从地理上难以区分，只是村民们延续老地名的叫法。

集镇是连接村落与县城的交通点。一个集镇往往有相对稳定的辐射圈，将其影响辐射到周围村落。自明以后在县以下设立行政机构（如都），也是设立在集镇上，这样集镇不仅是经济的中心，也是政治的中心。集镇通过商品的集散和观念的传递以及政治的控制将周围的村落整合起来。到20世纪90年代，镇建立专门的农贸市场、服装市场，并设立了医院、学校、银行等服务机构，重新修建政府大楼，还建立起文化站、有线电视转播站。由行政中心，逐步发展成为经济和文化的中心。

归湖镇各村落的神明与信仰数量多且复杂，这些信仰应该与不同地方的移民和不同时间的移民相关。从游神赛会的时间表可以看到乡村社会的整合度是相当高的。而游神秩序的形成是村落之间长期互动的结果。从对凤凰村周边的几个村落的考察，可见庙宇与聚落和姓氏形成一定的关联，并构成了村落之间互动的基础。但本书作者认为弗里德曼的宗族研究范式或台湾学者提出的祭祀圈与信仰圈理论不能完全解释凤凰村游神赛会等宗教活动。本书作者认为最有解释力的是施坚雅标准市场的理论，游神秩序表中的村落代表着一个标准市场的范围，从经济交往、婚姻圈以及其他方面都可以证实这一说法。

综上所述，乡村社会的村落社区并非孤立和自给自足的，在一定区域内的村落之间的互动是多方面的，整合的力量是多元的，这包括政治的、信仰的、经济的和其他的因素，但同时还受到一定的地理条件的限制。

十二、凤凰村的都市化进程

凤凰村同中国的广大乡村一样也在经历都市化和现代化的进程，由上述的研究发现继续向前推进，到了 2019 年周大鸣对凤凰村进行了再访，进一步地从“五化”，即人口结构分化、经济结构多元化、生活方式都市化、大众传播普及化以及思想观念现代化，深入探讨凤凰村的都市化路径。

经过田野调查发现，凤凰村在经历了改革开放以来 40 余年的发展，已经基本具备了“镇中村”的特征。在物质生活方面，凤凰村村民已经“像一个镇里人那样生活”。但是，村民在思想观念上的改变过程可能更加缓慢。作为一个“镇中村”，凤凰村与归湖镇区的紧密联系和频繁互动，使村民的生产、生活方式呈现出不同于普通村落的特点，例如与镇区相互提供各类服务等，加速了凤凰村的乡村都市化进程，也使凤凰村走上了“镇中村”的特色乡村都市化道路。凤凰村的乡村都市化动力主要来自传统农业经营结构的转变，以及以表带加工业为代表的乡村工业发展。

凤凰村乡村都市化的动力之一是传统农业经营结构的转变。凤凰村人多地少，人均耕地从 1995 年的 3 分减少到 2005 年的 2 分（大部分普通田为 2 分，少量良田则只有 1.8 分）。到 2019 年，人均耕地仅为 1 分，是典型的过密化农村。因此，凤凰村农业一直是多种经营。一是以种植经济作物为主，以市场为导向，发挥毗邻镇区市场的优势，种植时鲜蔬菜。二是发展果园种植业，种植橄榄、龙眼、番石榴、柿子等，发展凉果加工业将产品销往外部市场。凤凰村的农业已经和国内市场紧密联系。在乡村都市化发展道路上，凤凰村经营土地的人逐渐成为懂得商品经济规律、懂得高科技的群体，农业生产者不仅是农业经济的生产者、创造者，也是都市经济的创造者和生产者，同时又是都市生活方式的享受者。农业经营结构一旦得到改变，将极大地推动凤凰村的乡村都市化。

凤凰村乡村都市化的动力之二是以表带加工业为代表的乡村工业发展。1992 年，一对曾在表带厂打过工的年轻夫妇租用凤凰村的洋楼，开办了凤凰村第一个由本村人经营的表带加工厂，后搬到戴氏宗祠，2006 年扩建成为 4 家工厂。2006 年年初，凤凰村共有 7 家表带加工厂。表带厂老板的创业历程具有非常高的相似性，到表带加工厂打工—积累技术、关系、资金—租村里的废弃祠堂（地方大、租金低）开家庭作坊—建房扩大规模—开始雇工。到 2019 年 12 月，凤凰村已有 30 家表带加工作坊，约有 250 名劳动力从事表带生产，雇工多数为村里的妇女及外来务工人员。凤凰村最大的表带加工作坊面积约300平方米，工人约20人；最小的面积约80平方米，雇工8人。凤凰村生产加工的表带大多销往香港，为沟通内地和香港的经济搭建了一座桥梁。

在潮州，一些经济条件好、乡村都市化发展较快的乡镇都形成了自己的特色产业，如庵埠的凉果、古巷的陶瓷等。凤凰村发展表带制造业具有的优势在于，技术人员储备充足、产销渠道基本建立、人力成本低。此外，表带加工具有“技术要求较低、工作日较长而劳动投入要求参差不一”的特征，这种规模较小、档次较低的劳动密集型制造业，有效利用了农村剩余劳动力以及主要劳动力的闲暇时间，吸收老人、妇女甚至是儿童劳动，推动了乡村工业化和城镇化发展。这类企业创造了大量的低技术劳工需求，也导致周围乡村的剩余劳动力迁入。本书通过问卷对当地村民就凤凰村未来发展的看法进行调查。调查显示，凤凰村第二、第三产业的发展得到多数人的认可，有42.7%的人选择“鼓励开办工厂”，28.1%的人选择“搞好配套措施，吸引外来投资”，累计达70.8%。在未来，如何促进和规范乡村工业的发展，推动凤凰村经济发展，也将深刻影响凤凰村的乡村都市化进程。

十三、结论

本文基于《凤凰村的变迁》的内容进行提炼，共分为十二个部分对凤凰村的变迁进行了描述和分析。其内容包括：研究的意义、文献综述和方法论、凤凰村的人口特征及变动、凤凰村的婚姻、凤凰村的家庭、凤凰村的经济生活、民俗与信仰、凤凰村的教育制度、宗族制度的衰落和复兴、村镇政治制度的变迁、凤凰村与周边村落的关系，以及凤凰村的都市化进程。对于凤凰村的变迁，经过研究周大鸣认为，其可以从内外两个层面分析。

变迁的外部因素和动力包括自然地理环境因素和政治因素。凤凰村的地理环境决定了聚落发展的空间和方向，自然灾害尤其是水灾使凤凰村的农业经济变得不稳定，使得人们种植能防涝的果树来维持生计。随着大堤的建成和电站的建设，村民的生活免除了自然灾害的威胁。但是为了建设这些庞大的工程，凤凰村不仅付出了大量的人力和物力，也使本来就有限的土地更为减少。这样就加剧了人口与土地的压力，因而人们需要谋求更多的办法来维持生计。可见，人们在征服自然和改造自然的同时，自身的文化也在变化。

政治因素也是引起文化变迁的关键。20 世纪以来，国家经历了多次的政治变动，包括改朝换代和多次战争。在抗日战争时期，凤凰村一带成为国统区，来自四方的人云集在一起带来了不同的文化，部分逃难的女子嫁给本村村民，使通婚范围大大扩展，本村在外工作的族人也大量返回，这使村落人口大增。中华人民共和国成立后又经历了多次政治运动，如土地改革运动、农业合作化运动、人民公社运动以及“文化大革命”对凤凰村经济社会生活都带来了巨大的影响。村民经济生活单一化，劳动力除了耕田就是兴修水利和进行农田基本建设，新的过密化使得人们一年忙到头却依旧过着贫困的生活。改革开放后，农村实行家庭联产承包责任制，凤凰村生活发生了急剧的变迁，家庭重新成为经济生产的单位，村民们可以合理地配置劳动力和资源，人员开始流动；家庭开始多种经营，家庭手工业和其他非农业迅速发展起来。与此同时，民间信仰、礼仪活动得到复兴，宗族制度相关的祖先崇拜也悄然恢复，族谱也重新被编写。

村落社区的内在变迁因素包括人口、家庭、信仰、宗族、社区组织等。明清时期，凤凰村人、地矛盾就很严重，所以人们向南洋移民或外出汕头、潮州工作来缓解这一矛盾，或者农业上采用精耕细作、多种经营来适应。宗族制度的变化和宗教信仰的限制，促使人们用新的方式来适应。对于凤凰村而言，历经近一个世纪的沧海桑田，变迁也是必然。作为以精耕细作农业为特色的乡村，凤凰村要想彻底摆脱贫困面貌，都市化是其必由之路。

人们在讨论现代化时常常把“传统”与“现代”对立起来，这实质上是将文化的发展脉络割裂。从凤凰村变迁来看，其村落文化发展是持续的、不可分割的。政治的变迁，虽然引起了村落各方面的变化，但一些最基本的因素却顽强地保存着，没有发生质的变化。现代化不是空中楼阁，而是建立在传统的基础之上，乡村的现代化更是如此。本书作者认为，乡村都市化是乡村社会变迁的方向。乡村都市化带来的不仅是物的都市化，还包括村民观念的改变、社会制度的转型和市民社会的建立。随着乡镇的扩展，凤凰村将和镇区连成一体，实现村落的“集镇化”，并与归湖镇区一同走向“市镇化”。在未来，农业经营结构的转变，乡村第二、第三产业的发展，将推动人们的生活方式、思想观念向都市化转变，村落原有的其他机制相应变化，农村向城镇转变，农民向居民转变，农村管理体制向城市管理体制转变。以凤凰村为典型案例的镇中村，将经历物质形态、经济结构、社区结构、管理方式、生活方式、人口素质上的转变过程，村落的宗族制度将失去其政治功能而成为仪式性制度，民主化的村民自治组织将取代原有的村落组织，正式的法律制度将代替非正式的乡规民约。

然而，相比快速的社会转型，文化转型过程更加复杂。在城乡文明融合中，凤凰村以家族主义为基础的血缘、姻缘和地缘关系仍然构成乡村社会的整合力量。以血缘为基础的宗族制度及其传承将凝聚血缘群体，强化村落认同。

以血缘和姻缘为基础的五服九族亲属制度，将在现代人际关系中增加信任的维度，在中国特色市场体系中铸就运转高效的“关系”网络。以血缘和地缘关系为基础的民间信仰制度，将整合基层社会，协调族际关系，维持乡土社会的团结和稳定。镇中村的乡村都市化并不是城市化的终结，而是城市化的起步。在乡村都市化进程中，市民社会和乡民社会将实现融合，乡村文明和城市文明将进一步整合并形成一种新的社会形态。

VMI系统的最优生产与配送模型
（Optimal Production and Shipment Models for a Single-Vendor-Single-Buyer Integrated System）

周永务　王圣东

周永务

周永务，任职于华南理工大学工商管理学院，从事物流与供应链管理、数据驱动运作管理、共享经济等领域的研究工作。主持承担国家自然科学基金重点/面上项目、国家“863计划”、全国百篇优秀博士论文作者专项基金项目等科研课题20多项。在国内外权威期刊发表论文200多篇，被SCI他引400多篇次。在科学出版社出版专著2部。

一、核心思想和观点

供应商和采购者的库存问题一直是供应链管理中最为重要的问题之一，并得到很多学者的广泛研究。然而，以往的研究者都只考虑供货商单位时间单位物品的库存保管费用要小于销售商单位时间单位物品的库存保管费用的情形。而在实际中，供货商库存保管费用大于销售商库存保管费用的情形时有发生。本文建立了一个更通用的单供货商单销售商联合生产库存模型，可帮助决策者得到一般情况下的最优运输策略结构。分析得到：该论文采用所提出的模型所得到的系统平均总费用要小于已有的供货商与销售商联合库存模型所得到的相应费用；当供货商库存保管费用大于销售商库存保管费用时，最优运输策略结构是连续两次装运规模不相等且以固定值递增。

二、理论创新点

（1）在已有供货商与销售商联合库存模型中，大都没有考虑系统允许缺货的情形。而在实际中缺货往往不可避免。对此，该论文将模型考虑到允许缺货更为一般的情形，即建立了允许缺货下供货商与销售商联合生产库存模型，给出了寻求最优生产和供货策略的简单方法。

（2）该论文发现，若不允许出现短缺，使卖方持有成本高于买方持有成本比使卖方持有成本低于买方持有成本对供应链系统更有利，反之亦然。

（3）该论文还把模型推广到生产商生产产品具有易变质性的更为复杂的情形，给出了最优的生产和转运策略。

三、学界影响

该论文已被SCI、SSCI收录，被国际同行他引用120余次，获得了很多国内、国际同行专家的肯定，并在*Journal of Retailing and Consumer Services*、*International Journal of Production Research*，*European Journal of Operational Research*，《系统工程理论与实践》和《中国管理科学》等国内外权威期刊上进行了正面介绍和评价，代表性的有：

印度理工学院坎普尔分校的Kripa Shanker教授在国际高水平期刊*International Journal of Production Research*上发表论文，称该文是在Zhou and

Wang（2007）等基础上的扩展，并对这些文献进行了详细评述和区别。

国家自然科学基金委管理科学部的刘作仪主任在国内权威期刊《中国管理科学》上发表论文，并在文中评价："Zhou and Wang（2007）等提出了制造商与多销售商的联合生产库存与配送决策方法。"

大连理工大学的胡祥培教授在国内权威期刊《系统工程理论与实践》上发表论文，并在文中评价："在供应链上下游合作（尤其是横、纵混合合作）研究方面，Zhou and Wang（2007）研究了供应链上下游企业的联合运作决策问题。"

德黑兰大学的 Taleizadeh 教授在国际高水平期刊 *Journal of Retailing and Consumer Services* 上发表论文，并指出："Zhou and Wang（2007）提出了供应商和采购商集成系统在允许短缺的情况下一般的生产与库存模型。"

原文章荣获广东省哲学社会科学优秀成果奖一等奖，外文题目为"Optimal Production and Shipment Models for a Single-Vendor-Single-Buyer Integrated System"，经压缩并译为中文后编入精选集。

档案充分利用的措施保障

——档案充分利用问题研究之四

陈永生

陈永生

陈永生，中山大学信息管理学院教授、博士生导师，兼任教育部档案学教学指导委员会副主任委员、中国档案学会常务理事等。主持国家级、省部级及政府和企事业单位委托项目30多项；出版和发表论著200多篇/部；获各级科研、教学奖励20多项。主要研究方向：档案学基础理论、历史档案整理与开发利用、电子文件与电子档案管理。

《档案充分利用的措施保障——档案充分利用问题研究之四》发表于《档案学研究》2007年第6期，获广东省第三届哲学社会科学优秀成果奖论文类一等奖。

该文是《档案充分利用问题研究》四篇系列论文的最后一篇，也是《档案充分利用问题研究》系列成果的总结篇，是在前三篇发现问题、提出问题和分析问题的基础上，提出解决档案充分利用问题的方案措施，其核心思想和基本观点为：一是从管理得不好和利用得不充分的角度对当前的档案存量作出过多过滥的基本判断，提出从把住档案进馆的“入口关”这一关键环节来控制档案总量；二是针对档案开放过于谨慎和开放力度不足的现实，提出通过扩大档案开放的数量和范围，扩展利用者群和开放方式来解决档案开放这一影响档案充分利用的瓶颈问题；三是从扩大档案利用需求和拓展档案服务功能的角度，提出通过利用者和档案部门双方的合力来增加档案利用数量，实现档案的充分利用。

该文的创新之处主要体现在：一是从档案可供利用、档案开放利用和档案已供利用的角度来研究档案的合理充分利用问题，选题角度和研究思路较新（档案合理充分利用研究是档案利用研究的薄弱环节）。二是通过大量的数据分析、案例分析来发现问题、提出问题，对问题的把握较准（包括对档案总量计算及其多少的判断、利用率计算的统计口径等数据偏差进行了纠正）。具体地，论文通过统计分析并首次归纳提出自 1994 年至 2003 年，我国“馆藏档案利用与 99% 以上的人不相关”和“档案利用与 90% 以上的馆藏档案不相关”的事实性结论，从利用者和被利用档案两方面揭示了档案充分利用的堪忧的现状；另外，该文指出在政府信息公开和现行文件开放利用背景下我国档案开放利用政策过分保守的现状，提出档案零年限开放的设想，颠覆了“档案自形成之日满 30 年向社会开放”这一业界和学界所认同的观点，为档案的进一步开放利用提供了学术参考。三是论文首次统计出以 1994 年为基数的 10 年来档案馆藏增长率与档案利用增长率，并用 2003 年馆藏增长率 74.6% 和利用增长率 12.7% 这一“剪刀差”的数据来揭示出档案总量过多和档案利用过少的事实。

《档案充分利用问题研究》系列论文发表后，很快引起档案学界的关注并获得较高的评价，目前论文共被引 64 次。2008 年 10 月，《档案充分利用问题研究》以系列论文（共 4 篇）的形式，荣获中国档案学会第六次（2006—2007 年）档案学优秀成果奖档案学术论文类一等奖（该次评奖共评出获奖成果 209 项，学术论文类一等奖只有 6 项）。

地域文化与唐代诗歌

戴伟华

戴伟华

戴伟华，广州大学人文学院教授，省社科研究基地“粤港澳大湾区语言服务与文化传承研究中心”学术委员会主任。广东省政府文史馆馆员，省优秀社会科学家、省社科联顾问，享受国务院政府特殊津贴专家。兼任中国唐代文学学会副会长、中国刘禹锡研究会会长。1982 年 1 月开始在高校从事中国文学研究与教学，曾任扬州大学、华南师范大学教授及博士生导师。

《地域文化与唐代诗歌》，戴伟华著，由中华书局于 2006 年 2 月出版。该书获广东省第三届哲学社会科学优秀成果奖著作类一等奖。

在过去的地域文化和文学创作关系的研究中，比较重视作家的籍贯和阶层，不同于通论或叙论，指出诗人占籍可以帮助人们理解文化现象和内在规

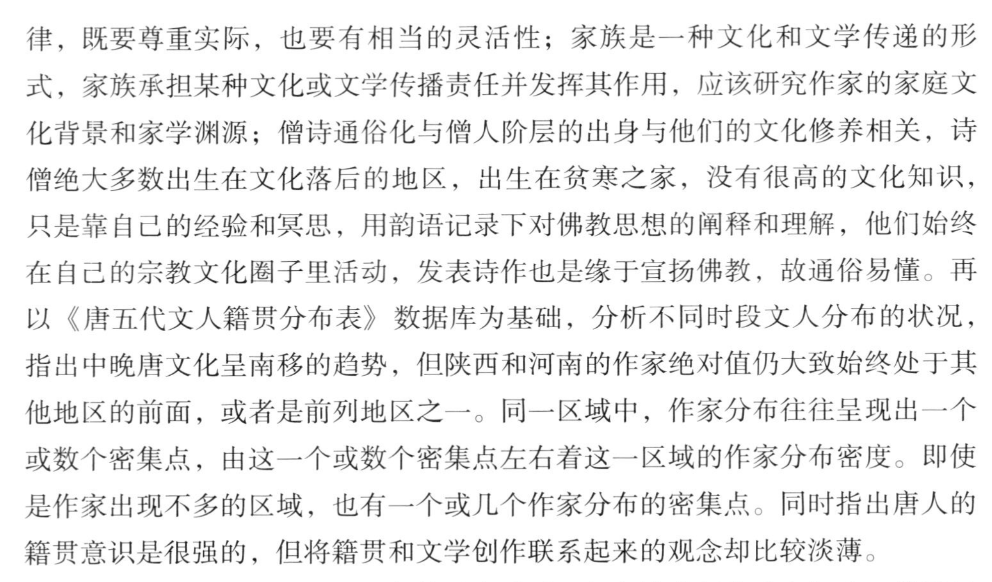

律，既要尊重实际，也要有相当的灵活性；家族是一种文化和文学传递的形式，家族承担某种文化或文学传播责任并发挥其作用，应该研究作家的家庭文化背景和家学渊源；僧诗通俗化与僧人阶层的出身与他们的文化修养相关，诗僧绝大多数出生在文化落后的地区，出生在贫寒之家，没有很高的文化知识，只是靠自己的经验和冥思，用韵语记录下对佛教思想的阐释和理解，他们始终在自己的宗教文化圈子里活动，发表诗作也是缘于宣扬佛教，故通俗易懂。再以《唐五代文人籍贯分布表》数据库为基础，分析不同时段文人分布的状况，指出中晚唐文化呈南移的趋势，但陕西和河南的作家绝对值仍大致始终处于其他地区的前面，或者是前列地区之一。同一区域中，作家分布往往呈现出一个或数个密集点，由这一个或数个密集点左右着这一区域的作家分布密度。即使是作家出现不多的区域，也有一个或几个作家分布的密集点。同时指出唐人的籍贯意识是很强的，但将籍贯和文学创作联系起来的观念却比较淡薄。

诗歌地域文化的呈现固然与籍贯有联系，但和诗歌创作地点相比，籍贯只是对地域文化与诗歌创作的静态描述，其局限性是很明显的，因此，该书于诗歌创作地点和地域文化的关系用力较大，费时一年有余制作《唐诗创作地点考》数据库，并以此为基础，分析唐诗创作的空间分布。诗歌创作地点的变化，其特征是记录了文人空间移动形成的运动轨迹，即移入场和移出场的转换。文人活动地点的变换不仅改变描述的对象，其风格也随之发生变化。京都为创作最集中的地点，这是诗歌创作地点呈现的普遍性原则。全国的政治中心应该成为诗歌最繁盛的地区，陕西、河南占绝对优势，在国力上升时期尤其如此。初盛唐大量的宫廷应制诗以绝对优势称霸诗坛，而且诗坛领袖也在他们中间产生。其基本形式分别为以文馆为中心的创作、以帝王为中心的创作和以朝臣为中心的创作。中晚唐时期，虽然两京所在之地诗歌创作数量的绝对值还是高于地方，但地方诗歌的快速增长也是事实，其增速已高于两京所在的陕西和河南。地方诗歌数量的增长有其特殊性。文人的流向取决于国家政治、制度以及时势的影响。

地域文化的表述与诗歌创作是对诗歌本体的研究，分别讨论唐诗中所体现出的地域文化意识、文学创作的区域重点及其文学表现、文化的历史传统与诗人生存的地域空间以及古都文化在诗歌中的表现和差异。其研究重点是作家的创作，如论隐逸诗人空间位置，以王绩为例，指出王绩处于政治边缘、诗坛边缘。边缘诗人不受主流诗坛的影响，诗歌或许能在保持旧传统上有别于时流而独树一帜于诗坛。王绩诗的创作空间相对比较单一，他的表达大致是以自我思想和自我活动为中心的。王绩诗歌在总体上提供给我们特定历史时段某一区域文化的风貌，诗人的活动自身和诗人作品中展现的人物活动，构成了一幅绛州龙门的风俗图景，这和陶渊明笔下的故土图景在区域文化认识上是具有同样价值的。又如论历史文化传统和诗人生存空间的冲突则以李白为例，指出文化或顺应主体或对抗主体，原因之一，地域起了中介的作用，由于地域文化的介入，史、地、人关系的综合体在发生调整，鲁文化传统就是儒学传统，而东鲁则成了李白与儒家文化冲突极端表现的地点。在文化断续论中，以陈子昂为例，指出文化断续表现为由于区域不同对历史传统的认同在同一时间区段中出现差异，交通发达地区文化的传承和时间是同步的，易与时俱进；而在偏远地区，则表现为文化承续的守旧和固执。初唐蜀地文人面临的文学传统由于有东晋南朝的空白而可以直取汉魏。蜀地文人，西汉以辞赋为主，东汉魏晋渐趋文史而偏重史学，东晋南朝则文学衰落，间有史学问世。蜀学议论的传统，源于史学的修养，构成蜀中自成一统的文化结构。故出川后的陈子昂在风范上有别于时人，能在汉魏传统中寻找资源。他的《感遇诗三十八首》在形式上复兴古调，在表述上重议论，在内容上重史学，这与蜀中文化是一脉相承的。

文化地理研究、中国文学中地域文化与文学关系的研究已有了比较丰硕的成果，同时于解决文学问题也积累了较为丰富的经验，该书的研究充分吸收了相关成果和研究经验，并根据本书研究的具体对象和问题，有侧重地运用了如下的理论和方法。

一、人文地理学

地域文化与文学研究必须吸收人文地理学的成果和研究方法。人文地理学研究人地关系相互作用和影响及其变化规律和地域分异系统，讨论人文现象的分布、变迁。比如，人文地理学具体研究行政区划和结构、功能的变迁，我们可以应用这方面的成果去讨论唐代城市与诗歌的关系。唐代重要的区域划分有二：一是贞观十道，即关内道、河南道、河东道、河北道、山南道、陇右道、淮南道、江南道、剑南道、岭南道，二是开元十五道，即京畿道（治京师内）、都畿道（治东都城内）、关内道（无治所以京官遥领）、河南道（治汴

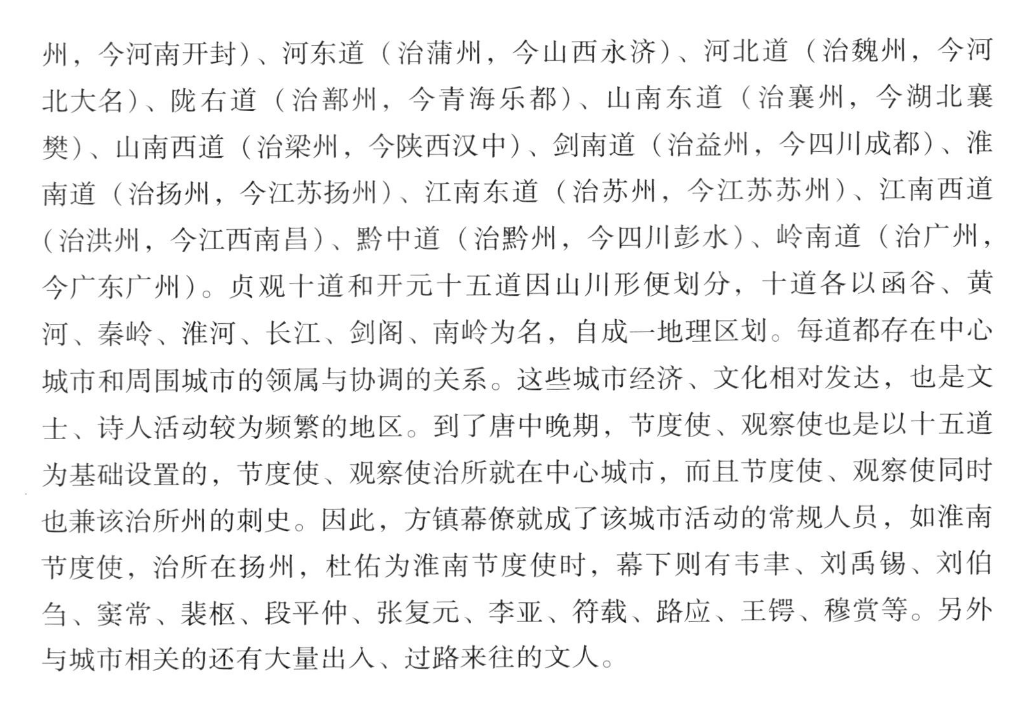

州，今河南开封）、河东道（治蒲州，今山西永济）、河北道（治魏州，今河北大名）、陇右道（治鄯州，今青海乐都）、山南东道（治襄州，今湖北襄樊）、山南西道（治梁州，今陕西汉中）、剑南道（治益州，今四川成都）、淮南道（治扬州，今江苏扬州）、江南东道（治苏州，今江苏苏州）、江南西道（治洪州，今江西南昌）、黔中道（治黔州，今四川彭水）、岭南道（治广州，今广东广州）。贞观十道和开元十五道因山川形便划分，十道各以函谷、黄河、秦岭、淮河、长江、剑阁、南岭为名，自成一地理区划。每道都存在中心城市和周围城市的领属与协调的关系。这些城市经济、文化相对发达，也是文士、诗人活动较为频繁的地区。到了唐中晚期，节度使、观察使也是以十五道为基础设置的，节度使、观察使治所就在中心城市，而且节度使、观察使同时也兼该治所州的刺史。因此，方镇幕僚就成了该城市活动的常规人员，如淮南节度使，治所在扬州，杜佑为淮南节度使时，幕下则有韦聿、刘禹锡、刘伯刍、窦常、裴枢、段平仲、张复元、李亚、符载、路应、王锷、穆赏等。另外与城市相关的还有大量出入、过路来往的文人。

二、地域诗学理论

这是本文提出的概念，它旨在说明在人类精神生活中，对文化的选择与地域性的关联，明示或暗示在文学创作和文学批评中因地域关系而产生某种审美倾向和艺术张力。自然的表征各不相同，《隋书·文学传序》云：“江左宫商发越，贵于清绮；河朔词义贞刚，重乎气质。”北宋画家郭熙《林泉高致·山川训》云：“东南之山多奇秀，天地非为东南私也。东南之地极下，水潦之所归，以漱濯开露之所出，故其地薄，其水浅，其山多奇峰峭壁，而陡出霄汉之外，瀑布千丈，飞落于云霞之表。如华山垂溜，非不千丈也，如华山者鲜尔，纵有浑厚者，亦多出地上，而非出地中也。”“西北之山多浑厚，天地非西北偏也。西北之地极高，水源之所出，以冈陇臃肿之所埋，故其地厚，其水深，其山多堆阜盘礴而连延不断于千里之外，介丘有顶而迤逦拔萃于四逵之野。如嵩山少室，非不峭拔也，如嵩少类者鲜尔，纵有峭拔者，亦多出地中，而非地上也。”“嵩山多好溪，华山多好峰，衡山多好别岫，常山多好列岫，泰山特好主峰，天台、武夷、庐霍、雁荡、岷峨、巫峡、天坛、王屋、林虑、武当，皆天下名山巨镇，天地宝藏所出，先圣窟宅所隐，奇崛神秀，莫可穷其奥妙。”孔武仲《渡江集序》云：“顾左右前后，无可告语，念非寄翰墨章句间，无以散其湮郁而宽其寂寥也。故其览瞩风物，登涉山川，吊往念昔，感念怀古，与道之蟠直险易，气象之风雨晦冥，皆发之于诗。”地域诗学理论引导人们在研究诗学时，关注地域因素。

不独文学，在其他文化形态也能得到说明，南方楚文字与北方有异，“南文尚华藻，字多秀丽；北文重事实，字多浑厚。”这种指向和暗示，在经历漫长的时间之后，却因最初的地域因素而形成一种文化传统，而地域性又使这一传统得到加强。

三、文化空间学说

文化的生成、发展和衰落，有一定的空间依托，或者说有一定的地理位置，而这种空间正是人和自然发生关系的切入点，规定了人和自然、社会之间活动关系的性质和品性，它包含了人和土地、水、气候、生物、矿物等自然条件，以及人口、经济、交通、风俗、宗教等社会条件的关系。这种关系在作家的作品中都有不同程度的反映。

其一，人与山川。刘师培认为：“大抵北方之地，土厚水深，民生其间，多尚实际。南方之地，水势浩洋，民生其际，多尚虚无。民崇实际，故所著之文，不外记事、析理二端。民尚虚无，故所作之文，或为言志、抒情之体。”南北文风的不同缘于南北方水土的不同，此为刘氏解释南北文化、文学差异的主要依据，应有道理。从文化的形成来看，地域条件至关重要，地理区域和地理环境乃文化产生、发展、衰落的自然基础。楚文化成长于独特的自然区域，楚国郢都最初在古睢水，即今湖北境内蛮河之阳，考古资料发现一种高腿锥足红陶绳纹楚鬲，不同于殷式鬲、周式鬲，在结构特征上自成一系。楚地的音乐也自有特点，而且相当发达，河南淅川县下寺 1978—1979 年发掘的楚墓出土的编钟，据黄翔鹏先生的研究，它与西周编钟相比，是在“羽、商、角—徵、羽—宫”的基础上，增铸了最低音的“徵”，以及“宫”与“角”之间的“商”，并且在“徵”和“商”为隧音时将鼓旁部调成大三度音程，从而使全部乐音系列可以奏出七声或六声的音阶。楚国的诗歌尤具代表性，屈原的创作鲜明地体现了人和自然的关系，在他的作品中，多写楚地出川风物，如巫山、九嶷、沅湘、云梦。

其二，人与气候水土。《左传·僖公十五年》云“生其水土而知其人心”，则说明水土与人关系。《汉书·地理志》云：“凡民函五常之性，而其刚柔缓急，音声不同，系水土之风气。”《晏子春秋·内篇杂下》云：“橘生淮南则为橘，生于淮北则为枳，叶徒相似，其实味不同。所以然者何？水土异也。”《三国志》卷32《蜀书》二《先主传第二》裴注引《蜀本纪》曰：“武都有丈夫化为女子，颜色美好，盖山精也。蜀王娶以为妻，不习水土，疾病欲归国，蜀王留之，无几物故。”丹纳《艺术哲学》中比较强调气候与人类活动的关系。《全唐文》卷840吕颂《为张侍郎乞入觐表》云：“臣管内素多瘴疠，山峡重深，毒雾蒸云，常在窗户，四时多雨，不识霜雪。终岁阴昏，少见天日。出门无路，举目唯山。猿鸟之心，如在笼槛。臣从去年冬初，忽染脚疾，膝胫顽痹，行步艰难，绝无医人，素乏药物，深山穷谷，无处市求，任重命轻，何可言疾。”“臣管内”即黔中之地。其中，便说明人与水土的关系。

其三，人与宗教。唐代宗教就其形式而言，佛寺的建立与人类生活密切相关，据张弓《汉唐佛寺文化史》中《隋唐：佛寺群系》的统计，《续高僧传》《宋高僧传》两部《高僧传》中，初见于唐五代僧行止的佛寺795所。唐代佛寺分布“既同唐代各地区政治、经济、文化的发展状况相适应，又同唐代河、淮、江三大水系交通路线及汉地佛教传播路线密切相关”。

与文化空间学说相关联的是空间位移理论，人的地理空间移动是最重要的空间移动现象。人类移动行为的动力机制可以来自内外两种，“内力是指由于人类内在因素而产生的作用力，外力则是指由于外部力量而产生的力”。文人的空间移动也是由主观和客观两个方面因素造成的。客观方面，它是由于客观需要或安排而形成的空间位移。比如家居的位移，由于祖上外出做官，重新定居；主观方面却完全出于自身生活的需要。《唐代墓志汇编》乾封002《王延墓志》云：“太原祁人也，因随父任，遂居洛阳。”乾封006《颜仁楚墓志》云：“琅耶人，先有仕魏，因家洛阳。”乾封042《张君并夫人墓志》云：“本家宛叶，宦徙伊瀍，今为洛阳人也。”总章032《朱氏墓志》云：“会稽余姚人也，其先□（按，当为‘仕’）周，因家于河南洛□（按，当为‘阳’）。”咸亨044《马君墓志》云：“家本扶风，因宦而居洛阳焉。”由于客观情况不得已而移动，常因战乱，《唐代墓志汇编》乾封038《袁夫人墓志》云：“汝南人也，往因隋乱，流寓洛阳，贯属河南县千金乡。”总章023《徐买墓志》云：

“其先吴建武将军徐盛之后，晋平江表，车书混一，于时衣冠子弟，咸徙北州，乃流寓天齐，竟乐青土。”

文士的空间位移，有主动积极的，如赴京应举，任职地方等；也有被动的，或不可抗拒的，如贬谪，《全唐文》卷578柳宗元《送李渭赴京师序》云：“过洞庭，上湘江，非有罪左迁者罕至。又况逾临源岭，下漓水，出荔浦，名不在刑部而来吏者，其加少也固宜。”柳宗元贬南方永州、柳州，这种被动移动的过程和结果往往给人带来心情的不畅和痛苦，《全唐文》卷573柳宗元《与杨京兆凭书》云：“一二年来，痞气尤甚，加以众疾，动作不常，眊眊然骚扰，内生霾雾，填拥惨沮，虽有意穷文章，而病夺其志矣。”《寄许京兆孟容书》云：“今抱非常之罪，居夷獠之乡，卑湿昏雾，恐一日填委沟壑，旷坠先绪，以是怛然痛恨，心骨沸热。”

地理空间移动的基本模式包括三个地理空间要素：移出场、移入场和移动路径。移出场是指人或物移出的场所，移入场是指人或物移入的场所，移动路径是指连接移出场和移入场之间的连线。根据移动空间距离，分成近、中、远距离移动；根据时间分成短期、中期和长期；根据空间轨迹分成单向、双向和循环移动；根据空间移动重复出现的概率，分为偶然性、多发性和经常性。这些理论都可以用来解释诗歌创作因文人空间位移而形成的地域文化特征及其嬗变。

该书结构：第一章总论，地域文化与中国文学研究、地域文化研究材料、地域文化与文学研究的理论和方法、唐代地域文化与文学研究的检讨、地域文化与文学研究的设想和目标；第二章籍贯与文学——对地域文化与文学关系的静态描述，诗人占籍在文学研究中的意义、文士籍贯的地理分布、文士籍贯地理分布的状态及其内涵；第三章诗歌创作地点与地域文化，唐诗创作地点考、唐诗创作分布格局、唐诗创作分布的意义；第四章地域文化的表述与诗歌创作（一），唐诗中所体现出的区域文化意识、文学创作的区域重点及其文学表现——以交通、城市、隐逸和文学为例；第五章地域文化的表述与诗歌创作（二），文化的历史传统与诗人生存的地域空间、古都文化在诗歌表现中的差异——以金陵与洛阳为例；第六章弱势文化区域的文学创作，文化弱势区的文学创作、域外文化与创作——对义净诗二首创作背景的推测；第七章余论。

该书重在解决文学创作和文学史的问题，改变过去文史结合过程中文史分论或重史弱文的表述结构，以文学问题立题，在文史结合中解决文学问题，将过去主要以诗人籍贯为主的地域文化与文学创作的分析，转换为以诗歌创作地点为主的地域文化与诗歌创作的研究。

该书论述弱势文化区域的文学创作，意在提升现有研究成果境界和开拓研究的新领域。认为文化可分为弱势和强势两大区域，也可以划分为更多层次的文化区。安史之乱后，南方经济有了发展，文化也得到发展，南方成为经济重心，但并非文化中心，因而不能说文化中心南移。文化中心仍在以京师长安为中心的北方区域，终唐之世，文化中心都未能南移，此其一。

其二，文化需要积累，本土文士的出现，相对也有一个文化积累期，弱势文化区的文化积累更为缓慢，大致要到中唐时才会有文士出现，初盛唐时文士的出现是非常偶然的。

其三，本土作家在表现本土文化时有局限性，他会视自身生活的环境所呈现出的景观为平常现象而不去表现，如果他们以平常的心态来对待生存环境中的物象，并写入诗篇，同样也在不经意中再现某一区域的文化特征。外来作家颇有优势，他们是以外来者的眼光审视环境的，从写作心理来看，他们更乐于展现跟以往经历和经验不相同的部分，而省略去相同的部分。

其四，文士的移入带来某一时期的创作高峰。弱势文化区的诗歌创作，因其依赖外来文士的进入，表现为创作中孤峰独立的现象，它的前后基本上是空白地带。

其五，文士视觉反差给创作带来新奇的格调。弱势文化区往往处于边远地带，有特殊的地理特点和风土习俗，故对外来文化有新鲜感。文士生活在这里，和原来已认同的文化存在进行比较，并写出其明显的差异性。移入场与移出场的文化差异构成了诗歌奇特景观，成为某一时期最富个性而又最有特色的诗歌，这是一条规律。

其六，这些能给弱势文化区创作带来丰硕成果的诗人，都有很深的诗学修养，他们已经积累了丰富的诗歌创作经验，因此，才有能力将文化弱势区的景象用诗的形式表现出来。

其七，诗风的调适在这里是指诗人进入新的创作环境，由于受到外部事物的影响，逐渐调整原来的创作模式，适应新环境，从而形成另一种和自己原来诗风不同的诗歌创作特点和形态。诗风的维持是指新诗风由于环境的需要得到保持，并会持续到创作主体从这一生活场中移出。从个人诗风发展上看，这一类诗人在弱势文化区的创作，不仅摆脱了个人习惯的诗歌写作套路，也远离了文化中心，远离了中心所形成的公众写作模式，或在内容上，或在表现内容的方法上。在这类诗歌写作过程中，没有干扰源，相对一个时期能保持独特的创作风格。

其八，诗人的创作也表现为奇峰突起。这种表现方法随诗人从弱势文化场的移出，其诗风也随之消失，甚至不留痕迹。不再追忆和从强势文化区移出不同。

其九，这类诗歌的创作比较孤立，与周围人缺少联系，不可能形成创作群体。因此，个人的行为在文化弱势区的创作起到很重要的作用。

其十，弱势文化区诗歌创作效果，远远低于期待，很少为权威或公众话语所接受而被给予恰如其分的评价，即便为人所注意也要等到多少年之后。

其十一，在弱势文化区的创作发现有一点不能忽视，他们并不希望在这一地区生活得太久，尽管从创作角度看，超越原有生活经验的事物总能吸引主体去表现，但在生活质量上他们非常留恋旧的环境，希望返回原有的生活环境。

其十二，弱势文化区的文化活动多由强势文化的介入，其人员输出源于中央，强势文化的介入，势必有两种结果，一是改造落后文化，提升弱势文化的质量；二是使文化纷呈的状态渐趋一致，使原本富有个性的区域文化渐渐失去光彩和魅力。

其十三，以义净在古印度的创作为例，义净的写作是在特殊的弱势文化区域的文学创作，这是在非汉语文化区的汉语诗歌写作。其《杂言》和《一三五七九言》二诗在诗歌形式发展史上，有其独特的价值。义净二诗在辞式上的创格，当与他在印度求法十三年有关，有可能受到印度文化、佛教梵呗等影响，义净的创作保留了中印文化交流的痕迹。一种新诗式的产生，必然受到特殊因素的刺激，义净二诗在中国诗歌体式演变中的意义不应忽视，《杂言》虽对传统的歌行体句式、段式有所借鉴，但其整首诗所显示出的结构、章法有其特殊性，《一三五七九言》则是三五七言诗的先导和“宝塔诗”之祖，这是无疑的。义净生活在异国他邦十多年，与中土隔绝，在空间上，他的创作也为研究当时诗坛诗风诗式的嬗变提供了一个可做比较的重要例证。弱势文化区相对于中原文化，离开中原文化越远，其差别也越大，其独特性也就越鲜明。

该书使用的方法：其一，为实现创新之目的，在写作中不断修正计划，以达到言之者必己出，言之者必新出。其二，立论之资料力求超出时人，费时费力在所不惜。其三，追求理论创新和突破，理论必从研究对象的实际出发，而谨慎使用流行术语。其四，关注文学史上的重要作家和作品，对其作出符合历史事实的解释。其五，努力运用现代科技手段，建立适应本书必备的数据库。其六，具体方法运用上尽可能吸收各学科研究的成果和获得成果的方法，如考据方法、数据统计的方法、文化学方法、民俗学方法等。

附录中两大数据库：《唐文人籍贯考》数据库和《唐诗创作地点考》数据库，皆为填补空白之作，其功能不限于本书的研究，这是该书用力较多的地方。

该书创新之处在于：文献整理《唐代诗人创作地点考》，填补唐诗研究的空白，使本书立论有了扎实的基础；对唐诗创作分布格局及其意义的分析，突破了唐诗研究原有的框架，提出中心平衡和转移的观点；在文化的历史传统与诗人生存的地域空间中，论述了诗人和历史传统的认同、断续和相斥的多种形态，在本质上揭示了诗人生存状况和思想之间的联系和冲突；首次引入弱势文化的理论，使作为题材研究的贬谪诗和边塞诗在更高理论层面上得到阐释；首次关注唐诗创作中的域外诗，使地域文化与诗歌的研究有了更为广阔的比较视野。

该书的学术价值：在几种地域文化与文学关系研究的著作中，以独特的视角关注文学自身的问题，并对其中的重要文学现象和文学问题做了理论性的分析和归纳。该书为地域文化与文学研究中有鲜明个性和创新特点的重要成果。

该书的应用价值、社会效益：其研究的成果当会丰富文学史的表述，其方法也会对同类课题的研究有启发和促进作用，而两种数据库的建设不仅为文学史专题研究提供可靠的文献检索和排列功能，也会启发人们在中国古代文学研究中如何使用现代化科技手段，使研究更为精确和有效。围绕本书的研究，已产生和将要产生一批成果，如指导研究生完成如下课题：“中晚唐袁州诗文创作研究”，此为侧重弱势文化区的文学创作个案研究；“唐代蒲州至太原一线的文学创作”，此为侧重交通的个案研究；“唐代洞庭湖地区的文学创作”，此为侧重水系的个案研究；“唐代庐山诗文研究”，此为侧重名山的个案研究。这些研究都成为地域文化与文学研究的方向性成果。

“地域文化与唐代诗歌研究”是国家社科基金课题，结项时得到主管部门的高度赞扬，全国哲学社会科学规划办公室《倡导严谨治学潜心钻研的优良学风、努力推出价值厚重影响深远的优秀成果》通报：“引导学风建设，是发挥国家社科基金项目导向和示范作用的重要方面……近期，国家社科基金项目在史学、文学、语言学等基础学科研究取得了一些优秀成果，其中有关文献整理方面的成果尤为突出，很有价值和分量。这些成果凝聚了各个项目负责人多年潜心研究的心血和汗水，充分体现了他们甘坐冷板凳、十年磨一剑的治学精神和治学态度。”通报表彰 3 项成果，其中文学类为《地域文化与唐代诗歌研究》：“戴伟华教授在主持完成项目成果《地域文化与唐代诗歌研究》中，建立了文献整理类《唐文人籍贯考》和《唐诗创作地点考》两大数据库，这不仅为高质量完成该项目研究任务奠定了坚实的文献基础，也填补了唐诗研究中的学术空白，为今后中国文学史研究提供了具有强大文献检索和排列功能的资料库。鉴定专家们评价说，‘建立这两大数据库，不仅需要较高的文史修养，还得忍受艰苦劳作和单调寂寞，体现了作者严谨、扎实的学风’。”当时建数据库是为了项目的深入展开，其思路和方法对以后人们以更专业的工具建成此类数据库，不敢说有开拓之功，但客观上应有影响。

禅史钩沉

——以问题为中心的思想史论述

龚　隽

龚　隽

龚　隽，男，1964年生，江西南昌人；中山大学哲学系教授、博士生导师；中山大学人文学院佛学研究中心主任，兼任香港中文大学人间佛教研究中心荣誉研究员、佛光大学佛教研究中心通讯研究员；《新史学》（中华书局）学术编委，《汉语佛学评论》（上海古籍出版社）主编等；从事中国佛教思想史、比较宗教学及中国哲学史的教学与研究。

《禅史钩沉——以问题为中心的思想史论述》，龚隽著，由生活·读书·新知三联书店于2006年6月出版。该书获广东省第三届哲学社会科学优秀成果奖著作类一等奖。

一、学界评价

该书出版后，受到学界的重视。如台湾政治大学哲学系教授林镇国的评价就颇为中肯，也相当精要，他认为：

在二十世纪九十年代以后，汉语佛学界出现了摆脱长期积累成习的传统论述方式，寻找具有新意的禅学书写的呼声与尝试。这些呼声与尝试与其说是溯因于从战后到“文革”结束之间来自长期历史主义的压抑，毋宁说是针对八十年代复苏的汉语禅学论述之匮乏无趣而来的反动。为了回应这种论述僵滞的窘境，龚隽在《禅史钩沉——以问题为中心的思想史论述》中，追溯以胡适禅学史研究和铃木大拙禅思想诠释为原始典范的几种禅学写作方式，如心性论、哲学史、文化史或思想史，批评其既有的局限，试图开发出以问题为优先且具有诠释恰当性的禅思想史写作。本书搜集作者近年来的研究论文，这些论文主题主要围绕在论述方法论的深度检讨和个别禅学问题的研究。“问题”与“方法”形成本书的两大主轴。有意思的是，据作者所言，其方法论意识正表现于“问题”先于“方法”，而非相反。从评者的角度来看，本书的胜场应该在于“问题”和“方法”之间建设性的交互辩证。

关于方法论的考察，作者大量援引当代西方禅学研究的观点（如 Bernard Faure，Steven Heine，John McRae，Dale Wright et al.），借以开发新的论题与语言，同时也谨慎地避免“洋格义”可能造成的捍格突兀。这种努力的确提供给当前沉闷的汉语禅学学界截然不同的视界。

在禅学问题的处理上，作者选取向来容易被简化，事实上却充满张力的论域，例如禅与戒、禅与教、禅与净等问题。这些问题多半有人研究过，而作者却从出其不意处切入，然后层层开展，新意迭出，读来毫不枯燥。《尊戒与慢戒——略论禅风中的“游戏三昧”与内外法度》即是如此。其他论及禅学史上的“方便通经”“念佛禅”“文字禅”诸篇，皆可看出作者娴熟于原始文献，征引从容，表现出 Clifford Geertz 所说的“深描”功夫。作者也特别关注“批判佛教”思潮，指出批判佛教者某些过于粗糙和简化的弊病，这种批评在引介“批判佛教”时是必须的，也是恰当的。

整体来说，《禅史钩沉——以问题为中心的思想史论述》是本厚重扎实的研究成果，它的出版标志着汉语学界禅学研究新阶段的到来。

二、内容精要

该书核心部分共十章，外加一导论、一附录，以及后记、参考书目、索引等，以中国思想史上“禅”的“思想”和“历史”为对象，吸收海内外研究成果，做细密的思想史分析；时间跨度从4世纪到20世纪，选取中国禅宗的思想肯綮及历史疑难，提出诸多富有启发性的思考方向或结论。其中，第四、七、八、十章可以视为该书的结构。第十章欧美现代禅学的写作——从方法论的立场分析从整体上整理和反思了19世纪至20世纪以来日本、欧美的禅学研究，在此基础上，对“禅”的历史与思想提出了诸多关键性的问题，总体来看或可从三点来描述：

其一，第四章禅门顿渐新论：以早期禅为中心重构学术史范式（南北宗与顿渐问题）。

其二，第七章宋代“文字禅”的语言世界分析围绕“禅”而出现的理论问题，如语默动静、悟道标准及表达方式等（禅—语言）。

其三，第八章唐宋佛教史传中的禅师想象——比较僧传与灯录有关禅师传的书写，反思有关禅的历史及载体（历史编纂—文本）。

下文将从该书中选取部分要点（为方便起见，注释删除，读者可参见正式出版的著作），以见一斑。

第一，《欧美现代禅学的写作》：对19世纪以来海内外禅学研究方法论立场的分析。

19世纪中叶，随着欧洲殖民主义的扩张，一批有教养的西方人开始在东方的哲学和宗教中寻找“浪漫主义的余波”（romantic sequel），他们在印度佛教中发现了被称作“比希腊、罗马文明更深刻、更哲理化、更富诗意的古典”传统。经波尔努夫（EugeneBurnouf）、戴维斯（T. W. Rhys Davids）、缪勒（Max Muller）等诸大师的相继努力，到19世纪末，佛教，特别是南传巴利佛教的传统获得了非常专业化的研究。世纪之交，随着吐蕃和中土文献的出现，大乘佛教的研究也取得了长足的发展。可以说，直到“二战”以前，欧美佛学研究主要是由精通梵巴等文的语言学家或某些中国学家完成的，他们把重点放在佛教史的经典“文本”上，并坚信通过由比较语言学的分析，而上溯到哲学观念的诠释路线，可以客观还原出佛教思想的原始脉络和意义。这种源于“古典时期”的研究方式，除了极少的例外，一般都没有注意到“文本”背后的文化和政治策略，对于佛教的各种仪式、照相、实践等方面与思想之间的内在互动性，也基本没有触及。佛教的学术主流成了萨伊德（Edward W. Said）所说的“基于古典或博学的知识为目的”的“典范的遗迹”。

学者们一般认为，到了20世纪初，禅学史上才出现了一次“划时代的转移”（epochal shift），即西方人开始了对于禅宗的了解。但这只应该理解为，作为学术研究的禅学开始进入西方的视域。实际上，佛雷（Bernard Faure）的考察已经表明，早在16世纪以来，禅，特别是中国和日本禅的观念就经由西方传教士和冒险家的叙述，被作为某种神秘主义和静默主义的东西进入了“西方的想象”（western imagination）。20世纪西方禅学研究的兴起，实际所反映的是西方人对于自身文化的一种反省，知识界已经不再像19世纪一样，把启蒙所带来的现代性观念和理性原则奉为圭臬，他们开始批判性地重新思考理性的限度。与19世纪的佛教研究不同，禅学最初并不是经由古典学术的方式被西方人所接触的。它一开始似乎就进入了一种更大意义上的文化空间，被叙述为反制度性和重内在经验的禅，并没有以古典学术的严谨方式登场，而恰恰是以超理性、非逻辑和非历史等反常规学术的意趣，融入了西方当时流行的对理性主义的反省思潮中，充当了弥补西方理性哲学所留下的空却之场。正如瓦特（Alan W. Watts）所说，西方对于禅学兴趣的深刻理由在于，禅的观念是如此趋近于“西方思想中不断出现的边缘”地带。有意思的是，19世纪的戴维斯在他那篇著名的、被重印过多次的《佛教：它的历史和文献》（*Buddhism: Its History and Literature*）中，还充满激情地称扬佛教为一种理性的，甚至是科学的宗教。而20世纪，同样被看作体现佛教本来精神的禅，却恰恰在反知识主义的诠释中获得了广泛的同情。被认为是让西方人真正第一次触及禅的精神的铃木大拙就在这样的背景下，以多少已经西方化了的概念，向西方广泛推荐了他所说的具有无限性的、只有东方精神才能够“洞穿”的禅宗观念。如果我们对20世纪西方禅学研究的历史做更深入的分析，将不难发现，铃木禅的叙述之所以一度流行于西方世界，与其说得益于他对禅宗哲学、历史、心理学和神秘主义等多方面的博学知识和某些洞见，毋宁说更多地源于他对于禅学的书写策略。即是说，经过铃木大拙的“创造”，而不是严格的知识学所叙述的禅，正因应了当时西方所面对的、由文化差异而引出的文化相对主义的困局。被铃木所解释的禅，正如奥托（Rudolf Otto）对神秘主义的叙述和詹姆斯（William James）的经验主义思想一样，让西方人在历史的连续性和文化多元主义的痛苦现实中发现了憩息之地。禅作为反历史和反知识主义的直接性经验，被认为是可以省略掉理性哲学那套烦琐的“本体推论的问题”，瞬间触及生命的本源。因此，西方人对于这种“变相”的禅学观念的接受，正是表现了西方文化对自己制造出的产品的接受。

在“铃木禅”的余韵下，经由柳田圣山的历史学奠基；柳田圣山的弟子佛雷和马克瑞两人，对于禅史研究的批判带来了颠覆性的见解。从他们叙述的立场来看，他们不满意于中国、日本现代禅史研究的知识状况，而仍然希望打破现有研究的“典范”，重构禅学史，特别是早期禅史的面貌。他们刻意地要“置身于禅宗领域外”，借助于文本批评学和社会文化史等方式，修正从传统禅到现代日本学者禅史写作中一直没有根本动摇过的禅宗传法谱系。于是，他们一再努力于对禅宗的系谱进行再结构和再想象——依赖于一整套成熟化了的西方学术话语和叙述策略。当他们对传统禅的历史纪录与日本禅学研究抱有如此强烈的不信任和批判意识的时候，他们的叙述实际上也已经被某些支配性的框架所控制，这就是萨伊德的东方学引马克思的话所描述的，他们预设了这样一个前提：“他们（东方）无法表述自己，他们必须被别人表述。”应该说，禅在佛雷和马克瑞这样精巧的叙述策略中获得了新的知识形式，这种新的禅史形式有时非常深度地触及某些东方禅学写作背后的问题，对于批判性地反省我们的书写模式，具有相当的启发性。但不容否认，他们的禅学写作仍然是演袭了西方的话语传统，同时也是面向西方知识的话语传统，而并没有切入禅的历史，特别是禅的思想本身。

尽管他们对铃木的批判有着意味深长的暗示，也确实击中了那位禅帝国主义的某些要害，但在我们看来，精巧的叙述和外缘性的文化批判还是无法引导他们进入禅的思想内部，他们书写的价值、效用和力量也无法有效地“表述”禅的“在场”。这也就是为什么当“我们”阅读“他们”的禅学写作时所普遍感受到一种隔靴搔痒。

反过来看现代汉语世界的禅学写作处境也同样的尴尬。大多现存或流行的汉语禅学史的著作，虽然是在禅的传统和语言历史中再生的，但从那些读起来非常生硬的解释和缺乏限度的比附来观察，大多现代汉语世界的禅学写作并不比西方的禅学研究更贴近传统，同样面临着禅的经验的“缺席”。于是，写作中，不是经常轻率地把禅思想中最有解释价值和紧张感的问题打发掉，就是用一套似是而非的解释语言去接近禅的历史经验。似乎一直在用禅的母语进行写作和思考的“我们”，好像离母语的传统也越来越远。当然，不能苛求于现代汉语的禅学写作，因为这毕竟不只是禅学研究领域所独有的现象。对于西方禅学写作的介绍与思考，也不能完全表示我们写作的“典范”要转移到洋人那里去，把对自己传统的书写变成萨伊德所悲观地看到的情况：“现代东方，参与了其自身的东方化”（“东方化”，指西方的东方学立场和方法）。我们必须建立自己写作的主体性，但是这种主体性的建立应该接受外来的刺激和补充，才不至于毫无警惕地在代代相传的陈词滥调中，变成另类的禅民族主义。

第二，第四章禅门顿渐新论：以早期禅为中心重构学术史范式。

在“灯史”影响下的传统禅学写作，大都运用顿/渐这一基本“范式”（paradigm）去梳理和分判中国禅学运动中的南北二流。所谓“南顿北渐”不仅表示了法门上的对立，还在价值意义上显示了南宗对于北宗的优越性。由于禅宗历史上南宗禅的胜利而逐渐构造出的这一思想图式，一直影响着近代以来禅宗史的研究论述。尽管随着敦煌文书的发现，学者们试图重新书写唐代禅宗的历史，而于顿/渐这一范式去评判南北二宗的思想斗争，仍然支配着我们禅学思想史的书写。如铃木大拙就认为，一切真正的禅都是顺于顿教而不能归于渐进的，以神秀为代表的北宗之所以被视为歧出，即在于其无法描述“见性”的内在经验。尽管这一观念早就受到严格的禅学术史研究的怀疑，如在20世纪30年代，宇井伯寿就在其《禅宗史研究》中，对《坛经》“呈心偈”的真实性以及北宗法门是渐的观念进行了批判。之后，关口真大的《达摩大师研究》又提出神秀的教义是彻底的顿教而根本不是渐教。而柳田圣山对于《坛经》“呈心偈”的批判分析，则更引出许多耐人寻味的话题。不过，这些意见在过去的禅史研究中，还只能说是伏流，并没有引起特别的争论。汉语世界的禅学研究，近来也开始注意到北宗思想的意义及其更复杂的面向，试图修正传统意义上以绝对主义的顿/渐分立来判定南北禅的说法，但基本的格局仍然没有跳出“南顿北渐”的范式。20世纪80年代以来，西方一些严肃的禅学研究者开始在广泛吸收日本现代禅学研究的成果上，运用他们成熟的学术史分析方法，对传统禅学史研究中许多习焉不察的问题进行挑战。其中，对以顿/渐范式剖分南北禅法提出带有颠覆性结论的，是马克瑞（John R. McRae）和佛雷（Bernard Faure）的禅学研究。虽然在研究的方式和理趣上他们之间也不尽相同，但对传统顿/渐范式的瓦解基本都可以从两个方面来了解。一是从内在学理上彻底消除南、北二宗在顿渐意义上的分歧；二是通过否定南优北劣的价值评判，以不同形式的扶扬北宗来拆解由南宗血统所编撰的“灯史”对于禅史研究的影响，特别是对于不同谱系评价的影响。

从系谱学的方法观察禅宗思想史上的对立和争论，是否可以澄清中国禅学运动中更复杂深入的面向，还是一个留待深论的问题，而它的结论是很明白的，即中国禅宗思想史上的南北之争，与其说是顿渐义理之辩，毋宁说是两种宗派和“主义”之间的冲突。佛雷就分明说，顿渐对立源于两种异质的世界观，即两种宗派主义的争论。在他看来，这两种主义在学理的内涵上实际都包含了对方的观念，并不存在根本的分歧。因此，这种对立只是由于各宗派背后“意识形态构造”的不同而产生。可以说，南北二宗从来没有发生过真正意义上的思想冲突，禅宗史上所塑造的一场场顿渐之争，都不过是一种“形而上学的谈论形式”和深层意识形态及权力争夺，或者说为了取得“正统性意欲”而制造出来的“表象”。马克瑞也持有相似的意见。他认为，南北顿渐的对立实际是神会为争法统而刻意制造出来的“口号”，从学理的内在脉络来看，北宗的根本教义就是顿教，而神会的倡导顿悟只不过是北宗思想的另一种表达形式。禅史上所谓的“南顿北渐”并不能理解为一种学术立场的分歧，而是为了遮掩含有深意行动“策略”的、表面化了的“修辞”和标语性的象征，因而这种对立只具有一种“符号的效果”。

应该承认，马克瑞和佛雷的禅学研究所具有的挑战性，无论是他们的研究方法，或是提出的学术问题都有待于我们做出认真而有深度的回应。至少，我们不能再以过于简单化的以顿/渐二分或“南顿北渐”来笼统地解释和批判禅思想史上的南北之争。现在的问题是，如何使他们的颠覆本身合理化，如果不这样，颠覆就可能导致另一种极端化的简单叙事。马克瑞和佛雷力图从内在理路上瓦解顿/渐范畴的合理性和南北对立的传说，而代之以一种外缘性的解释。我们要问，在转求于系谱学方法之前，是否已从内在学理上穷尽顿/渐范式的多种组合形式，以及由此产生的内涵上的分歧？就是说，即使南北二宗都同时分有顿渐的观念，是否就可以因此而取消他们之间在顿渐思想上的分歧？

对于顿渐问题的现有研究，如果是要“接着”讲下去，而不是“照着”讲下去，就有必要在这些西方学者的意见和传统主流观念之间，建立深入的对话和寻求新的综合。这里可能涉及更多棘手的问题。如“南宗”的说法本身，就是一个非常多义而有待厘清的概念。而当我们在方法上，坚持从思想史的内部来照察南北禅学的分歧，也必须意识到有许多不同的面向。现在禅学研究的成果已大体可以表明，禅宗顿渐问题的了解应该分别从哲学和禅定技术的不同层面来处理。这一点，在西方学者的禅学研究中可以说是共识，戴密微、马克瑞、佛雷等人的研究都能反映出来。即使在推广性地研究 8 世纪发生在西藏的汉印僧侣关于顿渐问题的辩论，学者们仍然注意到顿渐问题的不同层次性。葛梅兹（Luis O. Gomez）就提出，顿渐的研究要析分为“技术”和“本体论”的不同层面来观察。他认为，从佛教的传统分析，不能简单从一种形而上学的姿态来预示修行门中的顿渐立场。如神会主顿只是理则意义上的，约于行门的角度看，他对于渐修是有所让度的。就是说，问题的复杂性在于，中国禅思想系统中，哲学立场的异同往往并不直接关联于禅定技术上的安排。相同的哲学或存在论的前提，未必保证行门上顿渐观念的一致；而行门上的方便有异，也不能必然说明哲学立场的相违。如神秀与神会在共同的佛性论前提下，却各自引发出不同的修行方便。如果不做出这种区分，或不注意这两层关系之间的微妙变化，关于南北禅宗顿渐的结论，就可能会流于简单化的论述。马克瑞在力辩南北禅学都是顿教为宗而无分别时，就经常轻易地以南北禅在先验哲学立场的一致，掩盖或代替他们在具体禅法上的微细差别，从而完全消解南北禅的内在对立；反过来的情况也一样。当我们习惯于以柳田圣山所谓的“离念”与“无念”的差别代替顿/渐这一可能混淆的范畴来分别阐述南北禅法的不同，也应该同时意识到，南北禅学于存在论基础上可能达成的某种一致，而有必要在研究中做进一步的限定。如朱辛纳（Robert M. Zeuschner）就对北宗思想中的“离念”进行了多层语意学的分析，他发现，北宗讲的“离念”并不像南宗后来所批评的那样，只有功行上的方便次第，而还有“心体离念”，即存在论意义上心体清净，本来无染的一面。这一点，他认为，恰恰是与南宗“无念”的思想基础毫无二致的。从这层意义上看，印顺提出的，分别从谛理和行门的不同面向来区分顿渐的复杂关系确是意味深长的。如果我们细心的话，不难发现，早在宗密的思想中，就已开示出以悟、修分别而“皆通顿渐”的方式来处理顿渐内部的复杂关系。

对于顿/渐范式合法性的质疑，在学术史上的意义，可以警醒我们在应用这一图式于禅思想的解释时，必须更加慎思明辨。但作者认为，现在还并不至于急着把传统解释中出现的问题，都轻率地归于顿/渐范式的失效而必然要诉诸外缘来解决问题。禅思想研究中普遍存在的，以顿/渐分立来化约南北的简单化倾向，可能恰恰说明对于顿/渐范畴本身的内在关系缺乏充分的认识。我们当然不能再笼统地以南宗是顿而北门是渐来区分历史上的南北二宗，甚至马克瑞和佛雷为了解消南北禅的内在分歧而提出所谓南北均顿或南北均有顿渐的意见，也远没有穷尽顿/渐关系中更复杂的面向。现有的材料已足以表明，南北二宗于行门上，都有顿悟渐修的说法。但这是否就足以消除南北宗风之间的差异呢？葛梅兹就通过比较神会与神秀的顿渐思想，发现南北二宗尽管都有顿渐的说明，但其实他们之间有各自不同发挥，甚至有对立的倾向。就是说，即使从内在理路上分析，南北禅学仍然应看作不同的二流。对于这一不同，宗密曾经做过很细密的、具有类型学意义的抉择和分判。他也提出过南北二流“皆不出顿教”的说法，但他同时意识到，顿渐本身的内在组合就有相当的复杂性，而且不同的配制会表现出完全不同的顿教观念。如他认为，同是兼讲顿悟渐修，而南北二宗却分属不同的类型。具体说，南宗的渐修是顿悟后的净除习气，即悟后起修；北宗则相反，其禅法路线是“从初便渐”，而后顿悟理体的。因此，处理禅学史上南北顿渐的问题，不能一概把内在性的解释方法视为无效，外缘性的方法只能在“互补”，而不是“替代”的意义上才是有意义的。本书的中心任务依旧是沿承内在理路的方式，而又以“自其异者视之”的态度，重新审查和安排中国早期禅思想史上的顿渐问题，并试图在充分照顾各谱系或不同阶段顿渐问题的“异质性”前提下，寻绎更有解释性的意义脉络。

第三，第七章宋代“文字禅”的语言世界：悟道、载体与表述。

11—12 世纪，中国禅学历史上出现了一次被学者们称为“文字禅”的思想运动，以善昭（947—1024）、重显（981—1053）、克勤（1063—1135）、惠洪（1071—1128）为中心的禅学思想的创作，不仅对唐以来禅宗“不立文字”的观念进行了重要修正，而且创造了多种类型的禅学书写文体。这一思想运动，在禅宗历史上虽然只存在了非常短暂的光阴［12 世纪下半叶，随着大慧宗杲（1089—1163）“看话禅”与宏智正觉（1091—1157）“默照禅”的兴起而衰微］，却累积了中国佛教思想史上相当值得注意的解释资源。由于“文字禅”的思想运动在传统禅学的话语系统中被过多地进行了否定性的叙述，以至于现代禅学史研究，还没有充分注意这一新的典范所具有的意义，对其思想的处理也过于简单化。

“文字禅”如何面对它所属传统中强烈的反语言主义立场？根据柳田圣山等学者的考订，禅宗思想史上“不立文字，教外别传”的口号是到 8 世纪才流行起来的。这说明 8 世纪唐代禅门中开始盛行的那些机缘问答和公案，多少有了阻碍言谈（obstacles to discourse）和终止语词（words destined to put an end to words）的意味。反文字的叙事怎样在宋代“文字禅”的思想脉络中，以一种巧妙的方式保留下来呢？在“文字禅”的叙事中，禅的究竟义虽然是不可落于文字的，如善昭说“当观第一义，师云：若论此事，绝有言诠”。但是作为方便，即一种“救世性的工具”（soteriological tool），文字具有唤醒行动的功能。说、不说或如何说的问题，被简化为“活句”与“死句”的理论问题。

禅主张要参“活句”，不参“死句”，其关键也即在于能否把言谈中的语句转换成行动的力量和真实受用上面。所谓“活句”即要对文字进行经验性的转化，这里也对语言提出了要求。惠洪在对“文字禅”所下的一个经典性的断语中，提出“心之妙不可以语言传，而可以语言见”，这样就为禅的言说提出了一个相当高的期待。所谓“假以语言，发其智用”，就必须在很大程度上对日常使用的文字和语言本身进行革命。印顺说洪州以后禅师们喜用日常口语，而意思却越来越深秘。个中原因就在于禅师们所运用的这些日常言说中有不同寻常的意义在。可以说，他们使用日常语言的同时也在治疗日常语言中许多习焉不察的病状。

依据宋代“文字禅”编撰的“语录”看，早在洪州的门风中，就重视到对言说技艺的批判性应用。根据《古尊宿语录》所载，百丈虽然认为“但有语句，尽属法尘”，但他依然不废言说的方便，只是更重视遮诠的方式来突破言谈的一般规范。他把言说分为两类，认为正面说的“不遮语”“顺喻语”和“凡夫前语”都是“不了义语”和“死语”，只有反说性质的“遮语”“逆喻语”“地位人前语”等，才是“了义语”和“生语”。对于言说的规矩，他也创造了先正说，次破正，后又破正所谓“三句”式。“文字禅”大抵延续了此一法流，如善昭作为宋代临济一系具有转折性的人物，特别受到曹洞系的影响，就运用“玄路而该括”的语言方式，侧重对“三玄三要”进行解释，他对公案进行“颂古”的写作，在性质上也正是克勤所评价的“绕路说禅”。雪窦重显也是“多应机语”而“辞意旷险”，惠洪提出了禅家的用语要“意正语偏”，“才涉唇吻，即犯锋芒”，即不直接说（表诠）而用间接或反诘的方式（遮诠），“但遮其非，不言其是”。克勤则更主张“句里呈机，言中辨的”，并特别提出“文字禅”的用语规则要“打破常理见解”，以“本分说话”，即凡出一言半句，都应该做到“不犯锋芒”，不“伤锋犯手”。禅门公案和机缘语录中出现的大量看似矛盾含混的言谈，正是寓意丰富而深密的“活句”。

禅宗对日常语言惯例的打破还包含了静默——一种非言说的言说。过去学界倾向把禅的第一义不可说理解为与日常静默不同的，禅者内在最高的一种超语言的意识状态。如铃木大拙、佛洛姆（Erich Fromm）和卡修里斯（T. P. Kasulis）等就把禅的“纯粹经验”视为超越语言的力量。也有学者以维特根斯坦的语言划界理论，认为静默具有积极的意义，其虽然不只是言说的缺席，却仍应解释为对语言局限的超越。但是，根据《古尊宿语录》的说法，早在洪州门下的黄檗虽然“以默为本”，却又表示“语即默，默即语，语默不二”。在这里，静默并不是作为对言说的克服而出现的，显然，对静默还可以作其他的理解。

实际上，禅的静默本身已经成为一种“典范的意味”（paradigmatic signifier），禅的静默可以说是另外一种用语言做事的方式。佛雷就发现，禅宗讲的“渊默如雷”表示静默中有一种强大的力量。他并不认为这种力量是在语言之外的，而恰恰应该是发生在“语言之内”的，非秩序化的日常语言逻辑，因为“语言具有无限的深度”。赖特也以海德格尔的语言哲学论批评那种认为静默超越语言论的说法，主张语言决定了我们经验的方式和感觉出现的意义，我们生活在语言之中，并不存在语言之外的经验。静默在“文字禅”的语言技艺中是在言谈脉络里产生作用的，静默并不是消极地对言说的否定，言与默之间存在一种“自我解消的实践”（self-erasing practice），即它们是在相互依存中发生作用的。惠洪说的“语中无语，名为活句”，并认为只有这样的“非语”“活句”才能够“皆赴来机”“皆可通宗”。对于这种语默不二，克勤有非常细心的体究：

有者道，意在默然处。有者道，在良久处。有言明无言底事；无言明有言底事。永嘉道：默时说说时默，总这么会。

所以惠洪所说的“言中无言之趣，妙至幽玄”；又说“知大法非拘于语言，而借言以显发者也”，这里说的“无言”之中，显然存在着深刻的玄机。在他看来，言说还是初期的教学，“宗师设立，盖一期救学”，而作为“大法本体，离言句相”的静默，才涵藏了存在的解脱。从修辞的立场进行解读，静默并不是无言中之无言，那样与“言中有言”一样是死句，静默意味着转化为另外一种“符号”。以奥森（Carl Olson）对禅的语言解释来看，这是一种比言说更有力量的言说。它表示了某种更深入的意义，可以颠覆他者，并瓦解日常言谈的程序。这正像德里达深刻意识到的静默所具有的解放力量。他指出，作为语词之间空隙处的静默，表达了哲学的局限，也把我们置于一种潜在的奇特之中：把我们从日常言谈中解放出来。

综上所述，中国禅宗历史上的“文字禅”运动在把“经典禅”的机缘语录和公案思想化的过程中，形成了自己的典范。尽管“文字禅”在思想化的运动中一直努力在口语与书写、言说与静默、宗门与义学的两极间保持非常复杂的平衡，力主维持住自家禅门的立场，可谓惨淡经营。不过，沿流难返，“文字禅”的创造活动和对古则的诠释，客观上造成言说成风而宗门淡泊。惠洪的朋友灵源惟清当时就有此忧虑，对惠洪说“盖文字之学，不能洞当人性之源——病在依他作解，塞自悟门”，于是“文字禅”很快就被宗门内部的实践派理解为“学语之流”而加以批判。不管它是如何“注解得分明，说得有下落”，它那些“玄中又玄，妙中又妙”的语言技艺，在100年左右的光阴里，就被新的典范——一种“不用注解”“不得向文字中引证”的“看话禅”所代替了。吕澂说，“看话禅”是对文字禅的矫枉过正。可以说，没有“文字禅”的运动，我们就不可能深刻理解“看话禅”是如何把公案话头从文字的

“抟量注解”中再度颠覆过来，以实践性的“参究”取代思想性的书写。一般禅史学界大都只是从“看话禅”与“默照禅”的对立关系中来确定“看话禅”的理解脉络，这是需要再检讨的。大慧宗杲说得非常明白，他批判的是“两种大病”：

> 一种多学言句，于言句中作奇特想。一种不能见月忘指，于言句悟入，而闻说佛法禅道不在言句上，便尽拔弃。一向闭眉合眼，做死模样，谓之静坐观心默照。

就是说，“看话禅”的实践是在“文字禅”与“默照禅”之间找寻必要的张力。不妨说，“文字禅”是“经典禅”通向“看话禅”之间的桥。

第四，第八章唐宋佛教史传中的禅师想象——比较僧传与灯录有关禅师传的书写：史事、史学编纂与文本。

我们对于禅宗历史的研究随着不同文本的出现而不断进行着修正。学者们对于禅者的认识，多是根据分散在不同史传资料中有关禅师事迹的断简残篇予以拼凑整合，而重新构造出来的。这一研究方法倾向于依靠佛教历史文本所提供的讯息，而通常忽略这些文本本身所具有的叙事风格和内在修辞，从而很容易未经批判地接受某种宗派暗藏在文本中的诠释策略。

敦煌文书发现，以前人们基本是在 11 世纪出现的禅宗传统内部的灯史（灯录）叙述中，去想象和书写禅的历史和人物。随着敦煌文书和新的早期灯史，如《祖堂集》的发现，禅史学者们开始意识到，禅宗所提供给我们的历史图景和人物行事都充满了杜撰和虚构的叙事。于是，过去建立在宋代灯史基础上的禅史叙述必须重写。禅史学者试图应用新的史料发现去恢复被虚构历史背后的真实故事。胡适开风气地引导了近代禅学研究的这种新方向。当胡适在面对大量事实与杜撰，神话与历史之间的交错资料时，他采取的方式非常明确，当然也非常简单，这就是依据真、假二元的历史学观念去区分“禅宗史的真历史与假历史”。他的禅史研究建立在这样一种基本的信念之上，即史料的时间性与真实性是等值的，越早的资料总是越真实的，如他在《神会和尚遗集》序中就说：

> 今日所存的禅宗材料，至少有百分之八九十是北宋和尚道原、赞宁、契嵩以后的材料，往往经过了种种妄改和伪造的手续，故不可深信。我们若要作一部禅宗的信史，必须先搜求唐朝的原料，必不可轻信五代以后改造过的材料。

这一观念在日本近来的禅学研究中获得了更为深入的响应。现代最有影响力的禅史学者柳田圣山就通过严格的批判文献学方法来分析和重构禅学的历史，他强烈地感受到禅宗内部史料运作中所具有的“宗教言谈”，并对禅宗历史所虚构出的祖师形象进行了深刻的怀疑和批判的研究。他的《初期禅宗史书的研究》就是这一方法下的典范之作。不过，通过细致的分析会发现，柳田并没有在他的禅史写作中彻底贯彻历史批判的方式。这表现在他一面怀疑禅宗灯史文献多是虚构所成的，一面又信靠禅宗系统之外的其他僧传材料来比对和断定灯史说法的真实性，而没有意识到这些禅宗体系外的佛教文本同样是“宗教的文献”（religious literature），并不是“真实的历史故事”。如他认为像《续高僧传》和《宋高僧传》中的记事就远比禅宗的灯史可信，故他对灯史中祖师传的批判，很多就是依靠《高僧传》“习禅篇”中的说法为标准的。

正如佛雷（Bernard Faure）所指出的，每一种方法都制造了它自己的研究对象，因而必须反过来接受进一步的质疑——不仅是其方法论的基础，还包括其诠释和认识论的基础。主宰中日禅史研究中的这种历史学观念，以时间的先后次序，或以文本叙述的不同类型来决定文献的使用价值，并借此来恢复历史的真实，忽略了一切“史书”都具有怀特（Hayden White）所说的“对事实图式的虚构”（the fictions of factual repesentation）和“对实在的文字想象”（a verbal image of reality）这样的性质，而不单是一种对过去的叙述。历史的叙述并不是一种“自然的言谈”（natural discourse），其中也充满了不同权力和意识形态的运作，并通常以自己的逻辑（而不是自然的逻辑），借助于历史的存在物去表达特定的社会结构中某些想象、神话和观念。如果简单地以时间在先的资料去否定后出史料的意义，或是以僧传的历史叙述取代灯录的历史价值，这难免会变成另一类型的虚构历史。不同类型僧传之间的叙述冲突，未必可以不作分析地还原为真假的对立，而更可能是有关不同圣人理想之间的“想象的战争”（image-war）。所以，禅思想史的研究也不能够简单以真伪二元的观念去决定宗门外的资料就一定都比宗门内部的灯史更可靠，对这类文献，同样有必要进行系谱学意义上的知识考古。如已经有很多证据表明，道宣之作《续高僧传》的动机之一就是为了于宫廷中广播佛教，故其写作的背后含有深刻的宗派权力和政治意识。契嵩就批评过道宣、赞宁“二古之短”，谓道宣于达摩禅“降之已甚”，又不列其师法传承，故而“患其不公”；而于赞宁，则批评其“所断浮泛，是非不明，终不能深推大经大论而验实佛意”。如果我们把这一条批评仅仅看作“禅律相攻”的话，那么，现代史家陈垣先生对《宋高僧传》之批评，却不能不说有几分深意在焉。陈垣一面称赞宋传的“习禅篇”极为精彩，对考察唐代禅宗史有重要价值，而同时又批评本书乡愿媚世，不尽可信，持论“随俗浮沉，与时俯仰”，在选择资料上面也颇有偏执，“不叙不事王侯高尚其事之美”。所以，僧传为代表的“习禅篇”所叙述的禅宗图式也许并不能带给我们比灯史传统更为真实的历史记录，而毋宁说给我们创造了不同于禅的历史言谈模式和神话想象。

即使灯史中存在着大量虚构历史的想象，但如果简单否认灯史的意义，就无法了解所谓“假史料”中的真价值。实际上，禅宗灯史虽然不断忙于“制造”自己的传统和禅师行传，却从另一面反映了禅学发展不同历史时期的思想讯息，即不同杜撰的背后体现了相应的禅学理想和观念，因而也可以看作禅思想本身的发展史。如不同时期有关二祖慧可传的变化就是很好的说明。从《续高僧传》（7 世纪）卷一中的慧可传到 8 世纪北宗门下灯录，如《传法宝纪》和《楞伽师资记》中所记载的慧可传付，都只是四卷《楞伽经》的法流。而 9 世纪、10 世纪以后陆续出现的灯录，从《宝林传》卷八、《祖堂集》卷二，直到 11 世纪成为定说的《景德传灯录》卷三和《传法正宗记》卷六中的慧可传，凡言及可传法于僧粲时，都不太讲《楞伽》的传宗，而变成了“是心是佛，是心是法”的付嘱，这显然是马祖道一“即心即佛”思想的搬用，表示了 9 世纪以后，南宗禅的胜利，特别是洪州禅的思想流传已经有了相当的影响力。灯录通常“以理想为故实”，在历史与虚构之间去进行理想禅师或禅的观念想象，这正是灯史传记所开展出的另一幅禅宗思想的发展图式。

如此看来，单纯文本史的批判方法还不足以为我们提供对禅宗历史更深入与广泛的读解，特别是有关禅僧传的书写，僧传和灯录都应用到各自不同的禅学理想去择选人物、组织史料，并进行不同叙事的形象构造和思想评论，这在很大程度上表示了作传者对禅师理想以及禅学传统的诠释。如《楞伽师资记》在写作达摩、慧可和僧粲传时，虽然参考了道宣《续高僧传》的说法而补充了新的材料，但关于道信传的书写，却为了建立净觉自己理想中的楞伽传承，有意放弃了《续高僧传》中的写法，代之以“入道安心”的新形象。因此，作为禅学思想史的研究，除了从这些僧传资料中去了解传主的生平与教学活动（即作为历史的人物），还应该意识到问题的另外一面：这些历史人物是如何在不同文本脉络的书写中被理想化或圣典化（canonization）的。

从现有的史料看，灯录的出现虽然比僧传晚，但禅宗内部不同系统对灯录所进行的发挥和创造，使灯录在数量和类型上都比僧传更为复杂。8 世纪初，北宗门下完成了《传法宝纪》（713 年?）和《楞伽师资记》（727 年?），不久，与此相对立的姿态而出现的神会，又从南宗的立场制造了《菩提达摩南宗定是非论》（732 年），接着代表保唐系的《历代法宝记》（775 年），洪州马祖系的《宝林传》（801 年），菏泽系圭峰宗密的《中华传心地禅门师资承袭图》等陆续出现。南宗马祖、石头两系胜利以后，五代时期有《祖堂集》（952 年），直到北宋《景德传灯录》（1004 年）的完成，灯史的体例才算基本定格。有关灯录发展的历史，近代中日禅学者已经有了详密的研究，特别是柳田圣山对初期禅宗各类史书的研究，获得了重要的成果，不用在这里重复。

僧传和灯录作为两种不同理想类型的圣徒传，对禅师形象的塑造是不完全一致的。这里要做的工作，并不是简单把僧传类的习禅篇作为类似于“正史”或信史的文本，然后以此来审查“灯史”禅传是如何进行作伪的。两类圣传都不同程度地在进行各自禅师理想的制造。该书作者所关心的问题重点，在于不同的理想和禅学背景是如何影响其对于僧传的叙述，就是说，禅师传的变化与不同宗系的学僧对禅师想象与禅学观念之间，甚至与学派权力和意识形态等之间的互动关系。如各类僧传的习禅传中都附有该书作者“论”述，这些“论”不单是对一定时期禅学状况的历史叙述，而同时表示了各自不同的禅学理想或对理想禅师形象的期望。像《高僧传》以“禅用为显，属在神通”为禅学之理想；而《续高僧传》和《宋高僧传》作禅僧传，皆以禅教律不二作为禅师之理想，道宣之禅“论”中就提出一位理想的禅师应该是“博听论经，明闲慧戒，然后归神摄虑”；赞宁之禅论也这样表示：

> 殊不知禅有理焉，禅有行焉。脱或戒乘俱急，目足更资，行不废而理逾明，法无偏而功兼济。然后始可与言禅已矣。

这些对于禅的理想看法在僧传的叙述中并不只是停留在抽象的论议上，而是具体贯彻在对不同禅师人物资料的选择、形象塑造之中。如道宣于禅学思想上主张“非智不禅”的定慧不二说，他的禅师理想也就是“定慧双开，昼谈义理，夜便思择”的慧思和智顗，而对于“诵语难穷，厉精盖少”和“玄旨幽赜”的达摩禅风却多有微词，亦“甚复不列其承法师宗者”。不同禅学立场对于禅师传的影响，在下文的展开讨论中，我们可以看得更清楚。

更有意味的是，《续高僧传》与《宋高僧传》所收录的禅传，特别是禅宗祖师传，与各种灯录系统所收的人物有不少重叠的地方。若对此进行比较研究，不仅可以就他们所依靠的资料来源进行更深入的分析，更可以发现同一禅师传在不同系统（律师与禅师）的想象和制作中发生了怎样的变化。如达摩传的不断变化就是非常有名的例证。这类“祖师传的变貌”表示了传记作者为了宗派意识形态的修辞而不断抽空传记的历史性，并制造或虚构出新的“史实”予以置换，禅师的形象经由历史人物而逐渐符号化和象征化了。

劳动工资与社会保障
——广东最低工资调研与统计测算模型研究

韩兆洲　吴云凤　魏章进　曾　牧　孔丽娜　冯慧敏

韩兆洲

韩兆洲，暨南大学经济学院统计学系二级教授、博士生导师。曾任暨南大学经济学院统计学系主任、经济学院副院长、教育学院院长。在《统计研究》《数量经济技术经济研究》《数理统计与管理》等刊物发表论文150余篇，主持国家社科基金重点和一般项目、教育部社科基金项目、广东省社科基金项目等60余项，获各类奖项30余项。

《劳动工资与社会保障——广东最低工资调研与统计测算模型研究》，韩兆洲等著，由经济科学出版社于2006年4月出版。该书获广东省第三届哲学社会科学优秀成果奖著作类一等奖。

一、内容摘要

最低工资制度实施是劳动工资与社会保障的核心，也是建设和谐社会的根本保证。该书从最低工资调研着手，通过对广东最低工资现状的调研分析，对中外最低工资制度的比较研究，运用国内外 13 种最低工资统计测算模型对广东省最低工资标准进行了实证分析，提出了较为科学的最低工资标准和调整方法，为各级政府制定科学的最低工资标准提供参考依据。

二、篇章结构

该书分为五编 22 章 42 万字。其中结构目录如下：

第一编：广东省最低工资调研报告总论。

第二编：广东省最低工资调研综合报告。

第三编：广东省最低工资调研地区报告。

第四编：广东省最低工资测算模型。

第五编：中外最低工资制度比较。

附　录：广东省最低工资统计测算软件。

三、核心思想和观点

在该书中，研究课题组对国内外有关最低工资测算模型与评价方法进行了广泛的搜索和细致的研究，对中外最低工资制度和测算模型进行详细的比较和分析，总结和归纳了最低工资的基本测算方法，如比重法、恩格尔系数法、必需品法、国际收入比例法；提炼和完善了最低工资的其他测算方法，如超必需品剔除法、生活状况分析法、累加法、分类综合计算法；创新性地提出了最低工资测算的新方法，如马丁法、灰色系统模型法、扩展的线性支出系统法、神经网络法、计量经济模型法等。采用了社会调查（对广州、深圳等 12 个地区进行调研）与统计分析相结合，定性研究与定量模型相结合，单个模型分析与组合模型分析相结合，中外比较研究相结合，纵向对比与横向对比分析相结合等研究方法。特别是该书研究了国内外 13 种最低工资测算模型的算法，从中筛选出 5 种不同类型的测算模型进行组合测算，形成比较科学、实用、具有可操作性的组合法。测算出了符合广东实际的最低工资标准，创新性地编制了计算机软件，计算结果快捷、准确；评价客观、公正；分析科学、合理。

最低工资制度和统计测算问题，历来是各国政府极为重视的问题之一。它涉到用统计调查方法、经济计量模型、计算机辅助测算方法对最低工资测算问题、劳动者生存质量问题以及制度法规等问题进行定性定量分析的跨学科课题，由于该项研究在我国研究的时间较短，特别是统计学者介入研究不够，导致各级相关部门虽然亟须解决最低工资调查方法、统计测算模型问题，但囿于统计技术问题，发展缓慢。

2004 年 12 月 1 日，广东省政府颁布并开始执行了新的最低工资标准。新的最低工资标准颁布后，各方反应不一。为检验广东最低工资制度实施情况，建立科学的最低工资标准和调整办法，更好地建设和谐广东，受广东省劳动和社会保障厅委托，暨南大学组成“广东省最低工资研究”课题组，2005 年 1 月至 5 月，课题组共组织了 100 多名师生对全省 12 个地区进行调研，走访了企业的员工、负责人和财务人员，高校、科研机构、政府机关的专家学者，以及各级工会、企业联合会、企业家协会和工商业联合会等负责人共 2500 多人，共收回有效问卷 1760 多份。撰写了 42 万字的《广东省最低工资研究》大型调研报告。2006 年 4 月，课题报告被进一步修改，以专著形式的最终成果《劳动工资与社会保障——广东最低工资调研与统计测算模型研究》正式出版。

最低工资调查与统计测算模型是个技术含量较高的工作，出于种种原因，我国相关部门没有统一规定各地区最低工资的调查和测算方法，导致不少地区的最低工资标准不是用科学的方法测算，而是凭经验估计。由此引发了现有最低工资标准不合理的问题。本课题研究认为：

（1）现有最低工资普遍偏低，与职工平均工资差距太大，不能保障劳动者及其家属的基本生活，不利于社会稳定和协调发展。

（2）现有最低工资测算方法不尽科学，区域之间差异较大。如 2005 年上海、深圳最低工资为 690 元（全国最高），广州 680 元，而内蒙古、江西、湖北、陕西等地区最低工资则不足 300 元，全国最低工资高低相差 390 元。目前（2009 年 4 月 1 日）广州 860 元，深圳 850 元，上海 960 元（为全国最高），陕西等四类地区最低工资为 480 元，全国最低工资高低相差 480 元。5 年来，全国最低工资高低差异呈扩大趋势。

（3）现有最低工资不能激发部分本地劳动者的再就业积极性。由于最低工资标准与最低生活保障线、失业保险金的比例关系不尽合理，如相关部门规定，社会救济金和待业保险金标准是最低工资的 80%，对部分本地待业劳动

者来说，与其拿最低工资，还不如拿社会救济金和待业保险金。

（4）现有最低工资偏低给部分私营企业老板过度掠夺劳动者利益提供了法律依据。

（5）现有最低工资标准不利于城市化进程的进一步深化。如一般农村户口的劳动者很难在城镇安家落户式地生活下去，第一产业劳动者很难向第三产业转移。

（6）现有最低工资标准不利于企业技术革新。如有些企业不是积极采用当代先进技术、现代管理方法来降低产品成本，而是依靠雇佣大量廉价劳动力来降低产品成本。

（7）现有最低工资标准常常遭到国外人士抨击。如不人道的工资待遇、产品低于成本价的对外倾销等。

（8）现有最低工资水平并不能充分体现国家最低工资保障制度的初衷。

研究认为：从理论上证明，最低工资标准是一把双刃剑，既不能偏低，也不能偏高。偏低伤工，将直接影响最低工资收入工人的生活保障；偏高伤企，将直接影响企业的成本，以至影响再生产的顺利进行，由此也将给社会经济带来负面作用。因此，该课题具有较高学术价值和实用价值。

四、理论创新和学界影响

（一）理论创新

（1）对最低工资调查方法进行中外比较，研制出具有中国特色的调查方法，并予以实施了全省 12 个地区的大型调查，比较如实地反映第一线工人对最低工资要求的呼声和愿望。

（2）对最低工资标准测算模型进行中外比较研究，研究了 13 种最低工资测算模型的算法，从中筛选出 5 种不同类型的测算模型并进行组合测算，形成比较科学、实用、具有可操作性的组合法。测算出了符合广东实际的最低工资标准，测算结果科学、实用。既具有理论依据，又具有可操作性。

（3）分析影响最低工资标准的各种因素，比较科学地测定了“三线”的数量界线，创建了科学的统计测算模型，解决了劳动保障中“三线”的老大难问题。

（4）编制了最低工资统计测算模型的软件，在具体工作中，使得最低工资的具体计算更加方便、快捷、准确，以及计算模型更具有实用性和可操作性。

（5）该研究成果得到专家学者的高度评价，2006 年 7 月 12 日，广东省政府召开新闻发布会，正式宣布，执行课题组提出的组合测算调整办法和模型，该项研究成果已经引起国家劳动和社会保障部的高度重视，并将广东作为全国最低工资模型测算的试点省份。

（二）学界影响和社会效益

最低工资起源于 19 世纪的新西兰和澳大利亚，目前多数国家都已实行了这一劳动保障制度。

我国最低工资研究起步于 1993 年。当初主要以定性的法律、法规研究为主。如 1993 年，国家劳动部颁发了《关于〈企业最低工资规定〉的通知》。1994 年，以法律形式规定我国实行最低工资保障制度。所谓最低工资保障制度，是指劳动者在法定工作时间内提供了正常劳动的前提下，国家以法律形式保障其应该获得的能够维持其生存及必要的供养其家属的最低费用的制度。最低工资制度是国家干预劳动关系的必要手段，可以避免劳动者虽然提供了正常劳动却不能维持生产和再生产的问题。2004 年，国家劳动和社会保障部又颁布了新的《最低工资规定》，标志着我国最低工资制度的进一步完善。

最低工资统计测算是社会保障制度的核心问题之一，关系到城镇居民脱贫、社会的和谐和稳定，已成为举国上下最为关注的热点问题之一。党的十七大报告作为党的重要的纲领性文献，首次明确提出：今后要“逐步提高扶贫标准和最低工资标准，建立企业职工工资正常增长机制和支付保障机制”。2008 年，国家社科基金应用经济学项目指南首次特地设置了《最低工资标准问题研究》课题，并用“※”标识进行指定性的导向研究，教育部人文社科基金也设立了《我国最低工资标准统计测算与调整决策支持系统研究》，标志着最低工资标准已被党和国家领导人、专家学者以及广大职工高度重视，科学地统计测算最低工资标准意义重大。该课题研究在学界影响或社会效益为：

（1）该成果是我国第一部专门研究最低工资统计测算模型的专著，出版之后，已被多种杂志和硕士、博士论文引用。

（2）该项目完成后，受到国家劳动和社会保障部领导以及广东省各级政府的关注。该项成果已送发给国家劳动和社会保障部门、广东省各级政府，供各级劳动局劳动工资部门参考。广东省劳动和社会保障厅以文件形式，提出从

2006 年 7 月 1 日起，开始试用该研究课题小组提出的组合测算调整办法和模型。2006 年 7 月 12 日，广东省人民政府召开新闻发布会，宣布从 2006 年 9 月 1 日起开始执行。

（3）2006 年 6 月，课题组承担国家社科基金项目“我国最低工资调查方法与统计测算模型研究”（批准号 06BTJ017）获得国家社科基金项目评审专家组的高度评价，2008 年 4 月研究成果结项并获得优秀成绩。2008 年 7 月获第九届全国统计科研优秀成果奖二等奖（证书号：2008A2－02）中华人民共和国国家统计局。

（4）佐证资料清单。

佐证资料一，2006 年 1 月 11 日，广东省劳动和社会保障厅给广东省人民政府的报告，粤劳社〔2006〕6 号，《关于广东省最低工资研究课题有关情况的报告》。报告明确指出，广东省将参考本项研究成果制定广东省最低工资标准。

佐证资料二，2006 年 3 月 28 日，广东省劳动和社会保障厅给各地级以上市劳动保障局（劳动局）的函，粤劳社函〔2006〕334 号，《关于征求我省 2006 年企业职工最低工资标准调整意见的函》。函文也明确指出，广东省已参考了最低工资研究课题组建议，制定广东省最低工资标准。

佐证资料三，2006 年 7 月 12 日，最低工资新闻发布会方潮贵厅长讲话。

佐证资料四，2006 年 7 月 10 日，广东省人民政府，粤府函〔2006〕155 号，《我省调整 2006 年企业职工最低工资标准》。

佐证资料五，2006 年 7 月 13 日，广东省人民政府新闻发布会报道。正式宣布，执行课题组提出的组合测算调整办法和模型，该项研究成果已经引起国家劳动和社会保障部的高度重视，并将广东作为全国最低工资模型测算的试点省份。

佐证资料六，2008 年 6 月 18 日，中宣部全国社科规划办《成果要报》编辑部信函。《成果要报》编辑部来函索要本项成果摘要，供国家领导参考。

佐证资料七，2008 年 6 月 2 日，全国哲学社会科学规划办公室信函。

佐证资料八，2008 年 10 月 21 日，暨南大学图书馆信息咨询部，查询韩兆洲等著的《劳动工资与社会保障——广东最低工资调研与统计测算模型研究》，经济科学出版社，2006 年 4 月第一版，引用情况证明。

上述佐证资料清单证明了该项研究在学界具有一定影响力，在社会上产生了一定的社会效益。

关于广东区域发展战略定位的思考

梁桂全

梁桂全

梁桂全，1951 年出生于广州，经济学硕士，经济学二级研究员，全国政协参政议政人才库特聘专家；享受国务院政府特殊津贴专家、广东省首届优秀社会科学家，广东省“五一劳动奖章”获得者；曾任广东省社科院院长、广东省政协委员、广东省政府参事，主要研究发展理论与现代化理论及战略决策与规划。独著、主笔、合著《发展战略学》《变革与探索》《起飞的轨迹》《走向战略时代》等 20 多部；发表论文、主笔各类研究报告等 300 余篇。其中，有 50 多项分别获国家、省、市社会科学优秀成果奖。

《关于广东区域发展战略定位的思考》是提交广东省委的重要决策研究报告，公开发表于《广东社会科学》2007 年第 5 期，《新华文摘》2007 年第 21 期转载，获广东省第三届哲学社会科学优秀成果奖调研咨询报告类一等奖。

研究报告根据21世纪以来广东全省经济社会发展现状、面临的挑战，中国改革开放发展新形势，以及世界科技、产业革命新动向，提出广东区域经济战略定位与经济国际化战略的新思考：从被动接受国际分工到主动参与国际分工的战略转换。

区域发展战略定位新判断。广东的区域性质及其发展定位是随着国内外形势变化和经济社会发展进程而变化的，在我国社会变革和经济社会发展中扮演着重要而特殊的角色。100多年来，广东既是西风东渐的桥头堡，又是中国反帝、反封建民主革命的策源地。党的十一届三中全会后，再次成为中国改革开放先行地，在参与经济全球化中，迅速成为国际加工制造业基地，并成为我国工业化、城市化的先行区、辐射带。进入21世纪，随着国际、国内发展格局的新变化和广东自身进入发展新阶段，广东区域发展战略定位也面临新的挑战，必须重新考虑广东区域战略定位：坚决实施经济国际化战略和后工业经济战略，深化粤港澳紧密合作，以大珠三角为核心，以泛珠三角为腹地，进一步共同构建以中场产业为龙头的国际制造业基地，以物流业为龙头的华南沿海国际商务服务基地，以信息产业、文化产业为龙头的华南知识产业聚集基地，全面增强广东作为国内经济与经济全球化对接接合部、转换桥的承接–辐射能力和国际竞争力，推动广东乃至相关地区由被动接受国际产业分工转向自主参与国际产业分工，构建“脑力经济”与“体力经济”相结合的复合经济优势，实现广东新一轮产业转轨升级，建设经济强省。

三大战略调整。广东要发挥国际产业大循环和国内区域产业循环转换带的区位优势，实现三大战略转变：由传统开放战略向经济国际化战略转变，实现由被动接受国际产业分工到自主参与国际产业分工的转变；由传统工业文明思维向后工业文明—知识文明思维转变，实现由工业经济向后工业经济的跨越；由生产型功能主导向创新服务型功能主导转变，实现由经济大省向经济强省的飞跃。由此，形成工业高度化战略和后工业经济战略相衔接的二元战略思维，内源经济与经济全球化自主对接的开放战略思维。广东区域发展战略新定位应包括空间战略定位、时间战略定位、功能战略定位。

新战略定位的四大主要对策：一是采取产业立体延伸拓展策略，推动由国际加工制造业基地向国际商务服务基地过渡；二是进一步深化粤港澳互补合作，避开同构竞争，共构互补合力新优势；三是优化广东内部区域板块的战略布局，形成内部互补合力；四是增强新战略定位的竞争力，包括优先打造软实力，强化制度供给力，在观念上、能力上由珠江“船老大”向“远洋船长”转变。

该成果得到广东省委主要领导高度肯定：“这是一篇好文章”，为省委“争当实践科学发展观排头兵”重大决策提供参考。研究报告改写成《六论解放思想》在《南方日报》2008 年 2 月 18—23 日连续发表，推动广东新一轮思想大解放，为贯彻省委省政府重大战略部署提供理论支撑和舆论支持。

市场转型过程中的国家与市场
——一项基于劳动力退休年龄的考察

梁玉成

梁玉成

梁玉成，中山大学社会学与社会工作系教授，博士生导师，系主任；国家治理研究院常务副院长，社会科学调查中心主任，国家社科重大课题首席专家。获得广东省哲学社会科学优秀成果奖一等奖，教育部哲学社会科学优秀成果奖二等奖、三等奖，“新世纪优秀人才支持计划”入选者，“四个一批”理论领军人才，主要研究领域为社会治理、在华外国移民、计算社会科学。

《市场转型过程中的国家与市场——一项基于劳动力退休年龄的考察》发表于《中国社会科学》2007 年第 5 期，获广东省第三届哲学社会科学优秀成果奖论文类一等奖。

一、基本内容

该研究通过大量文献梳理，将市场和国家在市场转型过程中各自扮演的角色功能归结为“劳动力商品化”功能和“去劳动力商品化”功能；通过观察了解欧洲成熟市场国家、东欧市场转型国家以及中国的市场和国家各自“劳动力商品化”角色功能和“去劳动力商品化”角色功能是如何影响劳动力寿命的。

该研究验证了作者提出的“劳动力寿命的市场化假设”“国家福利假设以及社会经济地位差异假设”，同时也发现了作用于不同社会经济地位的劳动力寿命的补偿性延长和激励性延长的区分。

该研究的发现在理论上论证了市场转型实践中市场和国家分别扮演的“劳动力商品化”功能和“去劳动力商品化”功能缺一不可；国家力量的退却并不一定就意味着市场的前进，国家力量在劳动力去商品化福利供给上的加强，是促进市场转型和市场发育的重要动力。

二、主要理论创新和学术价值

该研究提出市场扮演了劳动力商品化的功能，国家扮演了劳动力去商品化的功能，正是市场和国家在这个意义上的共同演进，使得市场转型过程不断深入而不是退步。研究中作者选择了一个能同时体现出劳动力商品化和去劳动力商品化效应的观测变量，即劳动力的退休年龄。不论观察对象是处于激进转型的东欧或是渐进转型的中国，还是处于强国家去商品化福利政策的捷克或弱国家去商品化福利政策的其他东欧市场转型国家，该研究都观测到了国家和市场是如何共同作用于市场转型进程的，该研究还发现了市场化进程中市场化和福利政策对劳动力寿命影响的一些规律。

该研究在理论上的意义在于，厘清过去理论上没有清晰化的一些观念，提出市场和国家在市场转型实践中的“劳动力商品化”功能和“去劳动力商品化”功能缺一不可。从实证的角度论证了国家力量的退却并不一定就意味着市场的前进；国家力量在劳动力去商品化福利供给上的加强，是促进市场转型和市场发育的重要动力。

该研究的实践意义在于，通过对中国转型实践的量化分析，以及对东欧不同社会主义转型国家的对比，将中国劳动力市场中体制分割所导致的福利差异对劳动力寿命的现象进行了清楚的剖析，发现了体制内和体制外劳动力寿命的制度性影响因素及其社会后果。

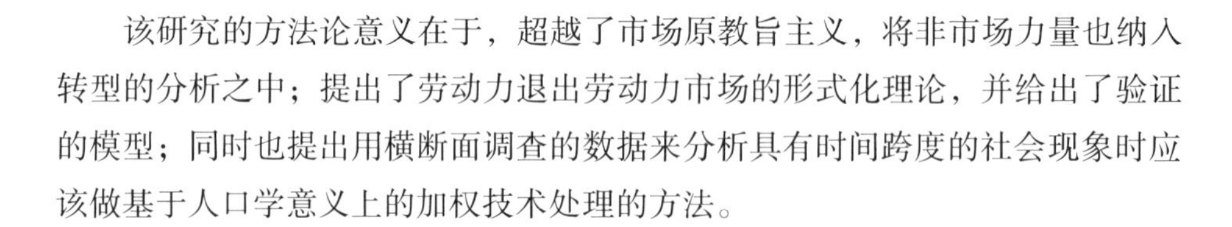

该研究的方法论意义在于，超越了市场原教旨主义，将非市场力量也纳入转型的分析之中；提出了劳动力退出劳动力市场的形式化理论，并给出了验证的模型；同时也提出用横断面调查的数据来分析具有时间跨度的社会现象时应该做基于人口学意义上的加权技术处理的方法。

三、学术影响及社会效益

该研究被引用61次，获得广东省第三届哲学社会科学优秀成果奖论文类一等奖，教育部哲学社会科学优秀成果奖二等奖。

控制权收益悖论与超控制权收益
——对大股东侵害小股东利益的一个新的理论解释

刘少波

刘少波

刘少波，男，博士，暨南大学经济学院教授、博士生导师。在《经济研究》等国内外重要期刊发表论文100多篇，出版著作和教材10余部，主持国家社科基金重点项目等国家级和省部级课题20多项，获中共中央宣传部“五个一工程”奖、霍英东基金高校青年教师奖一等奖、教育部中国高校人文社会科学研究优秀成果奖、中国人民银行全国优秀论文奖、广东省哲学社会科学优秀成果奖等多项奖励。

《控制权收益悖论与超控制权收益——对大股东侵害小股东利益的一个新的理论解释》发表于《经济研究》2007年第2期，获广东省第三届哲学社会科学优秀成果奖论文类一等奖。2008年，该论文被广东经济学会评选为“广

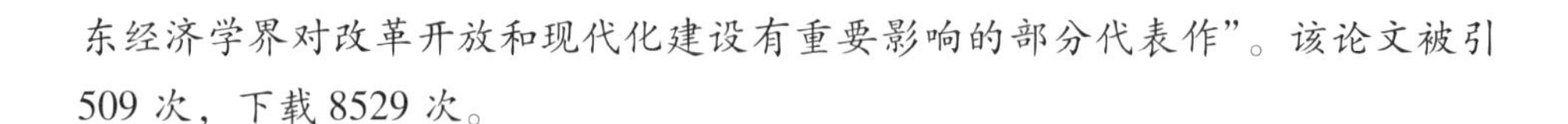

东经济学界对改革开放和现代化建设有重要影响的部分代表作”。该论文被引509次，下载8529次。

在公司治理问题研究中，20世纪80年代后期以来的主流文献，主要关注大股东与小股东的利益冲突，并将控制权收益定性为前者对后者利益的侵害。这一定性无法解释以下三个问题：一是控制权成本的存在性及其如何补偿的问题；二是控制权收益概念存在三个悖论，即控制权收益与小股东法律保护的悖论、控制权收益与其可持续性实现的悖论，以及控制权收益与市场均衡的悖论；三是控制权收益所潜在的风险对谋求控制权收益行为的约束问题。这意味着现有文献对控制权收益及其与大股东侵害的关系，存在定性不当或错误。

该文首先讨论了控股权与控制权的分离、控制权与现金流权的分离，以及控制权的成本与控制权收益的成本等问题，在此基础上对控制权收益进行重新定义和定性，指出并论证了控制权收益是控制权成本的合理补偿，是大股东投资于控制权所获得的正常投资收益，是控制权的风险溢价，它的实现载体是控制权作用于公司治理绩效改进所产生的增量收益，它与大股东侵害无关。这样定义控制权收益，一是可以使控制权成本的补偿问题具有合理的形式；二是可以较好地解释控制权收益的三个悖论；三是可以解释控制权收益的成本这一概念内含的逻辑矛盾，进而有助于解释为何“控制权收益的成本”对谋取这一受益者的约束作用。本文对控制权收益的修正和重新界定，具有激励大股东监督行为和抑制中小股东搭便车行为的双重效应。因此，总体上说这是一种帕累托改进。

该文对控制权收益的重新定义定性，并不意味现实中不存在大股东侵害小股东利益的问题。为此本文进一步提出超控制权收益这一新概念，并定义为这是一种基于大股东利益最大化的动机、依托控制权的行为能力、与控制权成本补偿无关而为大股东强制获取的超过控制权收益以上的收益。大股东侵害小股东利益的实质即在于攫取超控制权收益。如果说基于控制权成本补偿或控制权风险溢价意义上的控制权收益，表现为对公司增量现金流权的配置取向，那么，超控制权收益则表现为对公司存量财富的再分配，即大股东以各种方式“从他人那里重新分配财富”。两者具有本质的区别。

该文的主要贡献在于对主流文献中的控制权收益与大股东侵害的相关理论作出了修正，并建立了一个新的理论框架来解释大股东侵害问题，正确揭示了大股东侵害小股东利益的实质及实现方式。这些贡献具有学术原创性创新。

话语理解中词汇信息的语境充实：以英汉语为例
(Contextual Enrichment of Lexical Units in Utterance Interpretation: Evidence from Chinese and English)

冉永平

冉永平

冉永平，教授、博士生导师，教育部人文社科重点研究基地外国语言学及应用语言学研究中心主任，《现代外语》期刊主编，广东省高等学校特聘教授，教育部“新世纪优秀人才支持计划”入选者，中美富布莱特学者；中国语用学研究会副会长、中国话语研究会副会长等；多次主持国家哲学社科基金项目、教育部人文社科重点研究基地重大课题等。已在 *Intercultural Pragmatics*, *Journal of Pragmatics*, *Pragmatics*, *Discourse Studies* 等国际、国内期刊发表论文100多篇，出版《新编语用学概论》《语用学：现象与分析》《词汇语用探新》等著作。

该论文发表于*Intercultural Pragmatics* 2006年第2期，是教育部人文社会科学重点研究基地的重大项目“词汇语用学——英汉语中词汇使用与理解”（05JJD740005）的阶段性成果之一。基于交际中话语理解时词汇信息的动态性、临时性与松散性，以及它们使用的语用特征与其理解的认识制约之间的交叉性，本文以词汇信息处理的“语境充实”为核心，从格赖斯语用观的准则参照、认知语言学的原型语义观和等级凸显假设出发，揭示了它们对词汇信息处理的缺陷，尤其是对语境中词汇信息的收缩、扩充等解释的严重不足；再整合认知语用理论，如关联理论等对信息处理的认知语用观，探讨了词汇信息的语境构建与充实，提出了词汇信息处理的两种语用充实：①语义收缩就是词义的语用收缩，指某一词汇或词汇结构所编码的意义在特定语境中的特定所指，是其交际意义在语境中所指范畴、范围、等级、程度、含义等的缩小，因其语境意义可能是多义的或含糊性的，但其交际意义的选择须具备一定的语境适应性和调节性，因而话语理解必须进行类似语用处理；②语义扩充就是词义的语用扩充或扩展，指某一词汇或词汇结构的原型语义及原形范畴在特定语境中的弱化、泛化，包括词汇信息的近似用法、含糊用法、非原型用法、类别或范畴的延伸等。

该论文突破了现有词汇语用学的研究视角，不同于国际词汇语用学研究中仅以探讨词汇信息理解的认知制约与认知效果为主的单一视角，也不同于词汇信息的语言语用传统研究，可克服词汇语义学无法解释的语境用法等局限性，促进词汇意义的语义学和语用学的界面研究。词汇信息的语境构建及语境参照等揭示了原型语义参照和格赖斯语用理论中准则参照等的缺陷，进一步推进了词汇语用的理论探索，有助于深入揭示词汇信息的交际属性和语用特征等，寻找词汇信息处理的认知语用理论模式。

该论文得到三位匿名审稿人的积极评价，其中一位评价说：“该文很有思想，在认知语用学视角下词汇交际信息的跨语言、跨文化语用研究是对词汇语用学研究的新贡献，这应引起我们的关注……”该论文已被*Abstracting/Indexing Services*：*Linguistics and Language Behavior Abstracts* 和 *The MLA International Bibliography* 收录、引用；还在德国、英国、西班牙等的语言学有关网站上转载，如 http：//personal. ua. es/francisco. yus/rt. html（关联理论网）；http：//

www. xolopo. de/sprach-_und_literaturwissenschaften/contextual_enrichment_lexical_units _utterance _8307. html; http://www. phon. ucl. ac. uk/home/robyn/relevance/relevance_archives_new/0019. html。

原文章荣获广东省哲学社会科学优秀成果奖一等奖，外文题目为“Contextual Enrichment of Lexical Units in Utterance Interpretation: Evidence from Chinese and English”，经压缩并译为中文后编入精选集。

经济全球化与中国政府能力现代化

汪永成

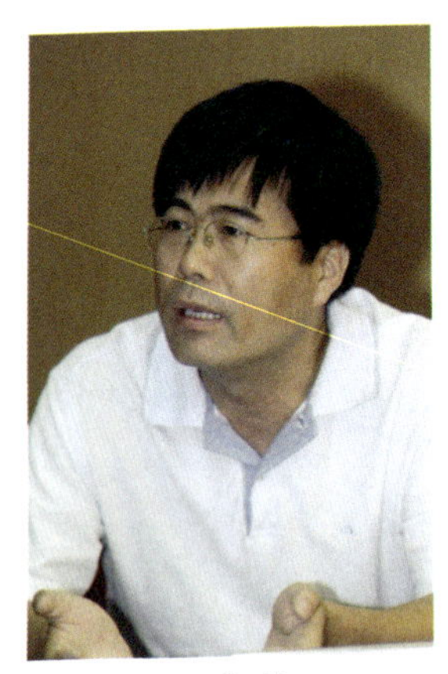

汪永成

汪永成，深圳大学当代中国政治研究所教授，深圳大学研究生院执行院长、深圳大学研究生教育发展中心主任，主要从事公共管理、教育管理、中国政治发展研究。

《经济全球化与中国政府能力现代化》，汪永成著，由人民出版社于2006年9月出版。该书获广东省第三届哲学社会科学优秀成果奖著作类一等奖。

一、主要内容

经济全球化是当今时代发展中国家行政生态环境最深刻的变迁之一。中国作为一个国情特殊的发展中国家，政府能力不仅是继续推进社会主义现代化战略的必要条件和参与全球化竞争的战略资源，也是中国共产党执政能力建设的战略领域。该书是对政府能力，特别是经济全球化背景中国政府能力建设的一项研究，以行政生态学为视角，在行政环境和行政系统的互动中全面分析了经济全球化背景下中国政府能力面临的挑战，探讨了中国政府能力现代化的战略和策略。

（一）政府能力与政府能力现代化

从政府职能的角度看，政府能力是一个政府在实现自己职能、从事某项活动过程中所拥有的资源、能量。政府能力与政府的有效性、社会能力、执政能力、政府形象、国际竞争力等具有密切的相关性。政府能力的属性可以从价值性与工具性、阶级性（集团性）与公共性、积极性与消极性、物质性与精神性、变迁性与稳定性、开放性与边界性、主体规定性与客体制约性等几个层面和几对关系中进行透视。

人力资源、财力资源、权力资源、权威资源、文化资源、信息资源、结构资源等都是政府能力的基本构成要素，是政府能力大小强弱的基础。它们在政府能力系统中分别以人力、财力、权力、公信力、文化力、信息力、结构力的形式发挥作用。这些基本要素在不同的政府职能领域、不同的政府过程中进行聚合、配置和动态运用就是政府能力的外显形式。一个政府拥有的不同形式、不同性质的各类能力之间也构成了一个“政府外显能力系统”。该书认为，无论是内部构成要素还是外显能力，都存在结构优化问题。内部结构与外显形式分析不仅可以为科学地设计政府能力测评指标体系提供一个逻辑框架，也可以为理性地进行政府能力建设提供一个新的思路。

从动态的角度讲，政府能力现代化是指政府能力系统随着行政环境的变迁而从低级到高级，从简单到复杂，由低级有序到高级有序的上升、前进的过程，其实质是发展。

从静态的角度讲，政府能力现代化意味着政府能力符合“现代”的要求。政府能力现代化的内容来自行政环境的要求。它包括总量、结构和运行三个层面：①不断进行政府能力总量的提升，使之达成与行政环境能力需求的总量平衡；②不断促进政府能力结构的优化，使之与行政环境能力需求的结构均衡；③不断加强对政府能力运行的控制，使能力的运用与行政环境对其需求的方向一致。在这三个方面中，前两个方面的实质是政府能力的增强，简称“能力

建设”；第三个方面主要是社会对政府能力运行的约束，简称“能力控制”。

（二）经济全球化与发展中国家行政生态环境的变迁

政府能力作为行政系统与政府生态环境互动过程中所具有的能力，必然受制于环境的要求，可以说政府生态环境的变迁决定了行政能力的发展变化。换言之，政府生态环境的变迁是政府能力现代化的动力。从公共行政学的角度看，加入世界贸易组织是一个国家融入经济全球化的重要标志，而经济全球化是当今时代民族国家政府生态环境最深刻的变迁。

经济全球化使得所有国家的行政环境具有一些新的特点，如开放性、相互依赖性、复杂性、竞争性、风险性等。这些特点是以往历史上任何一种形态的行政环境所不具有的，对所有民族国家行政系统的影响不是零碎的、简单的、短期的，而是具有全面性、复杂性和长远性，民族国家在政府管理和政府能力建设中必须对此要有清醒的认知。

经济全球化对发展中国家和发达国家的意义是不同的。对发展中国而言，这一时代的特征使其行政环境具有西方主导性、规则的不平等性、合作红利分配的不公平性、相互依赖的不对称性和脆弱性等特点。这些特点意味着经济全球化时代的发展中国家政府管理面临着严峻的挑战。因此，必须在这种不同的意义下思考中国政府能力的建设问题。

（三）经济全球化进程中政府能力的供求变化

政府能力价值的大小必然涉及两个方面：一方面是主体的需要和要求；另一方面是客体的数量和质量。前者可以化约为“需求”，后者化约为“供给”。供求关系分析也是分析全球化进程中政府能力价值变化的一种简洁而有效的思路。

政府能力的“需求”变化方面，任何政府职能的实现必须要有相应的能力资源支撑，因此，经济全球化进程中政府能力的需求变化问题可以转化为对政府职能变化的分析，职能的增加或减少、职能复杂性的提高或降低决定了政府能力需求的增加或减少。经济全球化不仅将客观要求政府“加载”一些新的职能，而且要求扩展和强化某些政府职能。这实际上是对中国政府能力的建设提出了新的要求。同时，经济全球化要求政府能力的运行过程日益民主化、法治化和透明化。这实际上是对政府能力的控制提出了新的要求。

政府能力的“供给”变化方面，经济全球化对政府能力供给的影响可以从政府能力的构成要素和政府能力的外显形式两个层面进行分析。在全球化进程中，权力、权威、人力、财力、信息、制度、文化资源等决定政府能力大小强弱的要素或多或少地被削弱和侵蚀。例如，权力资源发生分散流变、某些权威资源流失、财力资源受到挤压、文化资源被侵蚀等。这些变化也必然导致它们所决定的诸如宏观调控能力、财政汲取能力等外显能力供给的减少。

总之，经济全球化一方面增加了政府能力的需求，另一方面减少了政府能力的供给。这正是经济全球化进程中发展中国家政府能力面临的一个尖锐的悖论。供给不足是经济全球化进程中发展中国家政府能力供求的基本格局，重要性的上升是经济全球化进程中政府能力价值变化的总体趋势。

（四）经济全球化视角下中国政府能力的现状分析

只有以经济全球化的挑战为参照对政府能力现状进行清醒认知才能促使各级政府及其工作人员产生“本领恐慌”，从而增强各级政府推进自身能力现代化的自觉性和紧迫性。从总体上看，中国政府能力的现状可以概括为三个方面：①政府能力的总量增长相对滞后。在政府能力绝对量增加的同时，其增长速度较社会能力（经济水平、市场经济发展规模）发展速度有较大落差，政府能力的提升幅度与行政环境的需要，包括与经济全球化的要求之间有一定的差距。②政府能力的结构不尽合理。在构成要素层面，政府能力内部结构存在的最突出问题是：各级政府，特别是地方政府系统中公务人员的数量过于庞大，冗员过多，严重消耗其他构成要素的效能。在外显能力层面，政府能力结构的不合理表现在许多地方，如与管制能力相比，发展能力不足；与促进经济发展的能力相比，促进社会发展的能力比较弱等。③政府能力的制约机制有待健全。这主要表现在决策失误现象时有发生和腐败蔓延的态势还没有得到有效遏制等方面。这些问题无疑将影响我国的国际竞争力，制约社会主义现代化的进程，必须通过政府能力的现代化战略予以解决。

（五）经济全球化进程中中国政府能力的现代化战略

没有现代化的政府能力，就不能在全球化竞争中赢得优势，就不能推进社

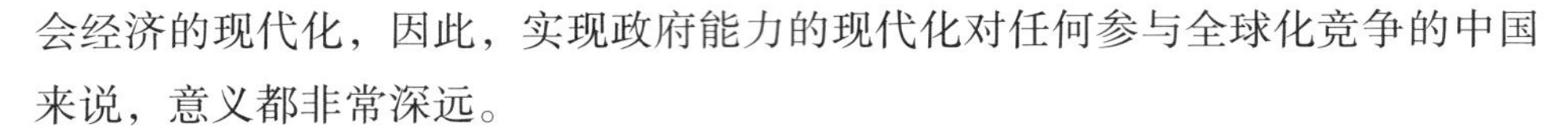

会经济的现代化，因此，实现政府能力的现代化对任何参与全球化竞争的中国来说，意义都非常深远。

1. 政府能力现代化：目标定位与战略方向

在经济全球化背景下，中国各级政府能力现代化的目标定位主要有两个：一是使政府能力成为实现现代化的战略资源；二是形成强社会和强政府良性互动的关系格局。在经济全球化进程中，中国各级政府的能力必须适应新的生态环境的要求，确立以下的发展方向，实现以下的结构性转型：①从着眼于政府能力的单项提升转变到政府能力的整体开发；②从粗放式的政府能力生成机制转变为集约式的政府能力生成机制；③从主要依赖和开发“硬能力”到“硬能力”和“软能力”并重；④从强调政府能力提升转变为提升与治理流失并重；⑤从单纯依靠政府能力转变为依靠政府能力与借助其他主体能力并重；⑥从单纯强调政府对全球化的适应能力转变为适应能力与塑造能力并重；⑦从单独强调政府能力的增长转变为政府能力增长与有效约束并重。

2. 政府能力现代化：能力建设

经济全球化进程中，政府能力供求矛盾的主要方面是政府能力的供给不足，而政府能力需求的增加不可逆转，因此解决矛盾的主要方法是增加政府能力的有效供给。增加政府能力的有效供给包括两个方面：①“相对”增加政府能力的有效供给。调整政府职能结构，优化政府职能之间的配置关系，通过退出某些职能领域，可以减少政府能力的需求，从而相对地增加政府能力的供给。另外，积极与其他主体（非政府组织、第三部门、国际组织等）的合作治理也是相对增加政府能力的供给的有效策略。②“绝对”增加政府能力供给。政府能力的提升是一项复杂的系统工程，应该采用一种综合发展战略。但是，综合战略无非是各个要素提升的有机整合。基本的策略是：最大限度地利用现有的权力资源、建立“质量—效能型”的公务员系统，在经济增长的基础上适当提升财力资源，巩固和重塑政府合法性（权威）的基础，创造性地转换行政文化资源，将信息力作为政府能力建设新的战略生长点，在不同层次持续开发结构资源。在经济全球化的背景下，政府的外显能力也必须根据新行政环境的要求进行结构调整，有些外显能力（如对经济的微观管制）要减弱，有些则要加强。这也是经济全球化进程中政府能力结构调整的重要内容，其中秩序维护能力、政府竞争能力、政策创新能力和危机管理能力是经济全球化进程中中国政府外显能力建设的几个重点。

3. **政府能力现代化：能力控制**

经济全球化要求政府能力的运行民主化、法治化和透明化等。对中国政府能力现代化而言，实现对政府能力的有效约束和控制更具有现实的必要性。政府能力控制的指导思想是让政府能力为公共利益服务，被人民所控制。为了实现这一目标，应当借鉴人类政治文明成果，不仅要重视政府自律和内部约束，更要以社会能力制约政府能力。具体包括：民主化——以人民权利约束政府能力，制衡化——以权力控制政府能力，法治化——以法律控制政府能力，程序化——以程序约束政府能力，公开化——以阳光控制政府能力，问责化——以责任约束政府能力。

在政府能力现代化的工程中，各种策略、措施的选择和推行必须服从和服务于这一战略目标：通过能力建设致力于塑造一个能力充裕的强政府，通过能力控制致力于塑造一个以公共利益依归的民主政府。建设一个适应经济全球化需要的民主而强大的政府，这也是 21 世纪中国政治发展和行政发展的基本任务之一。

二、成果的影响

汪永成是国内学者中最早关注和研究经济全球化对国家治理体系和治理能力现代化影响的学者之一。《论经济全球化对民族国家行政管理的影响与挑战》，1998 年获深圳市第三届社会科学优秀成果奖新人论文奖，2003 年获《社会科学战线》创刊 25 周年优秀学术论文奖。

汪永成是国内最早提出并分析“政府能力现代化”命题的学者之一。与 10 多年后党中央推进国家治理能力现代化的的思想高度契合。

国内著名政治学者、中央编译局副局长俞可平教授认为该成果是“迄今国内比较完整的关于中国政府能力现代化的一项研究成果”。该成果在政府能力基本理论方面做出了新的尝试，如在国内学术界首次对政府能力的内部结构进行分析；首次从供给和需求的角度全面分析了经济全球化进程中发展中国家政府能力面临的悖论与挑战；全书对政府能力结构、政府能力现代化的理论研究为政府竞争力、政府执行力等的指标设计和定量评估提供了一个理论框架；书中全面探讨了面向经济全球化的中国政府能力现代化的战略，为政府能力建

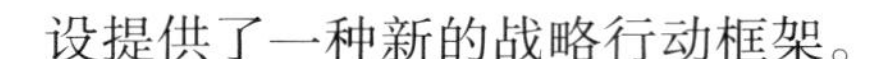
设提供了一种新的战略行动框架。

该书及其前期阶段性成果已经产生重要的学术影响。在国内学术界有关政府能力（国家能力）、全球化治理的研究综述或述评中，该书的观点多次作为代表性观点被评介；该书或阶段性成果已经被超过600篇文献引用；前期阶段性成果《中国现代化进程中的政府能力——国内学术界关于政府能力研究的现状与展望》发表于《政治学研究》，目前引用超过150次；阶段性成果《政府能力的结构分析》一文发表于《政治学研究》并被《新华文摘》全文转载，获深圳市第四届哲学社会科学优秀成果奖论文类一等奖，在政治学和行政学界产生了一定的影响，目前引用近260次；阶段性成果《论新世纪中国政府能力建设的战略方向》发表于《马克思主义与现实》，《中国人民大学书报资料中心》《公共行政》全文转载，被中国行政管理学会内部刊物《行政研究信息参阅》转载并报送国务院办公厅，供国务院领导及有关部门参阅。阶段性成果《经济全球化进程中政府能力的供求变化及平衡战略》发表于《武汉大学学报（哲学社会科学版）》，目前引用超过80次。

“文化经济”：历史嬗变与民族复兴的契机

谢名家

谢名家

谢名家，二级研究员。曾任广东省社会科学院副院长、党组成员；中共广东省委宣传部办公室副主任；中共汕头市委副秘书长（兼市委政策研究室主任，市政府研究室主任，市经济体制改革办公室主任）。现为广东省文化产业研究中心主任、广东省文化经济发展研究会会长、广东省乡创产业研究院院长、广州市设计产业协会会长。

《“文化经济”：历史嬗变与民族复兴的契机》发表于《思想战线》2006年第1期，获广东省第三届哲学社会科学优秀成果奖论文类一等奖。

“文化经济”，是马克思生产理论中国化探索的新成果。“文化经济”是一个新的时代命题和战略构想，是中国共产党人与时俱进的品格的思想体现；它为我们党和国家实现两个一百年奋斗目标，为实现中华民族伟大复兴的中国梦提供强大的精神支撑和力量源泉。

“文化经济”已经成为时代潮流，深刻影响着人类的经济、政治、文化和社会生活的各个领域。精神生产上升为当今社会发展的主导性系统，文化与经济日益融合，文化的精神要素和科技要素高度统一，文化产业将成为未来产业结构优化升级的主导力量，文化在政治运行和治理中的作用日益突出。文化与经济相互作用的运动，在现代社会以前是以潜在的、朴素的形态存在着的。文化经济一体化从产生到发展经历了人类社会物质基础、政治环境、价值理念不断演化、变迁的历史过程。中国早期文化与经济的交互影响，以及传统社会中文化与经济相互制约是其动因和表现形态。从近代以来东西方“文化经济”差距的比较分析中，揭示“创新是一个民族的灵魂”，一个推崇人的需求的全面性的伦理选择和人文追求的世界，有赖于确立一种新型的社会发展理念和实践模式。

“文化经济”作为21世纪的战略构想，是对当今时代越来越突出的文化形态与经济形态日益交融、彼此渗透、相互促进现象的深刻反映，它从本质、地位、功能和作用等方面准确揭示了人类社会未来发展的新趋势和新动向，即文化与经济的相互依存及一体化。

“文化经济”的理论视野和战略思维，将有助于我们全面而辩证地研究历史与现代、传统价值与现代价值、文化优化与经济发展等关系到中华民族和平崛起和伟大复兴的众多问题。中国正迎来前所未有的发展战略机遇期，如何把握好、利用好这一机遇期，攸关中国今后长远的发展。“文化经济”指出的文化资源及其所蕴含的文化力量、创新意识和创新品格，将是决定未来中国经济社会取得突破性进展的活水源泉。

“文化经济”展现了中华民族实现伟大复兴的最佳契机和发展路径。在民族伟大复兴的进程中，发展文化经济是贯彻以人为本、实现人的全面自由发展的重要途径；大力推进科技创新是发展文化经济的重要动力；推动文化经济成为可持续发展经济。文化经济的核心是追求人与自然、社会、经济、文化的和谐统一，目标是促进社会形态的变革和实现人的全面发展。